JN064242

「現地採用日本人」の研究

在中国日系進出企業における SIEs (self-initiated expatriates) の実相と人的資源管理

古沢昌之 著

文眞堂

はしがき

本書は，筆者が約30年にわたり取り組んできた「日本企業の国際人的資源管理に関する研究」の成果の1つである。これまでの国際人的資源管理論の研究は，本国人の「海外派遣」と現地人の「登用」（現地化）を巡るものが中心であった。しかし，海外派遣と現地化には各々厄介な問題が伴う。例えば，本国人の海外派遣については，海外赴任に付随する各種手当等の人件費が「コストアップ要因」となるほか，「異文化適応問題」「帯同家族問題」「帰任問題」等の懸念が存在する。一方，現地化に関しては，現地人の「能力不足」や「低い忠誠心・帰属意識」，さらには「本社とのコミュニケーションの困難さ」といった諸課題が数多くの研究で取り上げられてきた。

翻って，今日の経済社会においては，従来型の政治的・経済的理由による移民や多国籍企業の海外駐在員に加え，自発的な海外移住・海外就労が増加し，労働市場はますます国際化している。

このように，海外派遣と現地化を巡る諸問題が顕在化する一方で，人材のグローバルな移動が活発化する中，多国籍企業の経営においては，旧来型の「本国人駐在員か，現地人か」という二項対立的視点を超克し，本国人と現地人の各々の長所を保持すると同時に，両者の短所の回避が期待できる新たな人材オプションが模索されるようになってきた。その1つが，本書で取り上げる「本国人の現地採用」，すなわち「現地採用本国人」（self-initiated expatriates：SIEs）である。

「現地採用本国人」は，ローカル社員として雇用される場合が通常であるので，企業にとっては本社から派遣された駐在員（assigned expatriates：AEs）に比して「人件費が低廉」という魅力があるほか，ホスト国の言語や文化に精通しているケースが多いことから，本社所在国と海外子会社所在国の「文化の橋渡し役」（バウンダリー・スパナー：boundary spanner）としての役割が期待できる。しかしその一方で，彼（彼女）らの海外への「移動理由」や「キャリアタイプ」はAEsのそれとは異なるため，人的資源管理面では注意を要する点も多いと思われる。

上記のような問題意識のもと，本書の目的は，日本企業の最大の進出先である「中国」での事業展開を念頭に，「現地採用日本人」の実相と彼（彼女）らに対する人的資源管理の現状及び課題について，理論的・実証的に考察することにある。

本書の研究方法に関しては，多角的なアプローチを心掛け，「トライアンギュレーション」（triangulation）を図った。具体的には，広範な分野の「文献研究」から本書のリサーチクエスチョン・仮説を構築し，それを在中国日系進出企業及びそこに勤務する現地採用日本人（日本人SIEs）の双方に対する「アンケート調査」を通して検証した。また，アンケート調査で得られた知見の背後に存在する諸要因を掘り下げるべく，日系企業と日本人SIEsの両者への「ヒアリング調査」も実施した。そして，アンケート調査の結果に関しては，統計的な分析を行う一方，ヒアリングの成果は質的研究で広く活用されている「修正版グラウンデッド・セオリー・アプローチ」（Modified Grounded Theory Approach：M-GTA）を用いて考察した。

本書を上梓するまでには，多方面より様々なご支援とご協力を賜った。まず，独立行政法人日本学術振興会からは，2016～2019年度までの4年間にわたり，科学研究費助成事業（基盤研究（C）「日本企業の海外現地経営における『現地採用日本人の活用』に関する研究」，課題番号：16K03914，研究代表者：古沢昌之）として，補助金を交付していただいた。

筆者が所属している多国籍企業学会，国際ビジネス研究学会，異文化経営学会においては，各々研究発表の機会を与えていただくと同時に，多くの先生方より貴重なアドバイス・コメントを賜った。特に，安室憲一先生（多国籍企業学会元会長・国際ビジネス研究学会前会長，兵庫県立大学・大阪商業大学），諸上茂登先生（多国籍企業学会元会長，明治大学），浅川和宏先生（多国籍企業学会前会長，慶應義塾大学），臼井哲也先生（多国籍企業学会会長，日本大学），白木三秀先生（国際ビジネス研究学会会長，早稲田大学），馬越恵美子先生（異文化経営学会会長，桜美林大学），吉原英樹先生（神戸大学），桑名義晴先生（桜美林大学），大石芳裕先生（明治大学），高橋浩夫先生（白鷗大学），長谷川信次先生（早稲田大学），安田賢憲先生（創価大学），田端昌平先生（近畿大学），大東和武司先生（関東学院大学），藤澤武史先生（関西学院大学），伊田昌弘先生（阪南大学），梅野巨利先生（大阪商業大学），星野裕志先生（九州大学），徳田昭雄先生（立命館大学），山口隆英先生（兵庫県立大学），内田康郎先生（兵庫県立大学），有村貞則先生（山口大学），馬場一先生（関西大学）は，機会あるごとに筆者を激励してくださり，感謝にたえない。

一方，先述したアンケート調査・ヒアリング調査の実施に際しては，在中国の日系人材会社であるLead-S社（須賀保博・董事長）から多大なるご高配を頂戴した。同社には，アンケート調査の共同実施主体として，クライアントへの回答依頼等を行っていただいたほか，筆者が4回にわたり訪中して実施したヒアリング調査のアレンジにもご尽力を賜った。心より御礼申し上げる次第である。そして，日系進出企業分のアンケート調査にお答えいただいた188の企業，現地採用者本人分へのアンケートにご回答を頂戴した121名の方々，さらには，ヒアリング調査に応じていただいた30名のインフォーマント（日本人駐在員及び現地採用日本人）の皆様方に感謝申し上げたい。

筆者が奉職する近畿大学の細井美彦学長，羽藤憲一経営学部長，津田博経営学科長，前勤務先である大阪商業大学の谷岡一郎学長，片山隆男副学長，南方建明副学長をはじめとする諸先生方からも温かいご支援を賜った。また，筆者の研究パートナーであり，国際人的資源管理論の世界的権威である英国レディング大学ヘンリービジネススクールのクリス・ブリュースター教授（Professor Chris Brewster）からは本研究の理論的側面に関して多くの示唆を受けた。そもそも，筆者が「現地採用本国人」に関する研究を始めたのは，2012年度に同大学に客員研究員として赴任した際，ブリュースター教授から研究テーマとしての意義をご教示いただいたことがきっかけであった。以来，同教授とは本書のベースとなった論文を含め，延べ5本の共著論文を海外のジャーナルにて発表している。

最後に，快く出版をお引き受けいただいた文眞堂の前野隆社長と前野弘太営業部長に対して感謝の意を表したい。

このほかにも，多くの方々に支えられて本書は誕生した。全ての方のお名前をご紹介できないのは心苦しい限りであるが，本書が日本企業の今後の国際人的資源管理や中国現地経営の研究と実務に少しでも貢献できれば，この上ない幸せである。

2019年10月

古沢昌之

目　　次

はしがき…… i

序章　本書の目的・研究方法・構成 …… 1

1．本書の目的と分析視角…… 1
2．研究方法…… 4
3．本書の構成…… 5

第1章　多国籍企業における新たな人材オプションとしての「現地採用本国人」…… 7

1．はじめに…… 7
2．本国人の「海外派遣」と現地人の「登用」(現地化) に関わる諸問題 …… 7
(1) 本国人の「海外派遣」を巡る論考…… 8
(2)「現地化」を巡る論考 …… 11
3．増加する「人材の国境を越えた移動」…… 13
(1) 海外在留邦人を巡る状況…… 13
(2) 自発的な海外移住・海外就労の増加の背景…… 16
4．新たな人材オプションとしての「現地採用本国人」…… 16
(1) SIEs 研究の系譜 …… 17
(2) 本書における「現地採用本国人 (現地採用日本人)」の概念定義 …… 18
(3) 人的資源としての SIEs の特性等に関する論考 …… 20
① 「バウンダリー・スパナー」(boundary spanner) としての期待…… 21
② SIEs の「キャリア」を巡る状況 …… 23
1) 海外への「移動理由」…… 23
2)「組織内キャリア」vs.「組織横断的キャリア」…… 24
③ SIEs の「職務満足」に関する考察 …… 25

5．おわりに…… 28

第2章 在中国日系進出企業における人的資源管理上の諸課題
―日中間の「異文化コミュニケーション摩擦」と日本人駐在員の「異文化適応問題」の視点から― …… 31

1．はじめに…… 31
2．「異文化コミュニケーション」が内包する危険性 …… 32
(1) 文化とは何か，コミュニケーションとは何か…… 32
(2)「異文化コミュニケーション摩擦」を生み出す諸要因 …… 33
3．在中国日系進出企業における「異文化コミュニケーション摩擦」… 35
(1) 言語に関わる摩擦…… 35
(2) 日本人駐在員が感じる「情動摩擦」(文化面の摩擦)…… 38
① 問題発生時の対応…… 39
② 仕事における自主性…… 40
③ 報告・連絡・相談…… 41
④ 時間の守り方…… 42
⑤ 品質管理・事務管理全般…… 43
4．日本人駐在員の「異文化適応」を巡る問題…… 44
(1) 日本人駐在員に対する「人的資源管理施策」と「異文化適応」「仕事成果」…… 45
① 「人的資源管理施策」に関する状況 …… 45
1) 選抜基準 …… 45
2) 派遣前の施策 …… 47
3) 赴任中の施策 …… 48
② 駐在員の「異文化適応」と「仕事成果」に関する状況…… 50
1) 異文化適応 …… 50
2) 仕事成果 …… 51
③ 「人的資源管理施策」と「異文化適応」「仕事成果」の関係性… 53
④ 「異文化適応」と「仕事成果」の関係性 …… 54
⑤ 小括（調査結果からの含意）…… 56

(2) 中国赴任者の「心身の健康問題」…… 57
① 中国赴任者の健康問題は他国よりも深刻…… 57
② 中国赴任者が抱える心身の不調…… 58
③ 不調の原因・背景…… 59
5．おわりに…… 61

第3章　在中国日系進出企業における「言語政策」と「現地採用日本人の雇用」等に関する実証分析 …… 63

1．はじめに…… 63
2．調査概要とリサーチクエスチョン…… 63
3．調査結果と分析…… 65
(1) 回答企業のプロフィール…… 65
(2)「言語政策」に関わる状況 …… 65
① 「経営会議」(幹部会議) での「主な使用言語」…… 65
② 中国人を「経営幹部・管理職」として「採用・登用」する際に「重視する言語能力」…… 66
③ 言語能力に関する「手当」や「支援策」…… 67
(3) 現地採用日本人の「雇用」を巡る状況…… 68
① 現地採用日本人の「雇用の有無」…… 68
② 現地採用日本人を「雇用する理由」…… 69
③ 今後も現地採用日本人を「雇用しない理由」…… 70
④ 現地採用日本人の「雇用の規定要因」…… 72
(4) 自社の現地採用日本人の「働きぶり」に対する「日本人駐在員の評価」…… 74
4．主な発見事実と含意…… 76
5．おわりに…… 78

第4章　現地採用日本人の「バウンダリー・スパナー」としての可能性と「キャリア」「職務満足」に関する実証分析…… 81

1．はじめに…… 81

2．調査概要とリサーチクエスチョン…… 81
3．調査結果と分析…… 82
(1) 回答者のプロフィール…… 82
① 性別…… 82
② 「年齢層」と「婚姻状況」…… 82
③ 職位…… 83
④ 主たる「担当業務」…… 83
⑤ 「帰化」と「永住権」に関する状況 …… 84
⑥ 「処遇」に関する状況 …… 85
(2) 現地採用日本人の「バウンダリー・スパナー」としての可能性 … 85
(3) 現地採用日本人の「キャリア」に関する状況 …… 87
① 学歴…… 87
② 日本での「正社員歴」 …… 87
③ 中国への「移動理由」 …… 87
④ 当現地法人入社前の「当社グループとの関係」及び「入社の経緯」 …… 91
⑤ 中国での「職歴」 …… 91
⑥ 3年後の「ライフプラン・キャリア展望」 …… 92
(4) 現地採用日本人の「職務満足」に関する状況 …… 94
① 「動機付け要因」と「衛生要因」を巡る状況…… 94
② 日本人 SIEs の「定着志向」の規定要因 …… 98
4．主な発見事実と含意…… 100
5．おわりに…… 102

第5章　現地採用日本人の「バウンダリー・スパニング機能」の規定要因に関する実証分析 …… 105

1．はじめに…… 105
2．仮説の提示…… 106
(1)「バウンダリー・スパナー」の共通要件は「複数の言語」と「複数の文化」の内面化 …… 106

(2)「グローバル・マインドセット」の重要性 …………………………… 107
(3)「信頼関係」と「グローバルなキャリア機会」が「グローバル・マインドセット」に資する……………………………………………… 108
(4) 人的資源管理における「規範的統合」と「制度的統合」………… 110
3．調査結果と分析…………………………………………………………… 112
(1) 記述統計……………………………………………………………… 112
① 現地採用日本人の「中国語能力」…………………………………… 112
② 現地採用日本人の「中国文化への精通」「グローバル・マインドセット」「バウンダリー・スパニング機能」……………………… 113
③ 「信頼関係」と「グローバルなキャリア機会」を巡る状況 …… 114
④ 「規範的統合」と「制度的統合」に向けた施策の実施状況 …… 115
(2) 仮説の検証…………………………………………………………… 117
4．主な発見事実と含意……………………………………………………… 122
5．おわりに…………………………………………………………………… 124

第6章　現地採用日本人の「雇用」と「バウンダリー・スパニング機能」に関するヒアリング調査報告
—M-GTA (Modified Grounded Theory Approach) による分析— ……………………………………………… 127

1．はじめに…………………………………………………………………… 127
2．調査概要とリサーチクエスチョン……………………………………… 127
3．「修正版グラウンデッド・セオリー・アプローチ」(M-GTA) の活用 ……………………………………………………………………… 128
(1) “M-GTA” とは ……………………………………………………… 128
(2) 分析の手続き………………………………………………………… 129
4．調査結果と分析…………………………………………………………… 131
(1)「結果図」の提示 …………………………………………………… 131
(2) ストーリーライン…………………………………………………… 131
① SIEsを「雇用する背景」(AEsを巡る問題，HCNsの限界，日系顧客への対応の必要性) ……………………………………… 131

② 「人材オプション」としてのSIEs …… 138
③ 「バウンダリー・スパナー」としての期待 …… 140
④ 「グローバル・マインドセット」を育む人的資源管理施策 …… 141
⑤ SIEsの「苦悩」…… 144
⑥ SIEs活用を巡る「否定的側面」…… 147
5．主な発見事実と含意 …… 160
6．おわりに …… 162

第7章　本書の総括と日本企業への提言 …… 165

1．はじめに …… 165
2．本書の議論の総括 …… 165
(1) 本書の貢献ポイント …… 165
(2) 各章の議論の整理 …… 166
3．日本企業への提言 …… 168
(1) 「グローバル・マインドセット」を育む人的資源管理施策の重要性 …… 168
(2) 「第3のグラス・シーリング」の打破を …… 170
(3) 「中国仕様」の人的資源管理と人材の「最適ミックス」の追求 …… 171
4．今後の研究課題など …… 172

参考文献一覧 …… 175
索引 …… 195

序章
本書の目的・研究方法・構成

1. 本書の目的と分析視角

本書は，多国籍企業の新たな人材オプションとしての「現地採用本国人」(self-initiated expatriates：SIEs）の活用について，日本企業の中国での事業展開を念頭に，理論的・実証的に研究したものである。

従来の国際人的資源管理理論の研究は，本国人の「海外派遣」と現地人の「登用」（現地化）を巡るものが中心であった（Furusawa, 2014；Furusawa & Brewster, 2016・2018・2019；古沢, 2017・2018ab）。しかし，海外派遣と現地化には各々留意すべき点も多い。まず，本国人の海外派遣については，海外赴任に付随する各種手当等の人件費が「コストアップ要因」となるほか，「異文化適応問題」「帯同家族問題」「帰任問題」等の懸念材料が存在する。一方，現地化に関しては，現地人の「能力不足」や「低い忠誠心・帰属意識」，さらには「本社とのコミュニケーションの困難さ」といった諸課題が数多くの研究で取り上げられてきた（Tung, 1981・1982・1984；Adler & Ghadar, 1990；石田, 1994；Black et al., 1999；Haslberger & Brewster, 2008；Brewster et al., 2011；Nowak & Linder, 2016など)。

他方，今日の経済社会においては，従来型の政治的・経済的理由による移民や多国籍企業の海外駐在員（assigned expatriates：AEs）に加え，自発的な海外移住・海外就労が増加し，労働市場はますます国際化している（Collings, Scullion, & Morley, 2007；Mäkelä & Suutari, 2013；Cerdin & Selmer, 2014)。例えば，United Nations（2017）によれば，全世界において「出生地と異なる国に居住している者」(international migrants）は，1990年は1.53億人であったが，2017年には2.58億人へと増加している。この点については，わが国も例外ではなく，2017年10月時点の海外在留邦人数は135万1,970人に達して過去最多を更新した（外務省, 2018）。そして，日本人の海外への移動は，① 第1段階（高度経済成長期までの南米等への農業移民），② 第2段階（1980年代以降の日本企業の多国籍企業化に伴う海外駐在員の増加）を経て，③ 第3段階（1990年代半ば以降の自発的な海外就労者の増加）を迎えつつあるとされる（中澤, 2015）。

このように，海外派遣と現地化を巡る諸問題が顕在化する一方で，人材のグローバルな移動が活発化する中，多国籍企業の経営においては，旧来型の「本国人駐在員か，現地人か」という二項対立的視点を超克し，本国人と現地人の各々の長所を具備すると同時に，両者の短所の回避が期待できる新たな人材オプションが模索されるようになってきた。その1つが「現地採用本国人」（SIEs）である（Andresen, Al Ariss, & Walther, 2012；Vaiman & Haslberger, 2013など）。

「現地採用本国人」は，ローカル社員として雇用される場合が通常であるので（Crowley-Henry, 2007；Biemann & Andresen, 2010など），企業にとっては本社から派遣された駐在員（AEs）と比べて「人件費が低廉」という魅力がある（Hu & Xia, 2010；Dorsch, Suutari, & Brewster, 2012）。また，SIEsはホスト国の言語や文化に精通しているケースが多いことから，本社所在国と海外子会社所在国の「文化の橋渡し役」（バウンダリー・スパナー：boundary spanner）としての役割が期待できる（Harzing, Köster, & Magner, 2011）。しかしその一方で，彼（彼女）らの海外への「移動理由」や「キャリアタイプ」はAEsのそれとは異なるため，人的資源管理面では注意を要する点も多いと思われる（Andresen, Al Ariss, & Walther, 2012；Vaiman & Haslberger, 2013；古沢, 2015・2017・2018ab・2019b）。事実，企業側の視点で現地採用本国人の「思考・行動の過度の現地化」「低い忠誠心・強い転職志向」等を論じた研究のほか，「駐在員との処遇・キャリア機会の格差」や自らの知識・スキルが正当に評価・活用されない“underemployment”などSIEs側の「職務不満足」に言及した文献も散見される（Ben-Ari & Vanessa, 2000；Sakai, 2004；Lee, 2005；中澤ほか, 2008；横田, 2010ab；齋藤, 2011；Doherty & Dickmann, 2012・2013；古沢, 2015・2017）。

かような問題意識のもと，本書では日本企業の最大の進出先である「中国」

における「現地採用日本人」（日本人 SIEs）の活用について考察する。経済産業省（2019）によると，日本企業の海外現地法人（25,034 社）のうち，中国に所在する企業が 7,463 社（29.8%）を占めてトップとなっている。また，国際協力銀行（2018）がわが国の製造企業に対して実施した調査では，「中期的（今後 3 年程度）に有望な事業展開先国」として，中国が第 1 位である。しかしながら，日本企業の中国での現地経営に関しては，かねてより日本人駐在員と中国人社員の軋轢や有能人材の流出といった人的資源管理上の諸問題が指摘されてきた[1]。具体的には，文化スキーマ等（本書第 2 章）の相違による日本人駐在員と中国人のコミュニケーション摩擦（辻, 2007・2011；西田, 2007・2008a・2016a；辻, 2010）のほか，現地化の遅れや低い賃金水準・年功的な賃金体系，さらには労働に対する日中の価値観の差異等と関連付けて，中国人社員の低い忠誠心や勤務先への弱いアイデンティティ，高い転職率を論じた研究も多い（馬, 2000；古沢, 2003；Hong, Snell, & Easterby-Smith, 2006；柴田, 2011；李ほか, 2015 など）。一方，難解な言語や文化，政治システムと結合した中国の経営環境・ビジネス慣行を数年単位のローテーションで派遣され，帰任していく日本人駐在員が短期間のうちに理解することは容易でないと考えられる（Snell & Tseng, 2001；古沢, 2006；Varma, Budhwar, & Pichler, 2011；Murray & Fu, 2016）。実際，Furusawa & Brewster（2016）は，日本企業の海外駐在経験者を対象とした実証研究に基づき，中国駐在員は他国への赴任者に比して，異文化適応や仕事成果に関わるスコアが劣位であることを示している。これら諸研究の知見を総括すると，在中国日系進出企業は，中国人社員と日本人駐在員の双方に対する人的資源管理において困難に直面している様子が窺える。こうした状況下，バイリンガルでバイカルチュラルな日本人 SIEs に日中の文化を架橋する「バウンダリー・スパナー」としての役割が期待されるのである。

SIEs に関する研究の歴史は未だ浅く，嚆矢となったのは，若年層のニュージーランド人の国際移動を取り扱った Inkson et al.（1997）である。その後，SIEs の属性面（年齢，性別，出身国・勤務国，職種・職位）の分析に加え，

1　本書で取り扱う「中国」（中華人民共和国）とは，中国共産党のもと，「社会主義市場経済」を推進している中国（本土）を指し，「一国二制度」が適用される香港及びマカオは含まれない。

異文化適応やモチベーション，さらにはキャリア関連の考察など幅広いテーマで論考が行われるようになっているが，本書で取り上げる日本人SIEsに関する学術研究については，SIEsの生活状況や価値観，さらにはジェンダー問題といった社会学をベースとしたものが中心で（酒井, 1998･1999；Ben-Ari & Vanessa, 2000；Thang, MacLachlan, & Goda, 2002･2006；Sakai, 2004；Thang, Goda, & MacLachlan, 2006など），経営学，とりわけ本書のような国際人的資源管理論の視点からアプローチした研究は未だ少ないのが現状である。そこに，本書の貢献ポイントの１つがあると考える。

こうした中，本書では在中国日系進出企業に勤務する「現地採用日本人」の「バウンダリー・スパナー」としての可能性や「キャリア」「職務満足」等に関わる状況を明らかにするとともに，日系企業の彼（彼女）らに対する「人的資源管理」の現状と課題について考察し，企業とSIEsがwin-winの関係を構築するための方途を探りたいと考える。

2. 研究方法

本書では，以下のような研究方法をとっている。第１は「文献研究」である。具体的には，国際人的資源管理論・国際経営論を中心に，異文化経営論，異文化コミュニケーション論，さらには日本的経営論・日本文化論，中国企業経営論・中国文化論など広範な分野の文献サーベイを通して，現地採用本国人の実相と活用に関わるリサーチクエスチョン・仮説を構築した。

第２は「アンケート調査」による実証分析である。ここでは，在中国日系進出企業とそこに勤務する現地採用日本人社員（日本人SIEs）の双方に対する調査を実施し，文献研究から導出したリサーチクエスチョン・仮説の統計的な検証を行った。日系企業調査では，各社の「言語政策」のほか，現地採用日本人の「雇用状況」，日本人SIEsの「働きぶり」に関する駐在員の評価，さらにはSIEsに対する「人的資源管理施策とその成果」などを尋ねた。一方，現地採用日本人（本人）へは「バウンダリー・スパナーとしての可能性」や「キャリア」「職務満足」に関わる質問を投げかけた。

第3の研究方法は，日系進出企業（日本人駐在員）と日本人SIEsの各々に対する「ヒアリング調査」である。ヒアリング調査の目的は，アンケート調査で得られた知見の背後に潜む諸要因について掘り下げて考察することにある。具体的には，現地採用日本人の「雇用」と「バウンダリー・スパナーとしての働き」（バウンダリー・スパニング機能）を巡る状況を中心に聞き取りを行った。そして，分析手法については，質的研究においても厳密な方法論が求められる昨今の情勢に鑑み，ヒアリング調査で広く活用されている「修正版グラウンデッド・セオリー・アプローチ」（Modified Grounded Theory Approach：M-GTA）（木下，2003･2007･2009･2016）を用いた。

このように，本書では多様な研究方法を活用し，問題に多角的にアプローチすることで，研究の「トライアンギュレーション」（triangulation）を図ることに注力した。

3. 本書の構成

本書の構成は次のとおりである。

第1章では，海外派遣と現地化を巡る諸問題が顕在化する一方で，人材の国境を越えた移動が活発化する中，多国籍企業が旧来型の「本国人の海外派遣か，現地人の登用（現地化）か」という二者択一的発想を超克し，新たな人材オプションを模索するようになってきたことを述べる。そして，本国人と現地人の両者の長所を保持すると同時に，各々の短所を回避しうる人材カテゴリーとして「現地採用本国人」（SIEs）を取り上げ，SIEs研究の系譜，概念定義，SIEsの人的資源としての特性等を議論する。

第2章では，本書の研究対象である「中国」における日系進出企業の人的資源管理上の諸課題について考察している。具体的には，日本人駐在員と中国人従業員の間の異文化コミュニケーション摩擦に関して，「言語」と「文化」を巡る問題を中心に論じるほか，日本人駐在員の「異文化適応」や「仕事成果」に関わる状況，さらには彼（彼女）らの心身の「健康問題」に言及する。そして，在中国日系進出企業が中国人社員と日本人駐在員の双方に対する人的資源管理で困難に直面する中，バイリンガルでバイカルチュラルな「現地採用日本人」に日中の文化を架橋する「バウンダリー・スパナー」としての役割が期待される旨を述べる。

第3章は，筆者が在中国日系進出企業に対して実施したアンケート調査について報告する。ここでは，各企業の「言語政策」，現地採用日本人の「雇用状況」に加え，自社のSIEsの「働きぶり」に対する日本人駐在員の評価を明らかにする。

第4章では，筆者による現地採用日本人従業員（本人）へのアンケート調査の分析を行う。具体的には，先行研究での議論を踏まえ，在中国日系進出企業に勤務する日本人SIEsの「バウンダリー・スパナー」としての可能性と「キャリア」及び「職務満足」に関して考察する。また，SIEsの「職務満足」と「定着志向」の関係性について検討する。

第5章の目的は，日本人SIEsに期待される「バウンダリー・スパナー」としての役割遂行（バウンダリー・スパニング機能）を規定する要因を探ることにある。手順としては，先行研究のレビューを通して，「個人的要因」（中国語能力や中国文化への精通）と「組織的要因」（人的資源管理）の双方を包含する概念モデル（仮説）を構築し，それを日系進出企業調査のデータセットを用いて検証している。

第6章では，筆者が在中国日系進出企業（日本人駐在員）と現地採用日本人の両者に対して実施したヒアリング調査から，SIEsの「雇用」と「バウンダリー・スパニング機能」を巡る状況について検討を加える。本研究では，4回にわたる訪中ヒアリング調査を実施し，30名に及ぶインフォーマントの発言・見解を収録・分析している。なお，分析手法としては，前述のとおり，「修正版グラウンデッド・セオリー・アプローチ」（M-GTA）を用いる。

そして，最後の第7章では，本書の締めくくりとして，議論の総括を行うとともに，日本企業に対する提言を試みている。

第1章
多国籍企業における新たな人材オプションとしての「現地採用本国人」

1. はじめに

多国籍企業の海外子会社に勤務する従業員の最もベーシックな分類法は,「国籍」を基準としたものであり,「本国人」(parent country nationals：PCNs),「現地人」(host country nationals：HCNs),「第三国籍人」(third country nationals：TCNs) という3つの人材カテゴリーが研究・実務の両面において広範に使用されてきた (Morgan, 1986；Harzing, 2004；Scullion & Collings, 2006；古沢, 2008 など)。そして, 従来の国際人的資源管理論の研究は, このうちの本国人の「海外派遣」と現地人の「登用」(現地化) を巡るものが中心であった (Furusawa, 2014；Furusawa & Brewster, 2016・2018・2019；古沢, 2017)。

そこで, 第1章では,「海外派遣」と「現地化」に関わる先行研究の議論を整理するとともに, 本国人と現地人の各々の長所を具備する一方で, 両者の短所の克服が期待できる新たな人材オプションとして「本国人の現地採用」(現地採用本国人) にフォーカスし, その特性等について考察する。

2. 本国人の「海外派遣」と現地人の「登用」(現地化) に関わる諸問題

本節では, 海外派遣の目的や現地化のメリットを論じると同時に, 各々を巡る人的資源管理面での留意点・懸念材料に関して述べる。

（1）本国人の「海外派遣」を巡る論考

海外派遣については，古くはGalbraith & Edström（1976）及びEdström & Galbraith（1977）が，その目的として，現地人に適任者がいない場合の「ポジションの補充」，異文化での経営体験による「管理者の育成」，さらには国際人事異動を通した「組織開発」（国境を越えた社会化）を取り上げた。また，白木（2006・2009）は，海外駐在員の役割として，「現地法人の経営管理」「経営理念・経営手法の浸透」「本社との調整」「技術移転」「キャリア開発」「後継者となる現地人幹部の能力開発」など多様な項目を提示している。同様に，Black et al.（1999）の研究では，海外派遣は「当面の問題」に対処するためだけに利用されるべきでなく，「グローバルリーダーや経営後継者の育成」「海外オペレーションの調整と統制」「本社―子会社間及び各国子会社間の技術・情報の交換」といった戦略的価値を帯びている旨が論じられている。そして，Harzing（2001a）においては，駐在員が果たす調整・コントロール機能を“bears”（本社が決定した政策の実行と監視），“bumble-bees”（現地人社員の社会化），“spiders”（本社―子会社間におけるインフォーマルなコミュニケーションネットワークの構築）に細分化して議論が展開されている。こうした中，Scullion & Collings（2006）やBrewster et al.（2011）は，現地人や第三国籍人と比べた場合の本国人の長所として，「本社とのコミュニケーションが容易なこと」「本社の経営理念・価値観の浸透がスムーズに進むこと」，さらには「海外子会社への直接的・人的コントロールが可能になること」等を挙げている。

日本企業の海外現地法人経営に関して言えば，かねてより幹部人材の「現地化の遅れ」，別言すれば「ヒト」（日本人駐在員）を媒介とした「直接的コントロール」が支配的である旨が指摘されてきた（安室，1982；Bartlett & Yoshihara, 1988；Kopp, 1994・1999；吉原，1996；Harzing, 2001b・2004；Keeley, 2001；古沢，2008・2016）。例えば，日本在外企業協会（2000）の調査では，海外子会社（在ASEAN）の統括方法として，「日本本社からの日本人経営管理職の派遣」を挙げた企業が80.8％に達している。また，古沢（2008）が日本企業と欧米企業に対して「海外子会社トップに関する基本政策」を尋ねたところ，欧米企業では「現地人を登用」との回答が81.3％を占めたのに対し，日本企業ではそれが23.5％に留まり，「本国人を派遣」が72.9％に及ぶという結果が示されている。その意味で，日本企業の国際経営においては，日本人派遣者が果たす役割が極めて重要であると考えられよう。

しかし，本国人の海外派遣には留意すべき点も多い。具体的には，これまで多くの研究において，「派遣の失敗」が取り上げられてきた（Tung, 1981･1982･1984；Mendenhall & Oddou, 1985；Adler & Ghadar, 1990；Black & Mendenhall, 1990；Black, Mendenhall, & Oddou, 1991；Ehnert & Brewster, 2008；Furusawa & Brewster, 2016）。この問題は，とりわけ米国企業において深刻とされ，Black, Mendenhall, & Oddou（1991）は，先行研究から導出される失敗率（任期満了前の帰国や解任）が16～40％に達すると述べている[1]。そして，派遣の失敗は，企業に対して金銭的（直接的）・非金銭的（間接的）なコストを強いることになる（Copeland & Griggs, 1985；Black et al., 1999；Tungli & Peiperl, 2009）。例えば，Briscoe & Schuler（2004）は関連の諸研究をレビューし，派遣の失敗が本社にもたらす損失は駐在員1人あたり50万～100万ドル（あるいはそれ以上）に及ぶ旨を報告している。また，Black et al.（1999）は，海外派遣の失敗の問題を①「任期満了前の帰国」とそれに伴うコストに加え，② 現地において効果的に職責を果たしていない「意欲喪失者」（blown-outs）の存在，③ 帰任後の離職，④ 上記① ～③ の噂が流布することによる最優秀候補者の派遣難とそれがさらに多くの失敗をもたらす「悪循環」の進行，⑤「悪循環」によるグローバルな経験を有した「本社経営幹部人材の減少」など，より広い視点から捉えている。

こうした状況を受けて，Tung（1981･1982･1984）は，米国企業の高い失敗率の原因として，「専門的・技術的能力」（technical competence）に偏重した「選抜基準」と「派遣前研修」（特に「異文化適応研修」）の不足を指摘している。Tung（1981）によれば，調査対象の5％しか選抜に際して対人関係能力を測定しておらず，異文化適応研修を実施していない企業が68％に達する[2]。同様に，Mendenhall & Oddou（1985）やAdler & Ghadar（1990），Black & Mendenhall（1990）も，派遣の失敗の理由として，「選抜基準」や「異文化適応問題」を挙げている[3]。さらに,「選抜」以前の問題として，2001年の同時多発テロ以降，海外勤務を忌避する従業員が多くなっていることも企業の頭痛の種であろう（Briscoe & Schuler, 2004；Hu & Xia, 2010）。

他方，Mendenhall, Dunbar, & Oddou（1987）は，現地赴任後の施策にも着目し，先行研究をもとに,「フォローアップ研修」が不十分であることを報告している。この点に関連して，茂垣（1994）は，本国から離れている間に最新の技術や社内情報・人間関係に疎くなる「浦島太郎現象」[4]を論じている。また，Tung（1988）は，派遣者が本社で忘れられた存在となることを恐れる「"Out of sight, out of mind（去る者は日々に疎し）"症候群」[5]の存在を指摘している。このほか，Baker & Ivacevich（1971）やHarvey（1985），Hendry（1994），Shaffer & Harrison（1998），Haslberger & Brewster（2008）などの研究では,「帯同家族への配慮不足」に言及し，配偶者の就職支援（デュアル・キャリア問題への対応）や子女教育面でのケアの重要性が述べられている。

加えて，海外勤務からの「帰任」（repatriation）を巡る諸問題への関心も高まってきた。例えば，Black et al.（1999）は，帰任を「新たな海外勤務」と同様に捉えるべきであるにも関わらず，本社側の関心が薄い点を問題視している。具体的には，米国人派遣者の60％，日本人の80％，フィンランド人の71％が帰国後の再適応に困難を覚え,「逆カルチャーショック」を感じているが，彼（彼女）らの9割以上は帰任前後に4時間未満の研修・オリエンテーションしか受けていない。また，ステイタスの低下や裁量権の縮小という状況の変化と自身の海外経験が本社で活用されないことへの不満により,「帰任後の憂鬱」（repatriation blues）に陥る者も多い（Mendenhall, Dunbar, & Oddou, 1987；Tung, 1988；Johnston, 1991；Inkson et al., 1997；Brewster et al., 2011）。石田（1994・1999）が実施した日本企業の駐在経験者に対する調査では，帰任者を①「海外勤務中の仕事満足度」と「現在（帰任後）の仕事満足度」の双方が高い「シアワセ人」，②海外勤務中の満足度は高かったが，帰任後が低い「オモイデ人」，③海外勤務中は低かったものの，現在は高い「イマオイ人」，④海外勤務時・現在ともに低い「カナシミ人」に分類し，②と④の合計が4割近くに達することが示されている。さらに,「海外経験が帰国後に殆ど活かされていない」との回答も2割強に及ぶという。

そして，海外駐在に付随する各種手当等の人件費が企業の「コストアップ要因」となることは多言を要しないであろう（石田, 1994；Bonache & Pla-Barber, 2005；Collings, Scullion, & Morley, 2007；Bonache & Stirpe, 2012；Furusawa & Brewster, 2015；Nowak & Linder, 2016）。

(2)「現地化」を巡る論考

石田（1989・1994）は，「現地化」のメリットを「消極的要因」と「積極的要因」に分類し，前者として「現地政府の要請への対応」「現地社会からの批判の回避」「駐在員の人件費圧縮」，後者については「現地の有能人材の採用・定着」「現地情報に明るい現地人材の活用による高い経営成果」などを挙げている。また，Evans, Pucik, & Barsoux（2002）は，現地化がもたらす恩恵に関して，「外部のステイクホルダーとの関係構築」「現地人が有するヒューマンネットワーク」「現地人に対する成長・昇進機会の付与」「コスト低減」などの面から検討を加えている。同様に，Keeley（2001）によると，現地化には「現地の言語や文化，ビジネス・政策的環境への精通」「本国人駐在員と比較した場合のコスト面での優位性」「現地のホワイトカラー人材に対するキャリア機会の創出」「マネジメント・ノウハウや経験の移転によるホスト国への恩恵」「良き企業市民としてのイメージアップ」などのメリットが見出せる。すなわち，現地化は外部環境面では「エスノセントリック」（自民族中心主義的）な企業イメージを回避し，現地政府や地元経済界・地域社会との良好な関係を醸成すると同時に，現地特有のコンテクストに「埋め込まれた」知識や情報へのアクセスを通して「現地適応」力の強化をもたらすことが期待できる（McEvily & Zahher, 1999；浅川, 2002；安室, 2012）。また，内部環境的には人件費削減につながるとともに，「グラス・シーリング」（glass ceiling）を打破することで，優秀な現地人の採用・定着とそのモチベーションの向上に資するものと考えられよう（石田, 1989・1994；Keeley, 2001；Evans, Pucik, & Baroux, 2002；Scullion & Collings, 2006；古沢, 2008・2013・2016・2019a；Evans, Pucik, & Björkman, 2010）。

一方，「現地化」の負の側面に目を向けると，Scullion & Collings（2006）

は，現地人を登用した場合の懸念材料として，「専門的・経営的能力の不足による子会社パフォーマンス低下の恐れ」「本社からのコントロールの困難さ」や「本社社員とのネットワークを欠く可能性とコミュニケーションの難しさ」などを提示しているが，それらは現地人の「能力不足」に関わる事項と「本社との関係性」を巡る事柄に大別できよう。このうち，現地人の「能力不足」は，中国や東南アジアをはじめとする発展途上国でしばしば指摘される問題で，そのため企業は「教育訓練」の必要に迫られ，それが現地人活用による人件費面での優位性を相殺してしまう恐れがある（Gross & McDonald, 1998；Scullion & Collings, 2006；Schuler, Jackson, & Tarique, 2011）。さらに，事態をより複雑にするのは，こうして企業から教育投資を受けた人材が，自らの意思によるジョブホッピングであれ，ヘッドハンティングであれ，他社へ流出する可能性が高いということである（Khatri, Fern, & Budhwar, 2001；Selmer, 2004；Tymon, Stumpf, & Doh, 2010；Tian, Harvey, & Slocum, 2014）。現に，これらの点については，日本企業のアジアでの現地経営を主題とした諸研究においても，現地人の「低い忠誠心・帰属意識」や「強い転職志向・高い離職率」といった問題の存在が明らかにされてきた（今田・園田, 1995；鈴木, 2000；馬, 2000；Hong, Snell, & Easterby-Smith, 2006；柴田, 2011；李ほか, 2015 など）。

また，「現地化」の短所を「本社との関係性」から考察した研究としては，Mayrhofer & Brewster（1996）が，Perlmutter（1969）及び Heenan & Perlmutter（1979）のモデルで示された「現地志向」（polycentric）の人材配置は，「本社―子会社」間の活動の調整を困難にすることを述べている[6]。同様に，Kobrin（1988）も，性急な現地化がグローバルな組織や戦略との一体感を損ねる危険性を論じるとともに，国際的なスキルを有した本国人マネジャーの不足といった副作用をもたらす点に警鐘を鳴らしている。

こうした状況を踏まえ，古沢（2008）や Furusawa, Brewster, & Takashina（2016）は，海外子会社幹部の「現地化」はグローバルな競争優位に向けた必要条件ではあるが，十分条件ではない点を強調し，国際人的資源管理における「規範的統合」と「制度的統合」の重要性を詳述している（「規範的統合」「制度的統合」については，本書第5章ご参照）。

3. 増加する「人材の国境を越えた移動」

翻って，今日の経済社会においては，従来型の政治的・経済的理由による移民や海外駐在員（assigned expatriates：AEs）に加え，自発的な海外移住・海外就労が増加し，労働市場はますます国際化している（Collings, Scullion, & Morley, 2007；Mäkelä & Suutari, 2013；Cerdin & Selmer, 2014）。例えば，United Nations（2017）によれば，全世界において「出生地と異なる国に居住している者」（international migrants）は，1990 年は 1.53 億人であったが，2017 年には 2.58 億人へと増加している。また，ILO（2018）も 2017 年の移民労働者（migrant workers）の総数が 1.64 億人となり（2013 年から 9％増加），全世界の労働者の 4.7％を占めることを報告している。この点については，わが国も例外ではなく，2017 年 10 月時点の海外在留邦人数は 135 万 1,970 人に達して過去最多を更新した（外務省, 2018）。そして，中澤（2015）によると，日本人の海外への移動は，① 第 1 段階（高度経済成長期までの南米等への農業移民），② 第 2 段階（1980 年代以降の日本企業の多国籍企業化に伴う海外駐在員の増加）を経て，③ 第 3 段階（1990 年代半ば以降の自発的な海外就労者の増加）を迎えつつあるとのことである。

上記のような問題意識のもと，本節では，海外在留邦人を巡る状況を述べるとともに，自発的な海外移住・海外就労が増加している背景について考える。

(1) 海外在留邦人を巡る状況

海外在留邦人とは，海外に 3 ヶ月以上在留している日本国民を指し，それは「永住者」（当該在留国等より永住権を認められており，生活の本拠をわが国から海外へ移した邦人）と「長期滞在者」（海外での生活は一時的なもので，いずれわが国に戻るつもりの邦人）に分けられる（外務省, 2018）。外務省（2018）によれば，上で示した海外在留邦人（135 万 1,970 人）のうち，「永住者」が 48 万 4,150 人（構成比：35.8％，前年比：1 万 5,722 人増）で，「長期滞在者」

は86万7,820人（同64.2%，2,229人減）である。

表1-1は海外在留邦人数の推移を示したものだが，2017年の総数は1989年（平成元年）と比べて2.3倍に増加している。これを永住者と長期滞在者で比較すると，永住者の伸びが2.0倍であるのに対し，長期滞在者は2.5倍と大きい。なお，長期滞在者の職業別構成比は「民間企業関係者」＝53.4%，「留学生・研究者・教師」＝20.8%，「その他（無職など）」＝17.1%，「自由業関係者」＝5.6%，「政府関係者」＝2.6%，「報道関係者」＝0.4%となっている[7]。

国別の状況を見ると，米国が在留邦人全体の31.5%（42万6,206人）を占めてトップとなり，本書の対象である中国は第2位で，12万4,162人が在住している（表1-2）。そして，第3位はオーストラリア（97,223人）である。これ

表1-1　海外在留邦人数の推移（人）

年	1989	1990	1991	1992	1993	1994	1995
在留邦人数	586,972	620,174	663,049	679,379	687,579	689,895	728,268
・うち永住者	246,043	246,130	250,842	254,248	254,876	261,553	267,746
・うち長期滞在者	340,929	374,044	412,207	425,131	432,703	428,342	460,522

年	1996	1997	1998	1999	2000	2001	2002
在留邦人数	763,977	782,568	789,534	795,852	811,712	837,744	873,641
・うち永住者	271,035	274,819	278,619	280,557	285,027	293,310	285,705
・うち長期滞在者	492,942	507,749	510,915	515,295	526,685	544,434	587,936

年	2003	2004	2005	2006	2007	2008	2009
在留邦人数	911,062	961,307	1,012,547	1,063,695	1,085,671	1,116,993	1,131,807
・うち永住者	291,793	302,304	310,578	328,317	339,774	361,269	373,559
・うち長期滞在者	619,269	659,003	701,969	735,378	745,897	755,724	758,248

年	2010	2011	2012	2013	2014	2015	2016
在留邦人数	1,143,357	1,182,557	1,249,577	1,258,263	1,290,175	1,317,078	1,338,477
・うち永住者	384,569	399,907	411,859	418,747	436,488	457,084	468,428
・うち長期滞在者	758,788	782,650	837,718	839,516	853,687	859,994	870,049

年	2017
在留邦人数	1,351,970
・うち永住者	484,150
・うち長期滞在者	867,820

出所：外務省（2018）より筆者作成。

ら上位3ヶ国で在留邦人の半数近く（47.9%）を占めている。

また，男女別では，男性が64万6,787人（構成比：47.8%），女性が70万5,183人（同52.2%）で，1999年以降一貫して女性が男性を上回っている。但し，地域によって事情は異なり，男性は西欧や大洋州においては構成比が30%台に留まるものの，アジアでは61.9%に達する。

中国に関して特徴的な点を指摘すると，まず第1に在留邦人（12万4,162人）のうち，「長期滞在者」が12万1,095人と97.5%を占めることが挙げられる。前述のとおり，中国は在留邦人数全体では2位だが，永住者の数は16位である。第2は在上海総領事館管轄内に居住する邦人が全体の半数近く（45.7%）に達することである。上海市は全世界で見ても，ロサンゼルス都市圏，バンコク，ニューヨーク都市圏に次いで4番目に在留邦人の多い都市となっている。また，第3の特徴として，長期滞在者の中で「民間企業関係者」の割合が81.4%と高いことも注目に値しよう（前掲のとおり世界全体では53.4%）。そして第4に2012年をピークとして5年連続で在留邦人数が減少している点を指摘できる（2017年は前年比3.1%減）。

表1-2　海外在留邦人の国別状況（人）

	総数	永住者	長期滞在者
①米国	426,206 (1)	192,766 (1)	233,440 (1)
②中国	124,162 (2)	3,067 (16)	121,095 (2)
③オーストラリア	97,223 (3)	56,006 (2)	41,217 (4)
④タイ	72,754 (4)	1,499 (26)	71,255 (3)
⑤カナダ	70,025 (5)	43,791 (4)	26,234 (10)
⑥英国	62,887 (6)	21,808 (5)	41,079 (5)
⑦ブラジル	52,426 (7)	48,490 (3)	3,936 (25)
⑧ドイツ	45,784 (8)	11,907 (7)	33,877 (7)
⑨フランス	42,712 (9)	8,362 (10)	34,350 (6)
⑩韓国	39,778 (10)	11,957 (6)	27,821 (9)

注：表中の（　）内の数値は順位。
出所：外務省（2018）より筆者作成。

(2) 自発的な海外移住・海外就労の増加の背景

先行研究は自発的な海外移住・海外就労が増加している背景として，次のような点を挙げている。第1はテレビやパソコンといった電子メディアの発達で海外での生活を想像することが可能となり，こうした「想像力の作動」(work of imagination：Appadurai, 1996) が海外移住を活発化させているということである (藤田, 2008)。第2に親の海外駐在への同行や自身の海外留学経験を通して，若年世代の日本人を中心に，海外移住・海外就労への心理的抵抗感が小さくなりつつある点が指摘されよう (中澤・由井・神谷, 2012)。事実，経済産業省 (2019) によれば，日本企業の海外現地法人数 (2017年度) は25,034社に達し，10年間で7,346社増加している。また，日本学生支援機構 (2019) の調査では，海外の大学等で学ぶ日本人留学生の数は10万5,301人 (2017年度) に上り，過去最多である旨が示されている。そして，第3は求職者と求人側のマッチメーカーとして，国境を越えて活動する人材紹介会社の存在である。特に昨今では，IT化の進展により，人材紹介会社は登録者のデータベースを容易に構築でき，求職者は日本にいながらにして海外就職活動を行えるようになるなど，そのマッチング機能が強化されつつある (Yui, 2009; 中澤・由井・神谷, 2012)。

4. 新たな人材オプションとしての「現地採用本国人」

これまで述べてきたように，海外派遣と現地化を巡る諸問題が顕在化する一方で，人材のグローバルな移動が活発化する中，多国籍企業は，旧来型の「本国人駐在員か，現地人か」という二項対立的視点を超克した新たな人材オプションを模索するようになってきた。例えば，Briscoe & Schuler (2004) は，近年の国際人的資源管理の研究・実務において使用されている従業員タイプが20種類以上に達しており，従来型の「本国人」「現地人」「第三国籍人」といった分類軸では各々の差異を十分に説明できないことを論じている。同様に，

Thorn & Inkson (2012) も多国籍企業における人材移動のパターンが複雑化していることを述べている。但し，これらの研究で示されている人材オプションには「海外出張」の延長線上に位置するもの（“frequent flyers”；“short-term assignments”；“international commuters”）や「国際移動」を伴わないもの（“domestic internationalists”；“virtual international employees”）なども含まれる[8]。こうした中，本書では，本国人と現地人の双方の長所を保持する一方で，両者の短所を回避するという我々の問題意識に合致すると同時に，最近の国際人的資源管理論において関心が高まっている人材カテゴリーとして“self-initiated expatriates”（SIEs：現地採用本国人）に焦点を当てることとする（Andresen, Al Ariss, & Walther, 2012；Vaiman & Haslberger, 2013 など）。

(1) SIEs研究の系譜

SIEsに関する研究の歴史は未だ浅く，嚆矢となったのは，若年層のニュージーランド人の国際移動を取り扱ったInkson et al. (1997) である。彼らは，ニュージーランドには古くから“The Big OE (overseas experience)”と呼ばれる若者が2～3年海外で働きながら異文化を体験する慣行があることを紹介し，こうした伝統は国家的な人材の貯水池となり，グローバルな市場において，効果的に活用されるであろう旨を強調した。

その後，Suutari & Brewster (2000) は，在外フィンランド人の実態調査を通して，SIEsがInkson et al.で論じられたキャリアの初期段階にある人々だけでなく，マネジャーレベルにおいても観察されることを述べるとともに，“young opportunists”（キャリアの初期段階にある20代以下の若者で，観光と仕事を兼ねて海外に長期滞在している者），“job seekers”（本国でのキャリアに不満を感じたり，失業したために出国した者），“officials”（国連やEUなど国際機関に勤務する者），“localized professionals”（元駐在員や現地人と結婚した者など現地での永続的な勤務を志向している人材グループ），“international professionals”（国際事業での長い経験を有するグローバルなスペシャリスト），“dual career couples”（駐在員の配偶者）という6つのサブグループを提示して，SIEsが多様である点を明らかにした[9]。また，

Andresen, Bergdolt, & Margenfeld（2012）のように，SIEsを同一多国籍企業内の海外子会社へ異動する“intra-SIEs”と自身の前勤務先とは異なる組織に職を求める“inter-SIEs”に細分化する所説も見られる。

そして近年では，SIEsの属性面（年齢，性別，出身国・勤務国，職種・職位）の分析に加え，異文化適応やモチベーション，さらにはキャリア関連の考察など，理論と実証の両側面から広範なSIEs研究が行われるようになっている（Myers & Pringle, 2005；Biemann & Andresen, 2010；Howe-Walsh & Schyns, 2010；Doherty, Dickmann, & Mills, 2011；Andresen, Al Ariss, & Walther, 2012；Cao, Hirschi, & Deller, 2012・2014；Cerdin, 2012；Doherty, 2013；Vaiman & Haslberger, 2013；Peiperl, Levy, & Sorell, 2014；Farcas & Gonçalves, 2016など）[10]。

しかし，本書で取り上げる日本人SIEsに関する学術研究については，SIEsの生活状況や価値観，さらにはジェンダー問題の論考など，社会学をベースとしたものが中心で（酒井, 1998・1999；Ben-Ari & Vanessa, 2000；Sakai, 2004；Thang, MacLachlan, & Goda, 2002・2006；Thang, Goda, & MacLachlan, 2006など），経営学，中でも本書のような国際人的資源管理論の視点からアプローチした研究は未だ少ないのが現状である。ここに本書の貢献ポイントの1つがあると考える[11]。

(2) 本書における「現地採用本国人（現地採用日本人）」の概念定義

SIEsは，一般的に「自らのイニシアチブで海外に移住し，就労している個人」(Suutari & Brewster, 2000)，「企業のサポートを受けずに他国へ移動し，現地人と同様の労働条件で雇用されている個人」などと定義される（Crowley-Henry, 2007；Biemann & Andresen, 2010)。しかし，その概念定義については，統一的な見解が必ずしも確立されているわけではない。例えば，先行研究では，SIEsとmigrants（移民・移住者）の区別を巡る数多くの議論が重ねられてきた。そこには，両者を相互排他的な人材グループと捉える研究もあれば，その互換性を示唆する論文，さらには主たる居住地の変更を伴う国際移動を企図する者を全てmigrantsと称し，SIEsを含むexpatriatesをそのサブカテゴリーとして認識するような所説も見られる（Tams & Arthur, 2007；Al Ariss, 2010･2012；Al Ariss & Özbilgin, 2010；Andresen, Bergdolt, & Margenfeld, 2012；Al Ariss & Crowley-Henry, 2013；Baruch et al., 2013；Andresen et al., 2014；Cerdin & Selmer, 2014）[12]。かかる一貫性の欠如は，SIEsとmigrantsが，各々国際人的資源管理論と移民研究という異なる学問分野を主たる論究のフィールドとしてきたことに起因していると思われる（Dorsch, Suutari, & Brewster, 2012）。そのため，本書では両者の異同を必要以上に吟味することはあまり生産的でないと考える次第である。実際，Al Ariss（2010･2012）は，SIEsとmigrantsの差異に関して，海外での滞在期間を取り上げ，先行研究においては「SIEsはmigrantよりも一時性が強い」というステレオタイプが存在するが，現実にはmigrantsと思われた人が早々に帰国するケースがある一方，ホスト国への永住を決断するSIEsも厳然として存在する点などを指摘している。

また，先行研究の中には，国連のような国際機関に勤務する者や大学教員等をSIEsに含めている文献も見られる（Suutari & Brewster, 2000；Richardson & Mallon, 2005；Richardson & McKenna, 2006；Selmer & Lauring, 2010･2011ab；Lauring & Selmer, 2014など）。しかしながら，本書の議論の対象は，言うまでもなく多国籍企業である。さらに，多国籍企業の立場でSIEsを捉えた場合，彼（彼女）らが第三国籍人（third country nationals）である可能性も存在するが，我々の問題意識は既述のとおり，「本国人の海外派遣」と「現地人の登用」を巡る諸課題への対処，換言すれば，本国人と現地人の各々の長所を具備すると同時に，両者の短所を回避しうる人的資源の活用にある。そこで，本書においては，SIEsを「多国籍企業の海外子会社に勤務する現地採用の本国人社員」と位置付けて議論を進めていく。そして，本書で取り扱う在中国日系進出企業における日本人SIEsについては，より厳密に，「日本本社でなく中国現地法人（支店）で採用された日本国籍者」または「中国現地法人（支店）とのみ労働契約を締結し，日本本社とは雇用関係にない日本国籍者」と定義したい。前者と後者を敢えて区別したのは，先行研究の議論を踏まえ，「中国で採用され，その後勤務国に変更はないものの，処遇上は駐在員待遇に転換した者」や「当初は駐在員として中国に赴任し，その後日本本社との労働契約を解除し，現地法人（支店）とのみ契約を締結している者」を現地採用日本人に含めるためである。なお，先に見た外務省（2018）には，海外在留邦人の長期滞在者の内訳の1つとして，「民間企業関係者（本人）」というカテゴリーが設けられており，その数が世界全体で27万3,088人に達していることまでは読み取れる。しかし，駐在員と現地採用者が区別されていないため，日本人SIEsの実数を統計的に把握することはできない点を付言しておく[13]。

（3）人的資源としてのSIEsの特性等に関する論考

多国籍企業の海外子会社に勤務する「現地採用本国人」（SIEs）は，先述のとおり，ローカル社員として雇用される場合が通常である（Crowley-Henry, 2007；Biemann & Andresen, 2010など）。従って，企業にとっては本社から派遣された駐在員（AEs）に比して「人件費が低廉」という魅力がある（Hu & Xia, 2010；Dorsch, Suutari, & Brewster, 2012）。また，SIEsは自らの意思で帰国を決定するので，AEsのように，「帰任」を巡る諸問題が発生する心配もない。そして，SIEsはホスト国の言語や文化に精通しているケースが多いことから，本社所在国と海外子会社所在国の「文化の橋渡し役」（バウンダリー・スパナー：boundary spanner）としての役割が期待できる（Harzing, Köster, & Magner, 2011）。

しかしその一方で，彼（彼女）らの海外への「移動理由」や「キャリアタイプ」はAEsのそれとは異なるため，人的資源管理面では注意を要する点も多いと思われる（Andresen, Al Ariss, & Walther, 2012；Vaiman & Haslberger, 2013；古沢，2015・2017・2018ab・2019b）。事実，企業側の視点で現地採用本国人の「思考・行動の過度の現地化」「低い忠誠心・強い転職志向」等を論じた研究のほか，「駐在員との処遇・キャリア機会の格差」や自らの知識・スキルが正当に評価・活用されない“underemployment”などSIEs側の「職務不満足」に言及した文献も散見される（Ben-Ari & Vanessa, 2000；Sakai, 2004；Lee, 2005；中澤ほか，2008；横田，2010ab；齋藤，2011；Doherty & Dickmann, 2012・2013；古沢，2015・2017）。

そこで，以下では人的資源としてのSIEsの特性について，「バウンダリー・

スパナー」としての期待，「キャリア」を巡る状況，さらには「職務満足」の視点から考察する。

① 「バウンダリー・スパナー」(boundary spanner) としての期待

多国籍企業の海外子会社は，ホスト国のコンテクストに埋め込まれると同時に，当該企業のグローバルなネットワークの一員でもある。こうした「二重の埋め込み」(dual embeddedness) は，企業内に地理的・言語的・文化的な「境界」を作り上げる (Schotter et al., 2017)。それゆえ，多国籍企業は「様々な境界の束」(bundles of different types of boundaries) と描写されることも多い (Carlile, 2004 : p.566)。そして，境界は「分裂と一体感」の源泉となり，"'us and them' mentality" (「我々とあの人たち」というメンタリティ) をもたらす。かような状況下，多国籍企業が「多国籍性」(multinationality) からの果実を得るには，境界 (「本国人駐在員—現地人社員」間や「本社—現地法人」間などの「異文化インターフェイス」) のマネジメントが肝要であり，そこに「バウンダリー・スパナー」の存在意義があると考えられる (Kogut, 1990 ; 林, 1994 ; 馬越, 2011 ; Barner-Rasmussen et al., 2014 ; Schotter et al., 2017)。

バウンダリー・スパナーは，「組織内・組織間において，多様な文化的・制度的・組織的コンテクストを横断する諸活動を統合すべく，コミュニケーション及び調整のための活動を行う個人」(Schotter et al., 2017)，あるいは「関係する内外のグループから両グループ間の相互作用に関与し，それを促進していると認識されている個人」(Barner-Rasmussen et al., 2014) などと定義される。こうした中，Schotter et al. (2017) は "rubber band model" を提示し，バウンダリー・スパナーがゴムバンドのような働きをすることで，組織内の複数の部門が結び付けられると同時に，各部門が必要に応じて独立的に活動する柔軟性が付与される旨を論じている。すなわち，バウンダリー・スパナーは「連結の経済性」を高めるための1つの手段であると言える (Schotter & Beamish, 2011)。そして，多国籍企業の経営という文脈においては，先述のとおり，「本国の文化とホスト国の文化の橋渡し役」と捉えられよう。

先行研究の知見を総括すると，多国籍企業におけるバウンダリー・スパナーの共通要件は「複数の言語」と「複数の文化」の内面化にあると考えられる

（林, 1985･1994；Brannen & Thomas, 2010；Hong, 2010；Fitzsimmons, Miska, & Stahl, 2011；古沢, 2013；Barner-Rasmussen et al., 2014；Sekiguchi, 2016）。例えば，Barner-Rasmussen et al.（2014）の研究は，言語的・文化的スキルが，多国籍企業内におけるバウンダリー・スパナーの役割遂行にプラスの影響を与えることを実証している。とりわけ，日本のような同質的社会を本拠とする多国籍企業にとって，バイリンガルでバイカルチュラルなバウンダリー・スパナーの存在は，より貴重であると考えられよう（Yoshino, 1976；Fernandez & Barr, 1993；Furusawa & Brewster, 2019）。

一方で，多国籍企業の経営における摩擦の主な原因は，「言語」と「文化」にあると言われる（Brannen, 2004；Barner-Rasmussen et al., 2014）。言語と文化は相互に関連し，密接不可分で，補完的な関係にある（亀田, 2000；Selmer, 2006；Barner-Rasmussen et al., 2014）。例えば，Selmer（2006）の中国における実証研究によれば，ホスト国での滞在期間は言語能力と正の相関関係を有し，言語能力が異文化適応にプラスに作用する。また，Peltokorpi & Froese（2012）及びFroese & Peltokorpi（2013）が実施した日本在住のAEsとSIEsへの調査によると，SIEsの方が日本語能力に優れ，日本での生活経験が長く，それらが両者の異文化適応（対人適応）面での差異をもたらすことが示されている。こうした状況下，Harzing, Köster, & Magner（2011）は，多国籍企業の海外子会社に勤務する現地採用の本国人社員は，ホスト国の言語と文化への精通を通して，理想的なバウンダリー・スパナーになりうると主張する。実際，Okamoto & Teo（2012）による在オーストラリア日系進出企業の研究では，日豪双方での在住・勤務経験を有し，両国の文化に通じた日本人SIEsが“cultural mediators”となって日本人駐在員とローカル社員のコミュニケーションをアシストしている様子が述べられている。

さらに付け加えると，AEsに関しては3～5年程度で帰任するといった事情がホスト国の言語習得や現地人との交流に対するモチベーションを減じる可能性があるのに対し，SIEsについてはAEsよりも長い時間軸で滞在するため，現地人社員やホスト国コミュニティとのネットワーク構築への意欲が相対的に高いとされる点がバウンダリー・スパナーとしての能力のさらなる強化を誘発しうるものと思われる（Peltokorpi & Froese, 2012；Hippler, Brewster, &

Haslberger, 2015)。

② SIEsの「キャリア」を巡る状況

1) 海外への「移動理由」

SIEsは，そのキャリアを巡る状況において，AEsと異なるとされる。まず，海外への移動理由に関しては，AEsのそれは海外子会社の管理や技術移転など多国籍企業の本社社員としての任務遂行が中心となるが，SIEsの場合はキャリアアップ・収入増，異文化体験，国際結婚など拡散的である（Suutari & Brewster, 2000)。従って，AEsが比較的均質な集団であるのに対し，SIEsは性別・年齢・職務等の面で多様と言われる（Biemann & Andresen, 2010)。

また，Suutari & Brewster（2000）の研究では，国際的経験への関心はAEsよりもSIEsの方が強く，長期の海外での滞在を受け入れる用意があることが明らかにされている。それゆえ，前述したように，同時多発テロ以降，海外勤務を忌避する従業員が増加する中，自らのイニシアチブで海外へ赴くSIEsの存在は多国籍企業の新たな人材プールとして貴重であると言える（Hu & Xia, 2010)。

次に，在外日系進出企業における現地採用日本人の状況を見てみる。例えば，1990年代中盤の日本人女性による「香港就職ブーム」を取り上げた酒井（1998·2006）は，彼女らが「ジェンダー規範」の強い日本からの脱出願望を持っていたことを強調している。そして，対中ビジネスが深化する中，日本での勤務経験と日本語能力及び日本的なコミュニケーションスキルを有した人材を低コストで欲するという日系企業側のニーズと，日本からの近接性，ビザ取得の容易さ，英語がビジネス上の公用語といった香港の魅力が相俟って，SIEsが増加したのである（酒井, 1998)。また，シンガポールにおける現地採用日本人の研究では，プッシュ要因として，日本の就職状況の悪化のほか[14]，女性に対して抑圧的な日本の労働環境（少ない昇進・能力開発の機会），さらには「結婚への圧力」を回避したいという女性SIEsの想いなどが述べられている（Ben-Ari & Vanessa, 2000；Thang, MacLachlan, & Goda, 2002·2006；Thang, Goda, & MacLachlan, 2006；中澤ほか, 2008)。そのため，こうした現地採用者は，旧来型の「経済移民」とは異なる「精神（スピリチュアル）移民」と描写されることも多い（佐藤, 1993；Thang, MacLachlan, & Goda, 2002；Thang, Goda, & MacLachlan, 2006）。他方，プル要因には，ビザ取得が比較的容易で（但し，勤務経験要），治安が良好なこと，広い意味での「英語圏」であることなどがある（中澤ほか, 2008）。そして，彼女らは，シンガポールを性別や年齢による差別のない欧米的特徴を有した「成果主義」の国と位置付け，引き寄せられていったのである（Thang, Maclachlan, & Goda, 2006）。また，英国におけるSIEsに関しても同様の論述が見られる。例えばSakai（2004）は，ロンドンの金融街「シティ」で働く日本人の女性SIEsに対するヒアリング調査を実施し，彼女たちが仕事と家庭（結婚や出産等）の両面で女性に抑圧的な日本社会の規範に息苦しさを感じ，自由で先進的なイメージがある英国へ渡ったことを論じている。そこには，女性SIEsがいわば幻想として保持する「進んだ西洋 vs. 耐えられない日本」という二分法的な世界観が見て取れるという。このほか，タイでの研究によると，日本人の求職者は「元駐在員のUターン組」，「配偶者・パートナーがタイ人」である者，さらには「キャリアアップ・自己実現志向型」や「日本逃避型」の人材など多様である旨が示されている（斉藤, 2005；井戸, 2006；齋藤, 2011）。

2）「組織内キャリア」vs.「組織横断的キャリア」

AEsが当該多国籍企業内での人事異動の一環で海外に赴任し，帰任が予定される「組織内キャリア」（organizational career）を歩み，本人と企業の共同でキャリアが管理されるのに対して，SIEsは帰国の決定も含めて自らの責任で主体的にキャリアを選択することから，そのキャリアタイプは「組織横断的キャリア」（boundaryless career）や「変幻自在のキャリア」（protean career）と描写されることが多い（Inkson et al., 1997；Inkson & Myers, 2003；Crowley-Henry, 2007・2012；Dorsch, Suutari, & Brewster, 2012）。SIEsの組織横断的キャリアに関連して，Biemann & Andresen（2010）が実施したドイツ人SIEsマネジャーに対する調査では，彼（彼女）らはAEsと比べて組織間移動に対する高い志向性を有していることが述べられている。Biemann & Andresenによれば，組織横断的キャリアを追求する人材は，組織に依存するのでなく，個人としてキャリアを計画・設計・評価する。加えて，そのアイデンティティは，組織に対してではなく，自らのスキルと能力を中心に展開する。別言すれば，SIEsのキャリアに関する確固たる態度は，企業への忠誠心の欠如という形で表出するかもしれない（Doherty & Dickmann, 2013）。その結果，彼（彼女）らは企業間を移動する可能性が高くなるのである。これに対して，AEsは駐在員として本社と子会社に対する「二重の責任」を負うとともに，金銭面・福利厚生面で手厚い報酬パッケージを享受しているため，少なくとも倫理的には組織とのつながりを絶つことが容易でないと考えられる（Biemann & Andresen, 2010）。

日系企業のSIEsを巡る先行研究では，シンガポールでの事例として，女性SIEsは仕事に満足しなければ，現地人と同様，いとも簡単に会社を辞めて転職することが述べられている（Thang, MacLachlan, & Goda, 2006）。英国でも状況は似通っており，Sakai（2004）の前掲調査では，女性SIEsは欧米流の長い休暇をエンジョイしつつ，より良い給与を求めて勤務先を変えていくなど，AEsと比べれば組織に対する帰属意識が希薄であるという。また，横田（2011ab）のタイでの実態調査によると，日本人SIEsの「今後のタイでの滞在予定」は「未定」が46.7%，「4年以内」が26.1%で，特に20代女性では「5年以上」「一生」はゼロとなっている。こうした結果を受けて，同調査は現地採用者が低賃金（次項ご参照）ゆえに長期就労に不安を抱える一方，日系企業側はSIEsのそうした短期就労意識のために採用を躊躇するというミスマッチが生じているとの論評を加えている。他方，タイ人の配偶者を持つ長期滞在志向の日本人の中には，キャリアの初期段階では日系企業で経験を積み，昇進の限界に達した段階で日系企業よりも処遇が魅力的な欧米系企業等へ転職するパターンも多いとのことである（齋藤, 2011）。

③　SIEsの「職務満足」に関する考察

既述のように，現地採用本国人の多くはローカル社員として雇用される。従って，AEsの場合は企業が移動の費用を負担し，現地赴任後も駐在員手当，生活費手当，住宅手当，子女教育手当，ハードシップ手当，帰国手当といった各種手当が支給されるのに対し，SIEsは自己資金で海外へ赴き，AEsのような報酬パッケージが提示されることは通常ない（Inkson et al., 1997;

Mäkelä & Suutari, 2013)。また，SIEsはAEsと比べて本社との関係性が弱いため，重要な知識や資源へのアクセスの面でも不利な立場に置かれている(Mäkelä & Suutari, 2013)。そして，スキル・知識が正当に評価・活用されない“underemployment”や「駐在員との処遇・キャリア機会の格差」がネガティブな仕事態度・職務満足の低下を招来する危険性もあるとされる（Ben-Ari & Vanessa, 2000；Sakai, 2004；Lee, 2005；中澤ほか, 2008；横田, 2010ab；齋藤, 2011；Doherty & Dickmann, 2012・2013；古沢, 2015・2017)。

続いて，在外日系進出企業を巡る研究のレビューに移ろう。酒井（1998）によれば，香港における現地採用日本人は，駐在員と現地人との「バウンダリー・スパナー」としての役割，あるいは日系企業を顧客とする業務に従事するケースが多い。しかし，日本人SIEsの中で賃金が日本勤務時よりも上昇している者は少なく，住宅手当は支給されない場合が主流であるという。また，酒井（1998・2006）は，香港の日系企業の駐在員は殆ど全員男性で，現地採用は大半が女性であるので，両者の格差は，結果的には「男女格差」とほぼイコールになると述べ，前掲のように彼女らは「ジェンダー規範」の強い日本に対するオルタナティブとして香港に移住したにも関わらず，香港の日系企業で日本的な「ジェンダー分業」に再び直面するという矛盾と悲哀を味わっている旨を議論している。だが，その一方で，現地採用の女性たちは，1つの企業に縛られない自由を謳歌して，そうした生き方を肯定しているとの主張も見られる（酒井, 1999)。シンガポールでも，現地採用者の就労状況は香港と類似しており，「バウンダリー・スパナー」として日本人駐在員をサポートする役割，あるいは「日本語能力＋日本的気配り」が要求される日系企業向けの営業などが中心とされる。そして，処遇については，月給が2,500～3,500シンガポールドル，住宅手当は「なし」の場合が多く，現地採用者は長期勤続をしたとしても，そのキャリア機会は限定的で，駐在員を凌ぐ地位には就けないことが指摘されている（Ben-Ari & Vanessa, 2000；中澤ほか, 2008）[15]。しかし，その反面，女性SIEsは有給休暇を完全消化するといったように，マージナルなステイタスを逆利用して“my space”（Thang, MacLachlan, & Goda, 2006）を確保する戦略を取っているとの論考もある。一方，英国に関しては，Sakai（2004）がシティで働く女性SIEsの情緒的葛藤を詳細に記している。それによれば，先述のとおり，彼女たちは日本の社会や企業に不満を覚え，自由を求めて英国に来たにも関わらず，日系金融機関は日本同様の男性社会で，昇進機会も限定的であるなど，ロンドンでも「日本の職場」に対する失望を味わっている。他方，女性 SIEs は英国社会からは日本人と見られ，英国人の友人も少ない。そうした中，彼女らは日本人・英国人双方の社会から周縁化され，アイデンティティの揺らぎを感じているという[16]。また，ロンドン・ウィメンズ・ネットワーク（1999）は，英国で働く現地採用の日本人女性へのアンケート調査に基づき，駐在員との待遇格差や男女差別など SIEs が抱える不満を明らかにするとともに，バイリンガルでバイカルチュラルな現地採用日本人を如何にして活用していくかが日本企業の課題であることを述べている。タイについては，横田（2010ab）の調査によると，現地採用者の学歴は大卒・大学院修了が 7 割で，日本での勤務経験者が 8 割強，タイ語学習経験者が 5 割弱に達するが，現在の職位は一般職が 43.0％で最も多く，次いで課長クラスが 18.9％となっている。また，月給は 4～5 万バーツ＝33.8％，5～6 万＝18.2％，6～7 万＝11.7％，10 万以上＝11.7％で，「ボーナスなし」が 39.0％に達し，諸手当は殆ど支給されておらず，賃金や福利厚生に「不満」と回答した現地採用者が約半数に上ることが示されている[17]。さらに，ベトナムの日本人 SIEs に関しては，ベトナム語能力があり，ベトナム人との仕事経験を有する人材が重宝されるほか，日系企業相手の営業担当としてのニーズもある。しかし，SIEs はいくら有能でも日本本社採用待遇への転換は極めて稀で，駐在員とは収入や住居・居住地，生活スタイルや話題が異なるため，職場以外での接点は殆どないという。また，日本人同士で誰か別の日本人について話をする時は，「あの人は駐在員なのか？　現地採用なのか？」という会話がよくなされるそうである（古沢，2015）。そして，本書の主題である中国に関しては，遼寧省大連市の日本向けソフトウェア企業やコールセンターにおける現地採用日本人への需要を論じた研究（吉村，2006）のほか，広東省の珠江デルタ地域では，駐在員派遣コストの圧縮要求等も相俟って，本社との調整や日系顧客への対応といった「木目細かさ」「責任感」「迅速さ」を必要とする職務で日本人 SIEs が注目されている旨を述べた文献（盧，2006）などが見られる。しかしその一方で，本人の希望サラリーとのギャップ等による需給のミスマッチや，駐在員と現地採用日本人の処遇格差を問題視する声もある（堂園, 2007）。

5. おわりに

第1章では，まず初めに，これまでの国際人的資源管理論の研究の二大潮流であった本国人の海外派遣と現地人の登用（現地化）について，各々の目的・メリット，さらには留意点や懸念材料を論じた。一方，今日の経済社会では，従来型の移民や企業の海外駐在員に加え，人材の自発的な海外移住・海外就労が増加してきていることを述べた。それは，わが国に関しても同様と思われ，海外在留邦人数は過去最多となっている。

かような状況下，我々は，多国籍企業の経営において，「本国人駐在員か，現地人か」という二分法を超克し，本国人と現地人の各々の長所を具備すると同時に，両者の短所を回避しうる新たな人材オプションとして，「現地採用本国人」（SIEs）への関心が高まってきていることを指摘した。そして，SIEs研究の系譜や本書におけるSIEsの概念定義に加え，人的資源としてのSIEsの特性等に関して，「バウンダリー・スパナー」としての可能性及び「キャリア」「職務満足」の視点から議論した。

Suutari & Brewster（2000）は，従来から多くの企業がSIEsを雇用してきたにも関わらず，最近までその実態が明らかにされてこなかったという事実は，SIEsに対する人的資源管理が戦略的に遂行されてこなかったことの証左である旨を主張している。また，Jokinen, Brewster, & Suutari（2008）は，これまでSIEsに関係する研究やデータが不足していた点について，国際労働市場における「隠れた側面」と描写している。そして，Vaiman & Haslberger（2013）も，同様の問題意識から，SIEsを「見過ごされてきたグローバルタレントの源泉」と呼んでいる[18]。

近年におけるSIEsへの関心の高まりは，従業員の国籍をベースとした「本国人」「現地人」「第三国籍人」という旧来型の分類軸では，これからの国際人的資源管理を論じることができないことを物語っていると考えられる（在外日系進出企業に勤務する日本人AEsと日本人SIEsはともに「本国人」になってしまう)。こうした中，多国籍企業においては，SIEsの人的資源としての特性を踏まえ，彼（彼女）らと自社の間に“win-win”の関係をもたらす人的資源管理施策の提示が求められると言えよう。

注

1　例えば，Tung（1981・1982・1984）の調査では，米国企業の69%で10〜20%の失敗が見られ，7%の企業ではそれが20〜40%に達している。

2　Tung（1981・1982・1984）は，派遣者の選抜や事前研修に関する日本企業の優位性を指摘し，米国企業に対して改革を求めている。Tungの調査によると，日本企業の76%では失敗率が5%以下である。また，Hamill（1989）は英国企業における失敗率を5%以下と推定している。

3　この点に関連して，Derr & Oddou（1991）は，米国企業の派遣者の65%以上が事前研修を受けておらず，33%は資料配布のみであったことを明らかにしている。また，Mendenhall, Dunbar, & Oddou（1987）は，企業が異文化適応研修に注力しない理由として，① 研修が効果的でないこと，② 参加者の不満足，③ 時間的制約，④ 派遣期間が短く予算措置が困難，⑤ 現地化志向，⑥ トップに必要性の認識がないことなどを挙げている。一方，田中（2005）によれば，日本企業における派遣前研修の実施率は，1970年代には4割程度であったが，80年代はそれが7割となり，90年代では殆どの企業で実施されるようになったという。

4　本現象については，石田（1985）にも示されている。

5　かつて米国では，海外勤務は「忘れ去られる2年間」と言われていたという（Tung, 1984)。

6　Mayrhofer & Brewster（1996）は，各国が地理的に近接し，相互の文化的差異や経済的・社会的格差が相対的に小さい欧州域内では「本国志向」(ethnocentric）の人的資源管理が有効であり，現実に多くの欧州多国籍企業がそれを採用していることを論じている。

7　この統計（『海外在留邦人数調査統計（平成30年版)』）は，「旅券法」第16条により，外国に住所または居所を定めて3ヶ月以上滞在する日本人に対し，その住所または居所を管轄する日本の大使館または総領事館（在外公館）に提出するよう定められている「在留届」を基礎資料としている。但し，在留届を提出・更新していない邦人も多数いることが想定されるため，日系企業，日本人会，邦人研究者・留学生が在籍する大学・研究機関・各種学校等に調査票を配布し，協力を求めたとのことである（外務省, 2018)。

8　“frequent flyers”，“short-term assignments”，“international commuters”，“virtual international employees”については，Collings, Scullion, & Morley（2007）も参照のこと。

9　Suutari & Brewster（2000）　は，SIEsではなく，“self-initiated foreign work experiences”（SFEs）という用語を使用している。

10　例えば，属性面に関して述べると，Biemann & Andresen（2010）やPeltokorpi & Froese（2012）によれば，SIEsは概して，AEsに比べ年齢が若く，女性が多いという。そして，Tharenou（2010）は，SIEsにおける高い女性比率は，AEsに「グラス・シーリング」が存在することの裏返しである旨を示唆している。

11　本文に記したように，日本人SIEsを巡る国際人的資源管理論の視点からの学術研究は，筆者（古沢）の論文を除けば極めて少数であると思われる。当該研究テーマに関わる筆者の業績については，古沢（2015･2017･2018ab･2019b），Furusawa & Brewster（2018･2019）を参照されたい。本書のベースとなっているのはこれらの論考である。

12　例えば，Baruch et al.（2013）は，SIEsとmigrantsの差異を「永住権」の有無に求めている（「永住権なし」がSIEs）。しかし，SIEsを巡る実証研究においては，実態として永住権の取得者・未取得者の双方を包含している（永住権の有無に拘泥していない）ケースが多い点に留意しなければなるまい。なお，永住権保有者をSIEsに加える場合，日系人（海外に永住の目的を持って移住した日本人とその子孫：古沢, 2013; Furusawa & Brewster, 2015）に関しても，一世（現地国籍への帰化者を除く）については「現地採用日本人」に含めることができると思われる。この点については，別途論じたい。

13　中国に関して言えば，長期滞在者（121,095人）のうち，「民間企業関係者」が98,615人で，その中の70,135人が「本人」，28,480人が「同居家族」となっている。

14　先行研究が論じた「就職状況の悪化」とは，いわゆる「就職氷河期」を指しているものと思われる。

15　2019年9月9日時点の為替レートによると，1シンガポールドル＝約77.6円である。

16　Sakai（2004）によれば，女性SIEsの中には，男性社会の日系企業とは異なり，実力次第で報われることを期待して欧米系企業に移った者もいたが，日本経済が低迷期に入り，日本人SIEsを雇用する意義が薄れてくると，市場原理によって淘汰されたという。

17　2019年9月9日時点の為替レートによると，1バーツ＝約3.5円である。

18　本件に関して，筆者が安室憲一先生（兵庫県立大学名誉教授・大阪商業大学名誉教授）に在外日系進出企業の歴史的な状況を確認したところ，日本人の現地採用は，かなり以前（例えば東南アジアでは少なくとも1980年代）から見られた現象ではある。しかしながら，学術論文はもちろん，当時の調査報告書等でも，その存在に言及したものは見当たらないとのことであった。すなわち，本文で示したSuutari &　Brewster（2000）やJokinen, Brewster, & Suutari（2008），Vaiman & Haslberger（2013）の見解と同様，わが国企業においても，人材オプションとしての現地採用本国人が研究及び実務で強い関心を集めることは最近に至るまでなかったということである。

第2章
在中国日系進出企業における人的資源管理上の諸課題
—日中間の「異文化コミュニケーション摩擦」と日本人駐在員の「異文化適応問題」の視点から—

1. はじめに

中国は日本企業の最大の海外進出先であり，国際経営戦略上の最重要拠点の1つであると考えられる。例えば，経済産業省（2019）によると，日本企業の海外現地法人（25,034社）のうち，中国に所在する企業が7,463社（29.8%）を占めてトップとなっている。また，国際協力銀行（2018）がわが国の製造企業に対して実施した調査では，「中期的（今後3年程度）に有望な事業展開先国」として，中国が第1位であった。

しかしながら，日本企業の中国での現地経営に関しては，かねてより日本人駐在員と中国人社員の軋轢や有能人材の流出といった人的資源管理上の諸問題が指摘されてきた（馬，2000；古沢，2003；白木，2005；Hong, Snell, & Easterby-Smith, 2006；辻，2007・2011；西田，2007・2008a・2016a；柴田，2011；李ほか，2015など）。そして，それらの多くは日中間の「異文化コミュニケーション問題」に起因すると言われる（凌，1995；片岡・三島，1997；趙，2002；辻，2011）。

そこで本章では，主に異文化コミュニケーションの視点から，在中国日系進出企業における人的資源管理上の諸課題について議論したい。具体的には，異文化コミュニケーションに関わる理論的考察を踏まえ，日本人駐在員と中国人社員の間の異文化コミュニケーション摩擦の実態を先行研究の知見を交えて論じるとともに，日本人駐在員の異文化適応問題を取り上げる。

2.「異文化コミュニケーション」が内包する危険性

異文化コミュニケーションとは「メッセージの送り手と受け手が異なった文化的背景を有する時に発生するコミュニケーション」を指し，文字通り「文化」と「コミュニケーション」がその本質を理解するための重要な構成概念となる（Samovar, Porter, & Jain, 1981）。ここでは，文化とコミュニケーションの概念定義を確認した後，異文化コミュニケーションが内包する危険性について論じる。

（1）文化とは何か，コミュニケーションとは何か

まず「文化」に関しては，かつて160以上もの定義が存在すると言われたこともあるが（Kroeber & Kluckhohn, 1952），代表的なものとしては「知識・信仰・芸術・法律・習俗・その他，社会の一員として人間が獲得した能力や習慣を含む複雑な全体」（Tylor, 1873: 邦訳 p.1），「ある特定のグループが外部への適応や，内部統合の問題に対処する際に学習した，グループ自身によって作られ，発見され，または発展させられた基本的仮定のパターンで，それはよく機能して有効と認められ，従って新しいメンバーにそうした問題に関しての知覚・思考・感覚の正しい方法として教え込まれるもの」（Schein, 1985: 邦訳 p.12），さらには「何世代にもわたる個人や集団の努力によって，多くの人々により受け継がれた知識，経験，信念，価値観，態度，意味，階級，宗教，時間の観念，役割分担，空間の使い方，世界観，物質的な財産など全てを包含したもの」（Samovar, Porter, & Jain, 1981: 邦訳 p.30）などが挙げられよう。すなわち，文化は各民族の間で自己の環境への適応に役立つものとして学習され，受け継がれてきたものと言える（Ferraro, 1990）。

他方，「コミュニケーション」は「一定のコンテクストにおいて，メッセージの授受により，人間が相互に影響し合う過程」（石井ほか, 1997）と捉えられる。そこでは，送り手が相手に伝えるべき内容をコードで記号化し，「言語

メッセージ」として受け手に伝え，受け手はそのメッセージに意味を付与する記号解読を行った上で，今度は受け手が送り手としてその反応内容を改めてコードで記号化して新たにメッセージを作り，これがオリジナル・メッセージの送り手に送り返されることで，円環的なコミュニケーションが成立するのである（石井ほか, 1997：p.52）。

(2)「異文化コミュニケーション摩擦」を生み出す諸要因

しかし，異文化コミュニケーションに際しては，相互の言語や文化の差異による「コミュニケーション・ギャップ」（異文化コミュニケーション摩擦）が発生する恐れがある。事実，前章で述べたように，Brannen（2004）やBarner-Rasmussen et al.（2014）によれば，多国籍企業の経営上の摩擦の主要原因は「言語」と「文化」にあるという。そして，言語と文化は，密接不可分で補完的な関係にあるとされる（亀田, 2000；Selmer, 2006；Barner-Rasmussen et al., 2014）。別言すれば，他文化の世界観の真の理解は，その言語を通してのみ可能であり，ある文化をその言語を無視して理解するのは不可能であり，ある言語をその文化のコンテクストの外から理解するのも同様に不可能と考えられるのである（Ferraro, 1990）。

前述したように，コミュニケーションにおいて，その当事者を結び付けるのが言語能力を通して生成される「言語メッセージ」である。言語メッセージは，非言語コミュニケーション（表情や声の大きさなど）との相乗作用を通して，意味体系・知識体系・価値体系の共有化を可能にする（太田, 2008）。だが，異文化コミュニケーションにおける言語メッセージは，アクター間の言語能力の格差のほか，通訳を活用した場合においても言語間に「等価性」を確立することが困難であることから，メッセージの正確な伝達を妨害する「ノイズ」(noise）が生じる危険性がある。ここで言う「等価性」の困難さとは，①1つの単語に多様な意味が存在するので翻訳が難しいこと，② 多くの言葉は文化に根ざした意味を持つため，他の言語への翻訳が困難なこと，③ たとえ翻訳できたとしても，その概念が他言語にない場合には聞き手にとって全く意味をなさないこと，④ ある言語に特有の思考法・発想法まで他言語に翻訳できないことなどを指し示している（石井ほか, 1997）。こうした状況下，多国籍企業における言語の壁は，「言語コスト」（吉原・岡部・澤木, 2000・2001ab）と化し，意思決定や戦略・組織・システムの制約要因となる可能性があるのである（Feely & Harzing, 2003；Harzing, Köster, & Magner, 2011）。

続いて，文化的側面に議論の焦点を移すと，Sitaram（1976）は，異文化コミュニケーション摩擦の原因に関して，「文化的期待」という概念を提示している。例えば，日本人の学者が年下の米国人学者におじぎをして挨拶する時，その日本人学者は仏教的な謙譲の価値を表現しているだけでなく，相手が同様の謙譲を示すことを「期待」している。こうした自らの文化に規定された期待（文化的期待）は，殆ど本能的・無意識的に生成されるものであるが，相手の文化的価値を理解することなく，あるいはそれを無視して期待を抱く場合にはその充足が困難となり，コミュニケーションが破綻しかねない。

一方，西田（1992）や永井（1994）は「コミュニケーション・ルール」の違いから問題にアプローチしている。コミュニケーション・ルールとは，その文化の成員間で暗黙的に了解されている「その文化に最も適したコミュニケーション行動のあり方」を意味する。例えば，日本では「以心伝心」「察し」を前提とした非明示的なコミュニケーションスタイルや，「稟議」「根回し」に代表される事前調整及びボトムアップを重視した意思決定方式が多用されることなどがその代表例と言えよう。そして，コミュニケーション・ルールの差異が，より正確に言えば，相手のコミュニケーション・ルールに対する理解不足や無視が「ノイズ」となり，コミュニケーションにおいて誤解を生じさせるのである。

さらに，西田（2007・2008a・2016a）は，異文化コミュニケーション学をベースに，認知科学及び脳科学の知見を取り入れ，「文化スキーマ」（cultural schema）という概念から異文化コミュニケーション摩擦の説明を試みている。スキーマとは「過去の反応や経験が組織化されたもの」（Bartlett, 1932：p.201）であり，文化スキーマは，同じ文化圏の人々との接触の中で，特に繰り返し体験することで長期記憶として貯蔵された知識である（西田, 2007・2008a；根橋, 2008）。こうして貯蔵されている過去の記憶は，脳内の「記憶の神経回路網」を形成し，それが生活に必要な知識のデータベースとなって人間の行動を導くと言われる。そして，文化スキーマは状況依存型ゆえ，生まれ育った国や地域によって異なる。換言すると，人々が文化の相違を感じるのは，自身が母国で生活している間に獲得した文化スキーマが他文化の人のそれと異なるためであり，自らの文化スキーマを通してしか世の中の出来事を認識できないからである（西田, 2008b）。

このように，「文化的期待」や「コミュニケーション・ルール」，さらには「文化スキーマ」は，異文化間の摩擦を生み出し，「ステレオタイプや偏見」(Samovar, Porter, & Jain, 1981；Brown, 1995) を招来する危険性がある。なぜならば，通常，人間が習得する文化は自国の文化が唯一のものか，少なくとも最初のものだからである。その意味で，あらゆる文化は，多かれ少なかれ，「エスノセントリック」（自民族中心主義的）な傾向を有しており，我々は異なる文化に属する人々のコミュニケーション行動を自国の基準で評価しがちである（Ferraro, 1990）[1]。

3. 在中国日系進出企業における「異文化コミュニケーション摩擦」

本節では，上記の議論を踏まえ，「言語」と「文化」の両面から，在中国日系進出企業で発生している異文化コミュニケーション摩擦について考察する。

(1) 言語に関わる摩擦

盧 (2012) によると，日本企業の中国現地法人の経営は，日本語への依存度が高い。すなわち，日本人駐在員と中国人スタッフの間のコミュニケーションは，① 日本語のみで，あるいは② 日本語通訳（多くは中国人スタッフが務める）を介して行われるケースが多いということである。事実，土居 (2016) による在中国日系進出企業の中国人従業員への調査では，日本人駐在員とのコミュニケーションで日本語を使用している者は407名中217名（53.3%）に達しており，通訳を介した会話も含めるとその数は304名（74.7%）に上る。

日系企業で日本語が広範に使用されている理由としては，第1に中国語に堪能な日本人駐在員が少ないという現実がある（陳・陳, 2007）。例えば，盧（2008）は，駐在員のうち中国語で業務ができる者は15％程度にすぎない旨を述べている。また，中国への留学経験者は12.1％に留まるといったデータもある（根橋, 2008）。こうした状況の背景には，中国語が難解であることに加え（Selmer, 2006），そもそも多くの日本企業では，駐在員の選抜に際して中国語能力を考慮していないという事情も関係しているように思われる（根橋, 2008；盧, 2012）[2]。第2は中国人の日本語人材が多いことである。国際交流基金（2017）によれば，中国における日本語学習者数は95万3,283人に達し，全世界の日本語学習者（365万5,024人）の26.1％を占めてトップとなっている。そして第3に英語によるコミュニケーションの困難さが挙げられる。現状では，日本人駐在員・中国人従業員の双方とも英語能力に限界があり，英語を両者の共通語とすることは難しい（盧, 2012）。これは，少なくとも現地のホワイトカラー人材とは英語でコミュニケーションが可能な東南アジアでの事業展開と大きく異なる点であると言えよう（根橋, 2008）。

上記の議論に関連して我々が留意すべきは，日本語による直接的なコミュニケーションであれ，通訳を介したコミュニケーションであれ，日中間の意思疎通を巡るトラブルが多数報告されているという事実である。例えば，古田（2004）の日系進出企業への調査では，「中国人社員とのコミュニケーション」の十分度は平均60％で，調査した40社のうち，「通訳を介したコミュニケーションで十分」との回答は9社にすぎなかった。また，閻（1996）が日系企業の中国人社員に対して実施した調査では，41.3％のローカルスタッフが「日本語で仕事ができる」と回答しているものの，日本語特有の敬語や曖昧表現などに困難を感じている者が少なくないという。

こうした中，辻（2007・2011）は，中国において日本人と中国人の双方に対するアンケート調査・ヒアリング調査を実施し，日本語によるコミュニケーション上のトラブルが生じやすい4つの場面（表現）を提示している。

第1は「注意表現」で，日本人駐在員が中国人従業員のミスまたは好ましくない態度を注意する際の表現である。注意表現の摩擦例として最も多かったのは，「面子」（凌, 1995；王秋華, 2007；王浄華, 2007；比嘉, 2007）に関連したもので，① 個人の能力に関わる表現（「全然ダメだなあ」「なんでこんなことも分からないのか」など），② 何かと比較する表現（「だから中国人はダメなんだ」「みんなより遅れているぞ」など），③ 罵倒表現（「バカ！」「いい加減にしろ！」など）がその代表例である。中国人は仕事上のミスを指摘された場合，自身の人格が批判（否定）されたと受け止めるケースが多く，人前ならなおさら注意が必要である。また，辻の調査では，中国人から「曖昧な表現」が理解しづらいとの指摘がなされたという。例えば，「ちょっと」を使った表現である。辻によれば，「ちょっと」という言葉は緩和機能を有する一方，「暗示的な強調」の意味で使われることもあるが，そうした用法を理解している中国人は少ない。従って，駐在員が「ちょっとダメだな」と言って注意した場合，ローカルスタッフは「少しだけ気をつければよい」と受け取ってしまう。

第2は「指示表現」で，中国人に対して仕事上の指示を出す際の表現である。摩擦が多いのは「ほう・れん・そう」に関わる表現で，日本人駐在員が「随時状況を説明して下さい」「分からないところは相談に乗ります」と言ったところで，中国人にはそうした習慣が根付いていないため，駐在員が期待する行動を引き出すことはできない（はっきりと「期限」等を示すことが重要）。また，上で見た「注意」の場合と同様，曖昧表現もトラブルの原因となる。例えば，駐在員が部下に書類を渡す際に「これお願い」「これよろしく頼むよ」のように，表現自体を省略し，言外の意味に頼る日本語独特の表現法である。また，「〜しておいて」など言葉を語尾に付随させて表現を和らげる用法は，中国人に「すぐに着手しなくていい」との想いを抱かせることになりかねない(辻, 2016)。

第3は「断り表現」，とりわけ中国人従業員の要求に対する「婉曲な断り表現」（曖昧表現）を巡るトラブルである。例えば，「それは少しなあ……」といった結論の省略や，「まずは成績を残してからだ」のように，代替事項を提示して即答を回避する表現法である。辻によると，前者の曖昧表現に対しては，中国人社員から「何を伝えたいのかよく分からない」「立場上，聞き返せないから，余計に不信感を抱いてしまう」，また後者に関しては「要望を通す条件として到底できそうもないことを挙げる」「自分なりの成績を残したが，結局は何の対応もしてくれない」といった意見が寄せられたという。

そして，第4として「賞賛表現」が挙げられる。摩擦例の代表格は「面子」に関わるもので，注意表現と同じく，何かと比較することは好ましくない。例えば，「日本人と変わらないなあ」「日本本社でも通用するよ」などは「上から目線」と受け取られる可能性がある。また，「君だけで十分だ」「2人分の仕事をするなあ」のような過剰に誉める表現は周囲の反感を買う危険性がある。さらに，「まあ頑張ったほうだね」「たまには仕事するね」なども日本人は親近感ゆえの発言と解釈するが，中国人には皮肉や馬鹿にされたように聞こえる。そして，「やるなあ」などの短いフレーズは，中国人にとっては「何をどれだけ評価されたのか分からない曖昧表現」に他ならない。加えて，「昇給も考えとくよ」「昇進も夢ではないね」をはじめとする報酬（昇給・昇進）に関連した表現も要注意である。駐在員としては，モチベーションを高める意味で使ったにも関わらず，中国人はそれを真に受ける可能性がある。

以上，日中間のコミュニケーション上のトラブル（言語に関わる摩擦）について見てきたが，とりわけ「曖昧表現」に関しては，取り上げた4つ場面の全てに登場したことに注意を払わねばなるまい。方・高（2004）が述べるように，日本人の言語意識・言語表現には「自己抑制」の精神が貫かれ，「以心伝心」や「察し」を期待して，「断定・断言」をできるだけ避けようとする傾向がある。他方，中国語表現は論理的で，発話者の意図を包み隠さず「率直」に伝える「自己本位的」なものである。こうした両言語の対照的な特性に鑑みれば，日本語ネイティブでない人材が日本語の曖昧表現に精通することは極めて困難であると言えよう。

（2）日本人駐在員が感じる「情動摩擦」（文化面の摩擦）

佐々木（2016）は，在中国日系進出企業の日本人駐在員に対する調査から，中国人従業員との異文化コミュニケーションにおける「情動摩擦」（駐在員が困惑や困難を感じた中国人従業員の行動：西田，2016a）を論じている。ここでは，佐々木が提示した情動摩擦の上位5項目を概観するとともに，その背景にある文化的要因について考察する。

①　問題発生時の対応

情動摩擦の第1位は，中国人従業員の「問題発生時の対応」である（後述の「仕事における自主性」と同率で1位）。具体的には，「問題の原因や再発防止よりも誰の責任かを明らかにしようとする」「責任を回避しようとする」といった事柄である。

こうした異文化コミュニケーション摩擦の背景には，林（1994）が提示した「O（有機的）型 vs. M（機械論的）型」の組織化原理の差異があるものと思われる。林によると，「高コンテクスト文化」（Hall, 1976）の知覚特性はアナログ的となり，感性で体験した全体像を連続体のまま理解するのに対し，低コンテクスト文化ではデジタル知覚が支配的で，現実世界に境界線を引いて定義と論理で理解する。そのため，「アナログ知覚・アナログ文化」においては，組織の形態はルーチン化または専門化された仕事以外は戦略的なものも含めて特定の個人には配分されておらず，状況に応じて解決していく「O（有機的）」型となる（図2-1）。他方，「デジタル知覚・デジタル文化」では，組織が生存するために必要とする仕事が職務・職位に配分され，職責と権限が職務記述書に明示される「M（機械論的）」型の組織が形成される（図2-1の白色の部分は個人に明確に割り当てられた職務を指す。M型では各人の仕事の境界が明確であるが，O型においては特定個人に帰属しない職務領域＝斜線部分＝が存在する）。

林の所説で重要なポイントは，中国を含めアジア・アフリカ諸国では文化の基調は高コンテクストであるが，日本以外の国は自己文化に基づく経営スタ

図2-1　「O型」組織と「M型」組織

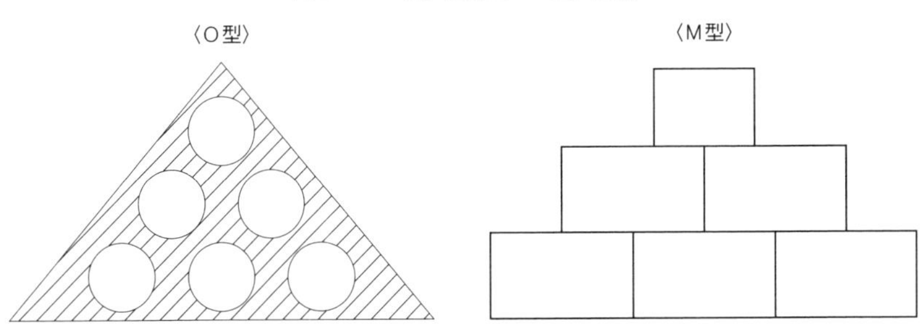

出所：林（1994），p.57を加工。

イルが開発される前に欧米の強烈な影響にさらされた結果，M型組織が主流になっており，O型組織は日本以外では殆ど皆無であるという点である[3]。事実，先行研究の中にも，中国の企業組織の特質の1つとして，「責任・権限」が個々人に明確に割り当てられていることを指摘するものが多い（周, 2007; 陳・陳, 2007; 盧, 2008; 陳, 2015）。それゆえ，中国人の組織化原理に従えば，問題発生時においては，組織として原因究明や再発防止策の検討に取り組む前に，まずは責任の所在を特定することこそが最重要課題となるのである。つまりは，「組織においては責任や権限が明確であるべき」という中国人従業員の文化スキーマと，「環境は絶えず変化するから職責は大まかに決めておき，状況に応じ個人の判断に任せた方が現実的・効果的」（石田, 1994）との考えのもと，「職務でなく職場中心の組織運営」（間, 1975）に慣れ親しんできた日本人駐在員のスキーマの相違が上記の如き情動摩擦の一因になっていると言えよう。加えて，中国人特有の「面子」がこの問題を複雑にしていると思われる（高橋, 2012）。すなわち，日本人の面子は，個人の能力よりもその人の所属集団や組織の名誉に関するものが中心であるのに対し，中国人の面子は個人の能力やその人の自尊心と深く結びついており，互いの面子を支え合うことによって人間関係を維持しようとする（趙, 2002）。ゆえに，会議等の他人の面前で自身の責任が追及されるような局面があれば，中国人従業員は激しく抵抗することになろう。

②　仕事における自主性

前述のとおり，日本人駐在員が困惑や困難を感じた中国人社員の行動として，「仕事における自主性」が同率1位となった。これは「自主的に仕事に取り組まない」「指示されたことしかしない」という行動を指す。

この問題については，Hofstede（1980･1991）が国民文化の差異を説明する次元の1つとして提示した「権力格差」（power distance）を議論の出発点としたい。一般的に，中国の組織では権力格差が大きいと言われる（周, 2007）。Hofstedeが示した世界各国の権力格差の指数を見ると，中国のスコアは80で，調査した78ヶ国中12位（同率）となっている（日本の指数は54で同率50位）[4]。内田（1994）によれば，権力格差の大きい国では意思決定のスタイルがトップダウンであるため，部下は指示待ちになりがちである。これに対し，日本の組織は前掲の「O 型組織」（林, 1994）が象徴するように，各自の職務範囲が不明確である。そのため，日本企業では，「A 氏（上司）→ B 氏（部下)」という職制上のタテ系列はあるものの，B 氏は A 氏の領域に容易に侵入でき，能力に応じて自由に活動することが許される（中根, 1967)。いや，むしろ日本の組織では，B 氏のような「拡散的に仕事のできる人」（自ら仕事を創造できる人）が評価されるといった方がよいかもしれない（間, 1975)。こうした風土の中で育ってきた日本人駐在員は，必然的に中国人従業員からのボトムアップを期待する。他方，トップダウンを当然と考える中国では，上位者は指示を出してこそ受容され，部下は明示的に指示された仕事のみ遂行し，非明示的部分は実行しないのが通常である。それどころか，他人の仕事の領域に踏み入ることは制裁の対象にもなりうる（内田, 1994;周, 2007)。この点に関しては，徐・片岡（1997）が実施した在中国日系進出企業の中国人従業員と日本人駐在員に対する調査が興味深い。それによると，中国人従業員の日本人管理職に対する要望として「権限委譲」が上位（第 2 位）に来たが，日本側からの中国人サイドへの要望は「指示されなくても機転を利かし，自ら進んで仕事をする」「権限や責任を委譲できるほどチャレンジ精神を持つ」が第 1 位・第 2 位となっている[5]。日中の文化的な差異が，かような認識のギャップを惹起していると考えられよう。

③ 報告・連絡・相談

第 3 位は「ほう・れん・そう」に関わるもので，駐在員の声としては「報告すべきこと・相談すべきことの理解が不十分」「個別にいちいち聞かないと上司にレポートしない」「自分で勝手に判断し，結果だけ持ってくる」などが提起されている。

「ほう・れん・そう」を巡る情動摩擦が発生している背景に関連して，陳・陳（2007）は，日本では情報共有が当然視されているが，中国では職務内容や責任範囲がはっきりと決められ，与えられた仕事をしっかりやることが何より肝要で，チームワークの精神や組織で仕事をする意識が弱い旨を述べている。そして，他人の仕事に干渉したらかえって嫌われる傾向がある点にも言及している。これらは，1つには，先に論じた「O型 vs. M型」の組織化原理の影響と考えられる。実際，西田（2016b）が日系進出企業に勤める中国人従業員に対して「日本人駐在員からの『ほう・れん・そう』の要求に文化的相違を感じるか」を尋ねたところ，「常に感じる」「時々感じる」との回答が76.4%に達している[6]。

また，沙・川久保（1997）による「忠に基づく集団主義 vs. 孝に基づく集団主義」という論考もこの問題に対し示唆的である。沙・川久保によれば，日本の集団主義は「忠」に基づく集団主義で，所属集団への「忠誠心」と仕事上の「連帯感」,「和」意識を特徴とする。こうした中，日本企業においては，社員は自分の仕事範囲を越えて相互に協力し，それによって組織の目標を達成すると同時に個人の欲求を満足させ，集団の福利を獲得しようとする（濱口・公文，1982)。そして，個人と集団の関係は共存関係で，メンバー間の協力・助け合いが重視される。かような「集団連帯責任制」（間, 1975）ともいうべき組織運営を機能させるために必要不可欠な要素が「ほう・れん・そう」による情報共有である。これに対し，中国人の集団性は「家族主義」の中に現れ，家が最も大事で「孝」が基盤となる。沙・川久保は，孝を重んじる深厚な家族主義こそが，中国人が所属集団に対する忠誠心と一体感を欠く根源であるとしている。また，中国の家族主義のもう1つの特徴として，家の縮小版としての「自己」が出発点である旨を取り上げ，自己と家以外の集団には責任を持たないことが企業等の集団生活における無責任性となって表出する可能性を述べている。

④　時間の守り方

第4位は「時間を守らない」ということで，「時間に対する意識が薄く，始業・会議に遅れる」「休憩時間を長く取る」といった点で日本人駐在員は情動摩擦を感じている。

Hall（1976）によれば，文化によって時間に対する観念は異なる。具体的には，米国や北欧は「M時間」（monochronic time），中南米や中東は「P時間」（polychronic time）の典型とされる。M時間の体系に属する人々は，1つずつ物事を片付けていくことを好むため，スケジュールを立て，時間を分断化する。一方，P時間では，いくつかの事柄に同時に対応し，計画に固執せず，人間関係や仕事の成就を重視する。Hallによると，こうした時間観念は，各々の国において教え込まれ，文化に組み込まれたものとなっている。従って，例えば，米国人が中南米や中東の人々の時間体系に遭遇する時，心理的なストレスを感じることになるのである。このHallの所説に則して言えば，日本人は内部の人とのコミュニケーションではP時間，外部の人とのコミュニケーションではM時間を使用すると言われるのに対し，中国人はP時間が主流で，時間に対する扱いが大らかとされる。そのため，日本人駐在員の目には，中国人は「約束した時間を守らない」「時間にルーズだ」と映ることも多いようである（閻・王, 2007;陳・陳, 2007)。

⑤　品質管理・事務管理全般

第5位は「品質管理・事務管理全般」である。具体的には，「日本人のように事務管理・品質管理ができていない」「ルールを決めてもすぐ元に戻る，5Sができていない」といった見解が日本人駐在員から寄せられている。

こうした規則の遵守や規律に関わる問題については，まず「グアンシ」(guanxi：関係）の視点からアプローチしたい。ツェ・古田（2012）が論じるように，グアンシは中国人に根付く行動原理の1つであり，そのベースは血縁・ルーツ・志などの個人的関係にある。そして，グアンシは，これまで社会関係資本（ソーシャル・キャピタル）として経済発展に寄与するとともに，資源の蓄積・再配分機能を果たしてきた。

グアンシのネットワーク内では，相互扶助が期待されるので，グアンシを結んだ「自己人」(身内・内輪の人）とそれ以外の「外人」ではビジネスにおいても取引条件を変えるのは当然のこととなる。また，家族や親族を優遇・重用したり，公的な地位から得られる利益を家族・親族へ分け与えることは，倫理観の欠如でなく，期待に応える行為と見なされる。日本では職場のルールも含めて「法秩序」が人間関係の大前提となるが，中国においては「個人的な信頼関係」が重視され，中国人の忠誠心は人に向けられるのである（ツェ・古田, 2012)。

このほか晨（1995）も，ほぼ同様の観点から「報と誠のコミュニケーション論」を展開している。晨によると，中国社会では慣習的に法規範としてのルールがなく，それが人治主義の温床になっているという。そのため，中国人にとっては，人に対して「報」（利益）を与えるとともに，人から「報」をもらうことが重要となり，報を通して人間関係のネットワークを構築・拡大させていく。従って，職場においても，特定の報を与えなければならない人のために働き，報を得るために働くという風潮が強くなり，仕事そのものに対する情熱よりも人間関係が重視される。その結果，人間関係の伴わない物事に対処することを軽視し，人間関係が付随しなければ，「公的規則」を無視しがちになるとのことである。

他方，晨によれば，日本人にとって人間関係の原則は「誠」にある。「誠」とは全身全霊で「ルール」を守り，与えられた任務を実行することである。そのため，ルールを守らない者は，「村八分」のように罰を受けて排除される。そして，日本人は職場においても，自身と他者を欺かないこと，無私無欲で誠実に仕事を遂行することによって，他者との関係及び自己の内面において和を保とうとする。こうした状況下，日本人の「誠」の視点に立てば，仕事や人間関係から「報」（利益）を得ようとする中国人は，公私混同気味で，誠意や責任感に欠けると見なされる可能性があるのである。

4. 日本人駐在員の「異文化適応」を巡る問題

本章の冒頭で述べたように，在中国日系進出企業における中国人従業員への人的資源管理に関しては，かねてより様々な問題点が指摘されてきた。例えば，前節でみた日本人駐在員との異文化コミュニケーション摩擦のほか（辻，2007･2011；西田，2007･2008a･2016a；辻，2010），現地化の遅れや低い賃金水準・年功的な賃金体系，さらには労働に対する日中の価値観の差異等と関連付けて，中国人社員の低い忠誠心や勤務先への弱いアイデンティティ，高い転職率を論じた研究も多い（馬，2000；古沢，2003；Hong, Snell, & Easterby-Smith, 2006；柴田，2011；李ほか，2015など）。

一方，上で論じた「情動摩擦」に象徴されるように，数年単位のローテーションで派遣され，帰任していく日本人駐在員が，難解な言語や文化，政治システムと結合した中国の経営環境・ビジネス慣行に短期間で適応することは容易でないと思われる（Snell & Tseng, 2001；古沢, 2006；Varma, Budhwar, & Pichler, 2011；Murray & Fu, 2016）。例えば，白木（2009）が在中国日系企業で働く中国人ホワイトカラーに対して実施した調査では，彼（彼女）らは全体的な傾向として，日本人上司よりも中国人上司を高く評価している旨が示されている[7]。

そこで，本節では，中国における日本人駐在員の異文化適応問題を論じる。具体的には，筆者（古沢）の実証研究（Furusawa & Brewster, 2016）から，日本人駐在員に対する人的資源管理施策と異文化適応，さらには仕事成果を巡る状況について考察するほか，中国赴任者の心身の健康問題を取り上げたい。

(1) 日本人駐在員に対する「人的資源管理施策」と「異文化適応」「仕事成果」

Furusawa & Brewster（2016）は，日本企業の海外駐在経験者に対するアンケート調査を通して，人的資源管理施策と異文化適応及び仕事成果に関する赴任地別の差異を明らかにするとともに，それら諸変数間の関係性を統計的に検証している[8]。

①「人的資源管理施策」に関する状況

まず人的資源管理施策に関しては，海外派遣を巡る代表的研究（Tung, 1981・1982・1984；Mendenhall, Dunbar, & Oddou, 1987；Black & Mendenhall, 1990；Black et al., 1999 など）の知見を踏まえ，1）選抜基準，2）派遣前の施策，3）赴任中の施策という3つの側面を調査したところ，以下のような結果が示された。

1）選抜基準

本書の第1章で見たように，先行研究は「専門的・技術的能力」（technical competence）に偏重した選抜基準を「派遣の失敗」の原因の1つとして取り上げている（Tung, 1981・1982・1984）。また，デュアル・キャリアや子女教育など「家族要因」への配慮不足を指摘する論考もある（Baker & Ivancevich, 1971；Solomon, 1994；Shaffer & Harrison, 1998）。では，日本企業の海外駐在員はどのような基準で選抜されているのであろうか。この調査では，「語学力や現地の文化への精通度」「専門的・技術的スキル」「リーダーシップや人間関係構築能力」「家族要因」という4つの基準を提示し，派遣者本人が選抜に際して各々の事項がどの程度評価・考慮されたと感じているかを尋ねた。

5点法による回答（5＝大いに評価・考慮された，4＝ある程度評価・考慮された，3＝どちらとも言えない，2＝あまり評価・考慮されなかった，1＝全く評価・考慮されなかった）の平均値は，「専門的・技術的スキル」が最高で(3.65)，「リーダーシップや人間関係構築能力」(3.42）が続いた（表2-1)。両者のスコアの差が小さいため，「偏重」とまでは言えないが，日本企業においても，「専門的・技術的スキル」が派遣者選抜に際する最重要基準であると考えられる。他方，最低は「家族要因」(2.62）であったが，この点については，日本企業では国内・国外を問わず，単身赴任が珍しくないことが影響していると思われる。

本章の関心事である赴任地別の差異を巡っては，「語学力や現地の文化への精通度」と「リーダーシップや人間関係構築能力」で「中国」のスコアが最も低く，分散分析の結果，各々0.1％水準・5％水準で統計的有意差が検出された。「語学力・現地の文化への精通度」が重要視されていない点に関しては，

表2-1　「選抜基準」に関する状況

	全体	標準偏差	直近の赴任地				F値
			中国	その他アジア	北米	欧州	
①語学力や現地の文化への精通度	2.86	1.32	2.45	2.64	3.45	3.46	6.293***
②専門的・技術的スキル	3.65	1.04	3.66	3.36	3.79	3.92	1.796
③リーダーシップや人間関係構築能力	3.42	0.87	3.25	3.29	3.69	3.68	2.747*
④家族要因	2.62	1.17	2.43	2.54	3.04	2.72	1.836

注：5点法による回答（5＝大いに評価・考慮された，4＝ある程度評価・考慮された，3＝どちらとも言えない，2＝あまり評価・考慮されなかった，1＝全く評価・考慮されなかった）の平均値。

***：$p<0.001$，*：$p<0.05$。

先に見たように，在中国日系進出企業では日本人駐在員と中国人従業員とのコミュニケーションにおいて，日本語が多用されていることが関係しているように感じられる。

2) 派遣前の施策

続いて派遣前施策について見てみよう。異文化適応は，海外赴任前に「先行適応」(anticipatory adjustment) という形で始まる。例えば，赴任国が左側通行の国であることを知っていれば，事前に精神的な適応が可能になるということである (Black, Mendenhall, & Oddou, 1991；Black et al., 1999)。これは，すなわち，派遣前研修の重要性を示唆していると言えよう。にも関わらず，本書の第1章で述べたように，先行研究の中には派遣前研修，とりわけ異文化適応研修の不足を指摘するものも多い。事実，Tung (1981) による米国企業への調査では，異文化適応研修を実施していない企業が68%に達するという。

そこで，本調査では，先行研究に基づき，「語学」「文化」「現地の人事労務管理・労使関係」に関わる研修のほか，駐在員が現地で遭遇する可能性がある「役割葛藤」(role conflict：Jackson & Schuler, 1985；Okamoto & Teo, 2012) の軽減に資すると思われる「赴任先企業の経営状況」「任務・役割や責任・権限」「キャリアパス上の意義」「人事評価基準や報酬制度」の説明など14の施策の実施状況について，5点法で質問した (5＝十分に実施された，4＝ある程度実施された，3＝どちらとも言えない，2＝あまり実施されなかった，1＝全く実施されなかった)。

分析の結果，全体の平均値は「任務・役割や責任・権限に関する説明」が3.74で最高となり，「自社の経営理念・行動規範に関する研修・情報提供」(3.67)，「赴任先企業の経営状況や経営方針・施策に関する研修・情報提供」(3.44) が続いた (表2-2)。最低は「語学研修」(2.40) であった。

赴任地別では，「現地の人事労務管理・労使関係に関する研修等」に0.1%水準，「語学研修」「現地での生活に関する研修等」「駐在経験者からのアドバイス等」に1%水準，「自社の人事労務管理・労使関係の基本方針に関する研修等」「自社のCSRに関する研修等」に5%水準の有意差が認められ，「人事労務管理・労使関係の基本方針」と「CSR」を除き，中国赴任者の平均値が最低

表 2-2 「派遣前の施策」の実施状況

	全体	標準偏差	直近の赴任地				F 値
			中国	その他アジア	北米	欧州	
①語学研修	2.40	1.31	2.04	2.23	2.90	2.92	4.626**
②赴任先企業の経営状況や経営方針・施策に関する研修・情報提供	3.44	1.16	3.27	3.31	3.79	3.58	1.589
③任務・役割や責任・権限に関する説明	3.74	1.00	3.82	3.64	3.83	3.64	0.396
④キャリアパス上の意義に関する説明	2.68	1.19	2.43	2.74	2.93	2.88	1.563
⑤現地の人事労務管理・労使関係に関する研修・情報提供	2.52	1.15	2.11	2.69	3.17	2.40	6.509***
⑥現地の文化や現地人の価値観に関する研修・情報提供	2.73	1.20	2.48	2.79	3.21	2.64	2.503
⑦現地での生活に関する研修・情報提供	3.01	1.13	2.66	3.03	3.69	3.00	5.792**
⑧危機管理・安全対策に関する研修・情報提供	3.11	1.18	3.02	3.11	3.55	2.84	1.937
⑨事前の現地視察の機会	2.83	1.45	2.91	2.38	3.17	2.96	1.928
⑩赴任地への駐在経験者からのアドバイス・情報提供	3.41	1.17	3.15	3.26	4.17	3.32	5.812**
⑪人事評価基準や報酬制度に関する説明	3.40	1.13	3.30	3.23	3.79	3.40	1.611
⑫自社の経営理念・行動規範に関する研修・情報提供	3.67	1.00	3.80	3.49	3.79	3.52	1.097
⑬自社の人事労務管理・労使関係の基本方針に関する研修・情報提供	3.02	1.15	2.93	2.85	3.55	2.88	2.677*
⑭自社の CSR に関する研修・情報提供	3.01	1.17	3.29	2.69	3.17	2.72	2.800*

注：5点法による回答（5＝十分に実施された，4＝ある程度実施された，3＝どちらとも言えない，2＝あまり実施されなかった，1＝全く実施されなかった）の平均値。
***：$p<0.001$，**：$p<0.01$，*：$p<0.05$。

となった。中でも，「語学研修」のスコアは2.04に留まり，選抜基準と同様，在中国日系進出企業では駐在員の中国語能力が重要視されていない様子が窺える。

3）　赴任中の施策

赴任後の異文化適応に関しては，「ハネムーン期」「カルチャーショック期」「適応期」「習熟期」の4段階からなる「U-カーブ適応理論」が広く知られている（Black & Mendenhall, 1991）。赴任当初が「ハネムーン期」とされるのは，新たな文化に魅了され，見聞する全ての事象に新鮮な興奮を覚えることが多い時期であるためである。また，Hofstede（1991）も同様の視点から，異文化の環境に置かれた人々の感情は「多幸症」「カルチャーショック」「文化変容」「安定した状態」といった段階を辿るという「文化変容のカーブ」を提示している。これら所説が主張するように，「カルチャーショック」（Oberg, 1960）が着任後数ヶ月経過した時点で発現するということは，異文化適応に向けた支援策が現地赴任後においても求められることを物語っていると言えよう（Solomon, 1994）。また，日本企業の海外駐在員は，本国勤務時に比べ，平均で1つ以上多くの職務件数をこなすとともに，職位（名目上）も平均1.9ランク上昇するなど（労働政策研究・研修機構, 2008），仕事の幅の拡大や責任の増大にも直面することから，業務遂行面でのサポートも重要と思われる。

そこで，ここでは，赴任中の施策として，「語学」「文化」「生活」に関わる支援策，「健康」「危機管理」のためのサポート，「業務引継ぎや着任時オリエンテーション」「先に赴任していた日本人派遣者からの助言・サポート」「本社におけるメンターやアドバイザーの存在」「本社人事部や労働組合の現地訪問」など14項目を提示し，各々の実施状況を5点法で質問した（5＝十分に実施された，4＝ある程度実施された，3＝どちらとも言えない，2＝あまり実施されなかった，1＝全く実施されなかった）。

結果は，「先に赴任していた日本人派遣者からの助言・サポート」のスコアが最も高く，全体の平均値は4.02に達した（表2-3）。第2位は「仕事の困難さや生計費を考慮した報酬」（3.74），第3位は「有給による帰国休暇」（3.72）である。他方，「現地の文化・価値観に関する研修等」が2.11で最低となった。本項目は，前掲の派遣前施策でも2.73に留まったことから，日本企業が駐在員派遣を巡る人的資源管理において，「文化」に関わる事項をさほど重視していない状況が看取されたと言えよう。

一方，地域別の分散分析では，「業務引継ぎや着任時オリエンテーション」に1％水準，「先に赴任していた日本人派遣者からの助言・サポート」に5％水準の有意差が現れ，いずれも中国赴任者の数値が最も低かった。

表2-3 「赴任中の施策」の実施状況

	全体	標準偏差	直近の赴任地				F値
			中国	その他アジア	北米	欧州	
①業務引継ぎや着任時オリエンテーション	3.15	1.34	2.76	3.23	3.86	3.00	4.442**
②先に赴任していた日本人派遣者からの仕事や生活面での助言・サポート	4.02	1.03	3.73	4.08	4.45	4.00	3.139*
③語学力向上のための支援策	2.29	1.28	2.45	2.26	2.11	2.20	0.511
④現地の文化や現地人の価値観に関する研修・情報提供	2.11	1.21	2.05	2.00	2.45	2.04	0.937
⑤本社（含む地域統括会社）におけるメンターやアドバイザーの存在	2.82	1.32	2.77	2.74	2.97	2.92	0.241
⑥現地での生活に関する支援策・情報提供	3.01	1.14	2.98	2.82	3.34	2.96	1.234
⑦本社人事部や労働組合の現地訪問など要望を直接伝える機会	3.09	1.12	3.02	3.31	3.28	2.72	1.761
⑧現地の信頼できる医療機関との提携など健康面の支援策	3.68	1.19	3.66	3.69	3.76	3.60	0.085
⑨危機管理・安全対策に関するバックアップ体制	3.30	1.12	3.13	3.38	3.66	3.12	1.729
⑩本社の最新の経営施策や技術動向に関するリアルタイム情報の提供	3.26	1.19	3.18	3.31	3.55	3.04	0.977
⑪有給による帰国休暇	3.72	1.06	3.59	3.95	3.69	3.72	0.897
⑫人事評価結果に関するフィードバック	3.36	1.19	3.11	3.62	3.38	3.52	1.624
⑬仕事の困難さや生計費を考慮した報酬	3.74	0.96	3.64	3.90	3.93	3.48	1.547
⑭帰任後の仕事やキャリアに関する説明	2.62	1.14	2.52	2.67	2.83	2.52	0.554

注：5点法による回答（5＝十分に実施された，4＝ある程度実施された，3＝どちらとも言えない，2＝あまり実施されなかった，1＝全く実施されなかった）の平均値。
**：$p<0.01$，*：$p<0.05$。

②　駐在員の「異文化適応」と「仕事成果」に関する状況

1）　異文化適応

駐在員の異文化適応については，Black et al. (1999) が提示した「仕事適応」「対人適応」「一般適応」の3次元が多くの研究で活用されている。そこで，本調査でもこれを援用し，設問項目の設計を行った。具体的には，仕事適応は「外国語による会話・文書」「赴任先企業の風土・仕事の進め方」「任務・役割や責任・権限」「人事労務管理・労使関係」への適応，対人適応は「自社の日本人駐在員」「現地人社員」「現地の取引先」「現地政府」「現地の日本人組織（日本人会や日本商工会議所など）」「仕事以外での現地の人々」との関係構築や交流，一般適応は「気候風土」「食事・食生活」「治安・安全」への適応と「心身の健康」について，各々5点法で尋ねた（5＝問題なく適応できた，4＝ある程度適応できた，3＝どちらとも言えない，2＝あまり適応できなかった，1＝全く適応できなかった）。

分析の結果，全体の平均値は提示した全ての項目で3.00を上回ったことから，日本人駐在員の異文化適応を巡る大きな問題はないものと思われる（表2-4）。例えば，一般適応については，4項目中3項目で平均値が4.00を超えている。

しかしながら，赴任地別に見ると，仕事適応の中の「外国語による会話や文書」に0.1％水準，「赴任先企業の風土・仕事の進め方」に5％水準の有意差が認められ，いずれも中国赴任者のスコアが最低であった。また，一般適応でも「心身の健康」に1％水準，「治安・安全」に5％水準の有意差が現れ，やはり「中国」が最も低かった。

2）　仕事成果

駐在員の異文化適応は，良好な仕事成果に結びつくことが期待される（Black, 1988；Black, Mendenhall, & Oddou, 1991；Kraimer, Wayne, & Jaworski, 2001；Kraimer & Wayne, 2004；Shay & Baack, 2004；Bhaskar-Shrinivas et al., 2005；Kawai & Strange, 2014）。

そこで本調査では，仕事成果について，駐在先の「上司」「同僚・部下」は自身の仕事成果をどう評価していたか（いずれも駐在経験者本人による回答），また「駐在員本人」は自らの仕事成果にどの程度満足していたのかを5点法で探った（5＝大変高く評価された・大変満足していた，4＝ある程度評価された・ある程度満足していた，3＝どちらとも言えない，2＝あまり評価されなかった・あまり満足していなかった，1＝全く評価されなかった・全く満足していなかった）。

結果は，3項目ともに全体の平均値が3.50以上となるなど，本人による回答ということもあってか，比較的高い評価が示された（表2-4）。但し，地域別

表 2-4 「異文化適応」と「仕事成果」に関する状況

	全体	標準偏差	直近の赴任地				F値
			中国	その他アジア	北米	欧州	
1. 異文化適応							
(1) 仕事適応							
①外国語による会話や文書への適応	3.38	1.26	2.80	3.72	3.76	3.72	7.165***
②赴任先企業の風土・仕事の進め方への適応	3.81	0.91	3.53	4.00	3.97	3.96	2.986*
③任務・役割や責任・権限への適応	3.89	0.85	3.71	3.92	4.07	4.00	1.445
④人事労務管理・労使関係への適応	3.55	1.04.	3.34	3.72	3.69	3.60	1.300
(2) 対人適応							
①自社の日本人駐在員との関係構築	4.30	0.85	4.09	4.43	4.48	4.35	1.834
②現地人社員との関係構築	4.30	0.75	4.25	4.31	4.28	4.44	0.379
③現地の取引先との関係構築	4.09	0.80	4.00	4.19	3.97	4.28	1.128
④現地政府との関係構築	3.27	1.02	3.35	3.11	3.04	3.65	2.013
⑤現地の日本人組織（日本人会や日本商工会議所など）との関係構築	3.68	1.14	3.70	3.74	3.55	3.68	0.153
⑥仕事以外での現地の人々との交流	3.79	1.04	3.71	4.05	3.52	3.88	1.664
(3) 一般適応							
①気候風土への適応	4.19	0.76	4.00	4.31	4.38	4.24	2.166
②食事・食生活への適応	4.13	0.96	4.07	4.33	4.00	4.08	0.851
③治安・安全に関する状況への適応	4.04	0.85	3.75	4.21	4.21	4.24	3.732*
④心身の健康	3.99	0.96	3.63	4.31	4.14	4.12	4.872**
2. 仕事成果							
①上司からの評価	3.63	0.97	3.38	3.74	3.93	3.68	2.505
②同僚・部下からの評価	3.81	0.77	3.64	3.87	3.90	4.00	1.632
③自分自身の評価	3.74	0.98	3.61	3.82	3.83	3.80	0.532

注：5点法による回答の平均値。
〈異文化適応〉5＝問題なく適応できた，4＝ある程度適応できた，3＝どちらとも言えない，2＝あまり適応できなかった，1＝全く適応できなかった。
〈仕事成果〉5＝大変高く評価された・大変満足していた，4＝ある程度評価された・ある程度満足していた，3＝どちらとも言えない，2＝あまり評価されなかった・あまり満足していなかった，1＝全く評価されなかった・全く満足していなかった。
***：$p<0.001$，**：$p<0.01$，*：$p<0.05$。

に見ると，統計的有意差は検出されなかったものの，いずれも「中国」の数値が最低であった[9]。

③ 「人的資源管理施策」と「異文化適応」「仕事成果」の関係性

続いて，これまでの記述統計を受けて，人的資源管理施策と異文化適応・仕事成果の関係性を探るべく，「選抜基準」「派遣前施策」「赴任中施策」を独立変数，「異文化適応」「仕事成果」を従属変数とする重回帰分析を行った。

作業手順としては，まず，独立変数のうち，「派遣前施策」と「赴任中施策」のそれぞれの項目を因子分析にかけて，いくつかのグループに整理・集約した。その結果，派遣前・赴任中ともに3つの因子が抽出された（固有値＝1以上)。「派遣前施策」の第1因子は，「生活に関する研修等」「文化や価値観に関する研修等」「危機管理・安全対策に関する研修等」「現地の人事労務管理・労使関係に関する研修等」「駐在経験者からのアドバイス等」の5項目で構成されており，いずれも現地での生活や企業経営に資する研修等であることから，『現地の経済社会状況に関する情報提供』（$\alpha=0.895$）と命名した。次に，第2因子は「自社のCSRに関する研修等」「自社の人事労務管理・労使関係の基本方針に関する研修等」「自社の経営理念・行動規範に関する研修等」の3項目で，国境を越えた社会化に関連した事項であるので，『わが社ウェイの教育』（$\alpha=0.821$）と名付けることができよう。そして，第3因子は「赴任先企業の経営状況や経営方針・施策に関する研修等」「任務・役割や責任・権限に関する説明」「キャリアパス上の意義に関する説明」の3つからなる。これらは駐在に際して，赴任先企業の状況と自らに課せられた任務，さらにはキャリアパス上の意義を理解させる意味合いを帯びたものであることから，『赴任先企業に関する情報提供と任務・キャリア上の意義の徹底』（$\alpha=0.768$）と呼ぶこととする。

他方，「赴任中施策」の第1因子は，「危機管理・安全対策に関するバックアップ体制」「本社の最新の経営施策や技術動向に関するリアルタイム情報の提供」「本社人事部や労働組合の現地訪問など要望を直接伝える機会」「人事評価結果に関するフィードバック」「信頼できる医療機関との提携など健康面の支援策」「帰任後の仕事やキャリアに関する説明」「有給による帰国休暇」「生活に関する支援策等」「本社におけるメンターやアドバイザーの存在」といった数多くの項目を含んでいるが，これらはいずれも現地での異文化適応を本社がサポートするとともに，本社との緊密な関係の維持を企図したものであるゆえ，『本社との双方向の情報交流』（α =0.829）としたい。第2因子は「現地の文化や価値観に関する研修等」と「語学力向上のための支援策」で構成されており，『異文化理解と語学力向上のための支援策』（α =0.673）と呼ぶことができよう。そして，第3因子は「業務引継ぎや着任時オリエンテーション」「先に赴任していた日本人派遣者からの助言・サポート」の2項目で，『日本人派遣者間の情報共有とサポート』（α =0.728）と名付けた。

また，分析に当たっては，コントロール変数として，直近の赴任地及び過去の海外駐在経験をダミー変数化して投入した（赴任地の参照カテゴリーは中国。例えば，北米ダミーは「北米以外＝0，北米＝1」，駐在経験は「1回のみ＝0，2回以上＝1」として変数化)。

一方，従属変数の操作化について述べると，「異文化適応」は「仕事適応」「対人適応」「一般適応」に関わる項目の平均値を次元ごとに算出し，合成変数とした（各々のαは0.863，0.726，0.805)。また，「仕事成果」に関しては，先に見た3つの評価の数値を用いた。

重回帰分析の結果，コントロール変数では，ダミー変数の「その他アジア」が「仕事適応」「一般適応」に対して有意となった（表2-5)。独立変数については，選抜基準の中の「語学力や現地の文化への精通度」が「仕事適応」に有意なプラスの影響力を持つことが分かった。しかし，派遣前施策に関しては，いずれの因子も「異文化適応」と「仕事成果」の全項目に対して有意でなかった。他方，赴任中施策を巡っては，「本社との双方向の情報交流」（第1因子）が「対人適応」「一般適応」と「仕事成果」の3項目全てを有意に規定することが明らかとなった。また，「日本人派遣者間の情報共有とサポート」（第3因子）は「仕事適応」「一般適応」と「上司からの評価」に有意であった。

④ 「異文化適応」と「仕事成果」の関係性

異文化適応の3側面を独立変数，仕事成果の3項目を従属変数とする重回帰分析を実施したところ，異文化適応の全ての側面が仕事成果の全項目に対しプ

表 2-5 「人的資源管理施策」と「異文化適応」「仕事成果」の関係性（重回帰分析）

	異文化適応			仕事成果		
	仕事適応	対人適応	一般適応	上司からの評価	同僚・部下からの評価	自分自身の評価
1．独立変数						
(1) 選抜基準						
・語学力や現地の文化への精通度	0.304**	0.174	0.072	0.114	0.149	0.110
・専門的・技術的スキル	0.185	−0.015	0.142	0.125	0.081	0.015
・リーダーシップや人間関係構築能力	0.056	0.144	0.015	0.182	0.210	0.156
・家族要因	−0.137	−0.081	0.024	−0.101	0.077	−0.054
(2) 派遣前の施策（因子）						
・現地の経済社会状況に関する情報提供	0.141	−0.071	0.048	−0.144	−0.074	−0.117
・わが社ウェイの教育	−0.011	0.027	−0.031	−0.145	−0.051	−0.183
・赴任先企業に関する情報提供と任務・キャリア上の意義の徹底	0.017	−0.088	−0.053	−0.054	−0.058	0.037
(3) 赴任中の施策（因子）						
・本社との双方向の情報交流	0.052	0.300**	0.218*	0.384***	0.381***	0.240*
・異文化理解と語学力向上のための支援策	0.013	0.006	0.023	0.075	−0.129	0.046
・日本人派遣者間の情報共有とサポート	0.244**	0.119	0.191*	0.232**	0.062	−0.070
2．コントロール変数						
・直近赴任地ダミー（その他アジア）（その他アジア以外＝0，その他アジア＝1）	0.265**	0.140	0.319**	0.112	0.119	0.056
・直近赴任地ダミー（北米）（北米以外＝0，北米＝1）	0.082	−0.108	0.085	0.147	0.072	0.081
・直近赴任地ダミー（欧州）（欧州以外＝0，欧州＝1）	0.080	0.085	0.126	0.082	0.110	−0.019
・海外駐在経験ダミー（1 回のみ＝0，2 回以上＝1）	0.086	0.112	0.161	−0.128	−0.118	−0.020
R^2	0.407	0.219	0.282	0.327	0.292	0.135
F 値	5.484***	2.241*	3.135***	3.885***	3.302***	1.249

注：数値は標準偏回帰係数。
　　***：$p<0.001$，**：$p<0.01$，*：$p<0.05$。

表 2-6 「異文化適応」と「仕事成果」の関係性（重回帰分析）

	上司からの評価	同僚・部下からの評価	自分自身の評価
仕事適応	0.412***	0.426***	0.310***
R^2	0.170	0.182	0.096
F 値	30.035***	32.676***	15.644***
対人適応	0.358***	0.392***	0.316***
R^2	0.128	0.154	0.100
F 値	21.551***	26.730***	16.321***
一般適応	0.442***	0.350***	0.215**
R^2	0.196	0.122	0.046
F 値	35.737***	20.498***	7.135**

注：数値は標準偏回帰係数。
　　***：p＜0.001，**：p＜0.01。

ラスの係数で有意となった（表 2-6）。駐在員の異文化適応が仕事成果に与える影響力を改めて検証できたと言えよう[10]。

⑤　小括（調査結果からの含意）

上記調査結果からのインプリケーションは4点あると考える。第1は駐在員に対する人的資源管理施策における「言語」と「文化」の重要性である。重回帰分析では，選抜基準の中の「語学力や現地の文化への精通度」が「仕事適応」にプラスの影響力を有することが明らかとなった。しかしながら，記述統計が示すように，日本企業には，選抜基準として，また派遣前・赴任中の施策として，「言語」や「文化」を重視している様子は観察されなかった。その意味で，今回の調査結果は，わが国企業が今後の駐在員政策において，「言語」と「文化」に重きを置いた施策を展開すべきことを示唆していると言えよう。

第2は「派遣前の施策」を巡るものである。今回の調査では，派遣前施策のいずれの因子も異文化適応と仕事成果に関わる全ての項目に対して有意でなかった。この点は，派遣前施策の実施状況の平均値が必ずしも低くなかったことを考え合わせると，日本企業には事前研修の「内容」や「方法」の再考が求められることを物語っているように思える。

第3のインプリケーションは「赴任中の施策」の重要性である。重回帰分析で赴任中施策と異文化適応・仕事成果の間に有意な関係が示されたことは，現地着任後数ヶ月してから「カルチャーショック期」に突入するケースが多いという「U-カーブ適応理論」や海外駐在員が直面する仕事の幅・責任の増大を踏まえると，赴任後の本社との情報交流や他の日本人駐在員からの支援等の重要性を確認するものであると考えられよう。

そして，第4は本書の主題である「中国」を巡るものである。本調査における赴任地別の分散分析で有意差が検出された項目を見ると，派遣前施策の「自社の人事労務管理・労使関係の基本方針に関する研修等」と「自社のCSRに関する研修等」を除く全てで「中国」のスコアが最低となった。具体的には，選抜基準における「語学力や現地の文化への精通度」や派遣前施策の「語学研修」のスコアは中国が最も低く有意差が認められたほか，異文化適応と仕事成果に関しても中国と他地域との差異が目立った。これらの結果は，日本企業の国際人的資源管理において，中国駐在固有の問題が存在していることを指し示すものであると言えよう。

(2) 中国赴任者の「心身の健康問題」

前項では，筆者が実施した調査から，日本企業の中国駐在員の異文化適応や仕事成果に関わるスコアが他地域への赴任者と比べて劣位にあることを示した。異文化適応への苦労や芳しくない仕事成果は，駐在員の心身の不調を誘発する可能性があり，心身の不調はさらなる仕事成果の低下をもたらす恐れがあると思われる。そこで，ここでは，中国駐在員の健康問題について考えたい。具体的には，関連の文献のほか，海外赴任者及び帯同家族の健康管理を専門とする株式会社MD.ネット社へのヒアリング調査と同社から提供を受けた資料・データに基づき議論を進めていく[11]。

① 中国赴任者の健康問題は他国よりも深刻

渡辺（2013a）によると，心身の不調を訴える日本人駐在員の割合は「中国」において高く，他の地域との間に有意な差が見られるという。例えば，MD.ネット社が2018年に在外日系進出企業の日本人駐在員に対して実施したストレスチェックによると，「何らかの精神障害（うつ病，統合失調症等）が懸念されるレベル」「精神疾患の診断基準上，専門医が重視する4つの自覚症状（抑うつ気分・意欲低下・思考抑制・不眠傾向）が見られるレベル」と判定された人の比率は，日本人駐在員全体で4.9％であったのに対し，中国赴任者については8.4％に達している（他の地域は，欧州＝3.8％，オーストラリア・中国以外のアジア＝2.9％，米州＝4.2％）[12]。また，中国駐在員には，既に疾患を抱えている「ブラックゾーン」に入る者の比率が高いだけでなく，明らかな病気ではないが，胃腸の不調や不眠・頭痛・肩こりなど神経系の疲労を訴える「グレーゾーン」に位置付けられる赴任者が他国に比べて多いという特徴も見られる（渡辺, 2013b）。そして，同社の調査によれば，中国駐在員の中で「赴任後に健康診断の数値が悪化」した者は約63％に及んでいる。

中国赴任者の健康状態については，3つの傾向があるという（渡辺, 2013a）。第1はPM2.5に代表される大気汚染や食事等の環境に起因する訴えが増えており，その割合が他国の駐在員に比べて高いこと（胃腸炎，皮膚のトラブル，目や喉の痛み），第2は服薬中ないし服薬が必要な状態にある赴任者が増えており，その割合が他国の駐在員に比べて高いこと，そして第3の傾向は，心身の不調を訴える赴任者が増えており，その割合が他国の駐在員に比べて高いことである。

②　中国赴任者が抱える心身の不調

では，上で挙げた中国駐在員の心身の不調とはどのようなものか，具体的に見ていきたい。渡辺（2013ab）によれば，1つ目は「不眠」に関わる不調である。その中には「眠れない」というだけでなく，「途中で目が覚める」「夢ばかり見る」「眠りが浅い」という症状のほか，自覚に乏しい「睡眠時無呼吸症候群」「いびき」「歯ぎしり」や「日中の眠気」なども含まれる。日本の一般成人で睡眠に悩みを抱えるのは約21％とされるが，中国赴任者ではそれが2倍に及ぶという。

2つ目は，中国赴任者には「身体症状」と「精神症状」が重なって出現するケースが多いことである。つまりは，「頭が痛い」「腰が痛い」「かゆい・痺れる」といった肉体的症状に「なかなか寝付けない」「頭に膜がかかっている感じがする」「イライラする，怒ってしまう」「ぼーっとしてしまうことがある」などの精神症状（メンタルヘルス不調）が被さってくるということである。

3つ目の不調は，「血圧の上昇」である。厚生労働省（2018）の「国民健康・栄養調査」では，日本の成人男性で「高血圧」とされるのは37.0%であるが，MD. ネット社の調査によると，中国赴任者はその比率が約65%に達する。中国駐在員の中で赴任前から高血圧であった者が約35%に留まることに照らせば，中国赴任後に血圧が上昇したケースが多い様子が窺えよう。

③　不調の原因・背景

不調の訴えの原因・背景として，次の3点が挙げられる（渡辺，2013ac）。第1は「飲酒」である。MD. ネット社が世界各国の日本人駐在員に対して実施した調査によれば，「赴任前と比較して飲酒量が増えた」との回答は中国が際立って多い。具体的に述べると，「2倍程度増えた」「3倍程度増えた」「3倍以上増えた」の合計値は，欧州では33.2%，他のアジア地域でも60%前後であるのに対し，中国では86.5%に達している（表2-7）。

中国赴任後に飲酒量が増えた理由について，渡辺（2013a）は北京・上海とその他の都市との差異を指摘している。具体的には，北京・上海では「取引先の接待」「本社からの出張者への対応」「各種会合」など受動的な理由が目立つ。一方，北京・上海以外の地域に関しては，「娯楽が少なく飲酒が唯一の楽しみ」「ストレス解消になる」といった能動的な飲酒行動が多いという[13]。こうした中，渡辺は，中国事業における飲酒は商談の重要な武器であるものの，一方でそれは不眠への影響のほか，高血圧や様々な不定愁訴・生活習慣病の引き金になるとともに，判断力・決断力の低下やイライラ，集中力の低下，ケア

表2-7　日本人駐在員の「赴任後の飲酒量」（1週間当たり：赴任前との比較）（%）

	3倍以上増えた	3倍程度増えた	2倍程度増えた	変わらない	減った
①中国	5.1	48.1	33.3	6.5	6.9
②東アジア	0.7	27.6	32.0	22.0	17.7
③東南アジア	2.5	25.4	31.1	25.4	15.6
④欧州（英・仏・独）	1.1	16.5	15.6	31.4	35.4

出所：渡辺（2013a），p.11。

表 2-8　日本人駐在員の「過労」と「疲労」を巡る状況（%）

	「過労」に該当	「疲労」に該当	その他
①中国駐在員	32	48	20
②その他の駐在員	16	41	57

出所：渡辺（2013a），p.12。

レスミスの増加など日中のパフォーマンスにも悪影響を及ぼすことに警鐘を鳴らしている。

不調の原因・背景の第2は「過労」である。MD. ネット社の調査によれば，中国赴任者の中で「疲労」を突き抜けた「過労」状態にある者の比率は，他国の駐在員の2倍に達している（表 2-8）。そして，中国赴任者の過労の特徴は「過活動」にある（渡辺, 2013a）。過活動とは，疲労を打ち消そうという行動を指し，気分の高揚，活動性の昂進などを伴う。過活動状態では，ハイテンションで活動はより活発になり，集中力が高まって何時間でも仕事ができてしまうケース，フットワークが軽く見えるケース，多弁になってエネルギッシュに見えるケースもあるが，これらは「脳のオーバーヒート状態」で，それを鎮めるため，薬を飲むように「アルコール」が欠かせなくなる。なお，過労状態は，責任あるポジションにいる人により多く見られるとのことである。こうした中，渡辺（2013a）は，「疲労死」という言葉はないが，「過労死」は存在するように，過労は死に直結する状態であるとの認識を持つ必要性を訴えている。

そして，第3の原因・背景は「ジャパンストレス」である（渡辺, 2013c）。具体的には，日本からの出張者への対応（接待），本社からの業績のプレッシャー（どうなってる？ いつできる？ 何で？）のほか，報告書の作成指示やメール連絡（同じような内容が複数の部署から寄せられることも多い）などである。本社から見れば「ちょっとしたこと」でも，駐在員はあちこちからの「ちょっとしたこと」に対処しなければならず，「いっぱいいっぱい」になっているという。海外駐在に付随するコストを削減すべくギリギリの人員で回す現地法人が多い中，中国の文化や価値観への適応だけでも一苦労であるのに，上記のような本社からの要請に対応していくことは相当ハードであると言えよう（渡辺, 2013c）。

5. おわりに

本章では，主に異文化コミュニケーションの視点から，在中国日系進出企業における人的資源管理問題について論じてきた。異文化コミュニケーションは，「文化的期待」や「コミュニケーション・ルール」，さらには「文化スキーマ」の相違により，異文化コミュニケーション摩擦を生じさせる危険性を内包している。こうした中，我々は先行研究のレビューを通して，在中国日系進出企業において，日本人駐在員と中国人従業員の間で「言語」と「文化」に関わる摩擦が発生している様子を確認した。そして，筆者の実証研究を通して，中国駐在員の異文化適応や仕事成果に関わるスコアが他地域への赴任者と比べて芳しくないことを示すとともに，彼（彼女）らの心身の健康問題も深刻である点を指摘した。

本章での論考は，日本企業が中国において，中国人社員と日本人駐在員の双方に対する人的資源管理面で困難に直面している様子を指し示すものであり，その意味で，バイリンガルでバイカルチュラルな「現地採用日本人」に日中の文化を架橋する「バウンダリー・スパナー」としての役割が期待されると言えよう。

注

1　この点について，ハウエル・久米（1992）は，一般的に日本人は異文化接触の経験が乏しく，文化的相違を肌で感じる機会が少ないため，異文化コミュニケーションにおいて，エスノセントリックな傾向が見られる点を指摘している。

2　この点については，本章の第4節でも論じる。

3　石田（1994）も同様の問題意識から「日本型」（J型）及び「外国型」（F型）の組織編成モデルを提示している。「日本型」は林の「O型」，「外国型」は「M型」に相当するものと考えられる。

4　Geert Hofstede “Dimension data matrix”（https://geerthofstede.com/research-and-vsm/dimension-data-matrix/）による（2019年8月19日最終アクセス）。Hofstede（1980･1991）は，全世界のIBM従業員に対する実証研究を行い，国民文化の差異を説明する次元として，「権力格差」「不確実性回避」「個人主義／集団主義」「男性化／女性化」「短期志向／長期志向」の5つを示した。現在ではこれらに「人生の楽しみ方（抑制的／充足的）」が追加され，6次元となっている。

5　中根（1967）によれば，「機転を利かせる」ことは，会社と社員の「契約関係」ではなく，社員のエモーショナルな「全人格的参加」を基盤としている日本の企業組織において初めて成立する仕事の仕方であるという。

6　同様の指摘は，海野（2005）においても見られる。

7　具体的には，「部下に対する気配り・関心」「部下への信頼」「部下を叱るよりほめることが多い」「明確な業務目標」「部下の成果の客観的評価」「部下の間違いを的確に指摘する」「部下のアイディア・提案をよく聞く」「部下の今後のキャリアに関心を持つ」「部下の要望をよく聞く」「上の人が間違ったら指摘する」「仕事以外の話をよくする」といった項目で有意差が検出されたという。

8　本調査は，公益財団法人関西生産性本部の「中国ビジネス懇話会」に参加する21の多国籍企業に対して実施したもので，各社に「中国，中国以外のアジア，北米，欧州に所在する子会社のいずれかに，経営幹部・管理者として2年以上駐在した経験があり，帰任後5年以内」という条件に合致する社員からの回答を依頼した。なお，企業毎の回答数のバラツキを抑えるべく，回答者は1社あたり5～10名となるようお願いした。対象を「経営幹部・管理者」に限定したのは，本書で前提としている海外派遣者の役割に鑑みたもので，専門職やトレーニーは含まれない。また，駐在期間を「2年以上」としたのは，本文で示した「U-カーブ適応理論」では着任後概ね2年で「適応期」から「習熟期」に移行すると想定されていることを考慮した結果であり，「帰任後5年以内」については，内外の環境変化の影響を最小化するためである。その結果，合計149名からの回答が寄せられた。直近の赴任地別内訳は「中国」（中国本土）＝56名，「その他アジア」（香港・マカオ・台湾を含む）＝39名，「北米」＝29名，「欧州」＝25名であった。詳細は，Furusawa & Brewster（2016）をご参照いただきたい。

9　なお，「上司からの評価」については，10％水準ではあるが，有意差が検出された。

10　表2-5及び表2-6の重回帰分析では，VIFは全て2.00未満であったことから，多重共線性に関する問題はないと考えられる。なお，各モデルのうち，表2-5の仕事成果の中の「自分自身の評価」を従属変数とする分析のみF値が有意にならなかった。

11　株式会社MD.ネットへのヒアリング調査は，2019年7月5日に実施した。貴重な情報及び資料をご提供いただいた同社の渡辺ユキノ専務取締役に御礼申し上げる次第である。

12　同調査の対象となった海外駐在員は5,348名で，うち4,982名が回答した（回答率＝93.1％）。本調査の知見で注目すべきは，中国駐在員に高ストレス者が多いことに加え，駐在員全体で見ても，その比率が上昇傾向にあるという点である（2016年＝3.1％→2017年＝4.0％→2018年＝4.9％）。海外駐在員のメンタルヘルスは，中国に限らず，日本企業の国際人的資源管理全体に関わる問題であると言えよう。

13　ちなみに，MD.ネット社の調査によると，飲む酒の種類は，北京・上海では「ビール」が82.9％で最も多く，次いで「焼酎」（39.9％），以下「中国酒」（31.2％），「日本酒」（27.2％）の順となっている。これに対し，北京・上海以外では，「ビール」が最多（85.6％）であることに変わりはないが，「中国酒」が58.2％で第2位となっていることが注目されよう（第3位は焼酎で42.1％）。

第3章
在中国日系進出企業における「言語政策」と「現地採用日本人の雇用」等に関する実証分析

1. はじめに

第3章では，筆者が在中国日系進出企業に対して実施したアンケート調査の報告を行う。具体的には，本書におけるこれまでの議論を踏まえ，各企業の「言語政策」について明らかにするとともに，「現地採用日本人の雇用」を巡る状況，さらには日本人SIEsの「働きぶり」に対する日本人駐在員の評価等に関して定量的に分析し，調査結果からのインプリケーションを提示する。

2. 調査概要とリサーチクエスチョン

本アンケート調査は，2016～2019年度科学研究費助成事業（研究課題名：日本企業の海外現地経営における「現地採用日本人」の活用に関する研究，研究代表者：古沢昌之）の一環として2016年に実施したものである[1]。調査対象は上海市及び江蘇省に所在する「日系進出企業」（現地法人・支店）及びそこに勤める「現地採用日本人（本人）」で，在中国の日系人材会社であるLead-S社（本調査の共同実施主体）の関係先を中心に個別に協力を依頼した（現地採用日本人に対する調査結果は第4章で報告する）[2]。なお，調査に当たっては，日系進出企業分・現地採用日本人分ともに，個別の回答内容に関して企業名・回答者名を公表しない旨を確約した。

調査の対象地域を絞り込んだのは，中国の経営環境の地域性の強さを考慮したためであり（Teng, Huang, & Pan, 2017），「上海市・江蘇省」を選んだ理由は，中国における日系企業の最大の集積地であるからである[3]。

アンケート票の送付・回収はｅメールで行った。具体的には，日系進出企業に対して「日系進出企業用」「現地採用日本人用」双方のアンケート票をｅメールで送付し，日系企業分については各社の日本人駐在員（1名）が企業を代表してご回答いただくよう依頼した（駐在員回答者の職位は総経理＝50.8％，副総経理＝14.6％，部長クラス＝25.4％，課長クラス＝9.2％。全員が男性）。一方，現地採用日本人分は各企業から自社の現地採用日本人社員にアンケート票を回送してもらうという方式を基本的に用いた（SIEsを雇用していない場合は日系進出企業分のみ回答）。本章で取り上げる日系進出企業分のアンケートの有効回答数は188社であった[4]。188社の日本の親会社をチェックしたところ，その81.4％がわが国の会社法上の「大会社」に相当することから，回答企業の多くが日本を代表する多国籍企業の中国現地法人・支店と考えてよいものと思われる。

なお，第1章の議論に従い，本調査では「現地採用日本人」を「日本本社でなく中国現地法人（支店）で採用された日本国籍者」または「中国現地法人（支店）とのみ労働契約を締結し，日本本社とは雇用関係にない日本国籍者」と定義した。

リサーチクエスチョンは次の3点である。

①回答企業の「言語政策」(経営会議での使用言語，中国人を採用・登用する際に重視する言語，言語能力に関する手当や支援策など)。

②現地採用日本人の「雇用状況」(雇用の有無，雇用する理由，雇用を規定する要因など)。

③自社の現地採用日本人の「働きぶり」に対する「日本人駐在員の評価」(知識・スキル・経験，日本人性，信頼関係，不満点など)。

3. 調査結果と分析

(1) 回答企業のプロフィール

回答企業の業種別内訳は，製造業＝72.9％，非製造業＝27.1％であった。出資形態は日本側の完全所有（独資）＝87.2％，合弁＝12.8％で，進出方式は会社新設＝96.3％，M&A＝3.7％となった。平均操業年数は12.6年，平均従業員は833.1人である。

総経理の国籍は，日本人が82.5％（日本生まれ＝80.4％，外国籍からの帰化者＝2.1％）と大半を占め，中国人は13.8％に留まった。なお，第三国籍人（香港・マカオ・台湾出身者を含む）は3.7％にすぎなかった。また，全社員に占める日本人駐在員比率は平均で8.6％であった。

事業展開に関しては，中国国内販売を行っている企業が90.4％に達した。これら企業における中国内の主要顧客は，中国企業・中国人＝83.5％，日系企業・日本人＝77.6％，日系以外の外資系企業＝48.8％，その他＝4.7％となった（複数回答可）。

(2)「言語政策」に関わる状況

①「経営会議」（幹部会議）での「主な使用言語」

日本人駐在員と中国人幹部の双方が出席する「経営会議」（幹部会議）での「主な使用言語」について尋ねたところ，「日本語―中国語（通訳あり）」が43.9％で最多となり，「日本語のみ（通訳なし）」（34.1％）が続いた（表3-1）。「中国語のみ（通訳なし）」は9.8％に留まり，「英語のみ（通訳なし）」も僅か6.9％であった。すなわち，経営会議で日本語を使用している企業（「日本語のみ」と「日本語―中国語」の合計）は78.0％に達し，盧（2012）が述べたように（本書第2章），日本語への依存度が高い様子が示されたと言える。これを業種別に見ると，製造業では「日本語―中国語」が最も多く，その比率は非製

表 3-1　「経営会議」（幹部会議）での「主な使用言語」（%）

項目	全体	製造業	非製造業
①日本語のみ（通訳なし）	34.1	32.8	37.8
②中国語のみ（通訳なし）	9.8	6.3	20.0
③英語のみ（通訳なし）	6.9	8.6	2.2
④日本語—中国語（通訳あり）	43.9	46.9	35.6
⑤その他	5.2	5.5	4.4
合計	100.0	100.0	100.0

表 3-2　中国人を「経営幹部・管理職」として「採用・登用」する際に「重視する言語能力」（%）

項目	全体	製造業	非製造業
①日本語を「話せる」能力	57.2	55.1	62.7
②日本語の「読み書き」ができる能力	45.5	43.4	51.0
③英語を「話せる」能力	24.1	24.3	23.5
④英語の「読み書き」ができる能力	22.5	22.1	23.5
⑤言語能力は問わない	26.7	29.4	19.6

注：複数回答可。

造業よりも11.3ポイント高くなった。また，非製造業においては「日本語のみ」が最多となる一方で，「中国語のみ」の割合が製造業を13.7ポイント上回るなど差異が認められた（χ^2検定で5%水準の有意差）。

②　中国人を「経営幹部・管理職」として「採用・登用」する際に「重視する言語能力」

次に，中国人を「経営幹部・管理職」として「採用・登用」する際に「重視する外国語能力」に関して質問した（複数回答可）。全体では「日本語を話せる能力」が57.2%でトップ，「日本語の読み書きができる能力」が45.5%で第2位となった（表3-2）。第3位は「言語能力は問わない」で26.7%であった。英語に関しては，「話せる能力」「読み書きができる能力」が各々24.1%・22.5%だった。業種別では，「日本語を話せる」「日本語の読み書きができる」のいずれについても，非製造業が相対的に高くなる一方，「言語能力は問わない」は製造業が10ポイント弱上回った。

上記の結果を受けて,「日本語を話せる能力」と「日本語の読み書きができる能力」の双方またはいずれかを選択したケースを「日本語能力を重視した中国人経営幹部・管理職の採用・登用」として集約・再計算したところ,その比率は全体の62.6%となった(業種間の統計的有意差はなし)。すなわち,経営幹部・管理職の採用・登用に際して,日系企業の約2/3が中国人の「日本語能力」を重視していることが分かる。

③　言語能力に関する「手当」や「支援策」

続いて,中国人社員・日本人社員(駐在員・現地採用者)に対する「外国語能力手当」や「外国語の研修・学習支援策」について尋ねた(複数回答可)。全体では,「日本人への中国語研修・学習支援」が最多で40.3%に達し,「中国人への日本語能力手当」が32.8%で続いた(表3-3)。3番目に多かったのは「手当・支援策は一切ない」で29.0%であった。また,第4位は「中国人への日本語研修・学習支援」(26.3%),第5位は「中国人への英語研修・学習支援」(12.9%)となった。ちなみに,「その他」(2.7%)の中には「日本語能力に関しては手当ではなく,中国人の給与算定時にプラス要素として加味してい

表3-3　言語能力に関する「手当」や「支援策」(%)

項目	全体	製造業	非製造業
①中国人社員に対する「日本語能力手当」	32.8	34.6	28.0
②中国人社員に対する「英語能力手当」	12.4	14.0	8.0
③中国人社員に対する「日本語研修」や「日本語学習支援策」	26.3	29.4	18.0
④中国人社員に対する「英語研修」や「英語学習支援策」	12.9	14.7	8.0
⑤日本人(駐在員・現地採用日本人)に対する「中国語能力手当」	3.8	3.7	4.0
⑥日本人(駐在員・現地採用日本人)に対する「英語能力手当」	2.2	1.5	4.0
⑦日本人(駐在員・現地採用日本人)に対する「中国語研修」や「中国語学習支援策」	40.3	45.6	26.0
⑧日本人(駐在員・現地採用日本人)に対する「英語研修」や「英語学習支援策」	8.1	10.3	2.0
⑨その他	2.7	2.2	4.0
⑩手当や支援策は一切ない	29.0	25.0	40.0

注:複数回答可。

る」といった回答も見られた。業種別では，「一切なし」は非製造業が製造業を15.0ポイント上回る一方，「中国人への日本語能力手当」「中国人への英語能力手当」「中国人への日本語研修・学習支援」「中国人への英語研修・学習支援」「日本人への中国語研修・学習支援」「日本人への英語研修・学習支援」については6～20ポイント弱，製造業の数値が相対的に高くなった。つまり，中国人・日本人を問わず，製造業の方が外国語能力に関する手当の支給や学習支援策を講じている企業が多いと思われる。

また，中国人への「日本語能力手当支給」と「日本語研修・学習支援」の双方またはいずれかを選んだケースを「中国人従業員に対する日本語能力手当・日本語研修」として再整理すると，その割合は全体の50.5％を占めた（業種別の有意差はなし）。回答企業の半数以上で，中国人社員の日本語能力に関わる手当の支給や研修等が実施されているということである。

(3) 現地採用日本人の「雇用」を巡る状況

ここでは，在中国日系進出企業における「現地採用日本人」の雇用を巡る状況について報告する。

① 現地採用日本人の「雇用の有無」

全体で現地採用日本人を雇用している企業は26.6％で，過去に雇用したことがある企業を加えると42.6％となった（表3-4）。現在雇用している企業における日本人SIEsの平均人数は3.2人，SIEsの全社員に占める比率は全体で2.9％であった。業種別に見ると，製造業で雇用しているのは20.4％で，過去

表3-4　現地採用日本人の「雇用状況」（％）

項目	全体	製造業	非製造業
①現在雇用している	26.6	20.4	43.1
②現在は雇用していないが，過去に雇用したことがある	16.0	13.1	23.5
③これまでに雇用したことはない	57.4	66.4	33.3
合計	100.0	100.0	100.0

に雇用したことがある企業を加えても33.5%に留まるのに対して，非製造業は各々43.1%・66.6%に達した（χ^2検定で0.1%水準の有意差を検出）。また，平均のSIEs社員数は，製造業＝3.0人，非製造業＝3.5人で有意差はなかったが，全社員に占める割合は，製造業＝1.4%，非製造業＝4.8%となり，χ^2検定で有意（5%水準）となった。

次に，中国内の主要顧客として「日系企業・日本人」を抱える企業の中で現地採用日本人を雇用しているのは32.6%で，それ以外の企業の雇用比率（12.5%）と比べて高いことが分かった（χ^2検定で1%水準の有意差）。さらに，現在日本人SIEsを雇用している企業の日本人駐在員比率が平均6.0%であるのに対して，雇用していない企業ではそれが9.6%に及んだ（t検定で5%水準の有意差）。なお，現在雇用していない企業のうち39.4%が「今後雇用したい（雇用してもよい）」と回答したが（残りは「今後も雇用するつもりはない」と回答），過去に雇用経験のある企業ではその割合が56.7%となり，雇用経験のない企業（34.6%）を20ポイント以上上回った（χ^2検定で5%水準の有意差）。

②　現地採用日本人を「雇用する理由」

現地採用日本人を雇用している企業にその理由を尋ねた。具体的には，先に見たSIEsの人的資源としての特性や先行研究での議論を踏まえ，10項目を提示し，その各々に対して5点法による回答（5＝全くそのとおり，4＝どちらかと言えばそのとおり，3＝どちらとも言えない，2＝どちらかと言えば違う，1＝全く違う。以下，同様）を求めた。その結果，全体では「中国人社員と比べて日本人の考え方や日本のマナー・ビジネス慣行を理解している」（3.94）がトップで，「中国人社員と比べて日本語能力に優れる」（3.61）と「取引先が日本人社員による対応を求める」（3.37）が続いた（表3-5）。すなわち，SIEsの「日本人性」（Japaneseness：Furusawa & Brewster, 2015）を重視した雇用である様子が窺える。業種別では，t検定で「海外駐在に適した，あるいは海外勤務を希望する日本人社員が本社に少ない」にのみ5%水準の有意差が現れた（製造業＞非製造業）。

表 3-5　現地採用日本人を「雇用する理由」

項目	全体	標準偏差	製造業	非製造業	t 値
①日本人駐在員と比べて「人件費」が安い	3.31	1.03	3.18	3.48	−1.006
②中国人の日本語人材の「人件費・賃金相場」が高騰している	1.78	0.86	1.71	1.86	−0.510
③「海外駐在に適した，あるいは海外勤務を希望する日本人社員」が本社に少ない	2.59	1.29	2.93	2.14	2.193*
④日本人駐在員の「交代・引き継ぎに伴うロス」を回避したい（現地法人の継続的な経営体制を維持したい）	2.45	1.40	2.50	2.38	0.292
⑤日本人駐在員と比べて「中国語能力」に優れている	2.94	1.38	3.04	2.81	0.566
⑥日本人駐在員と比べて「中国人の考え方や中国のマナー・ビジネス慣行」を理解している	2.94	1.35	2.96	2.90	0.152
⑦中国人社員と比べて「日本語能力」に優れている	3.61	1.15	3.54	3.71	−0.533
⑧中国人社員と比べて「日本人の考え方や日本のマナー・ビジネス慣行」を理解している	3.94	1.05	3.96	3.90	0.195
⑨「取引先が日本人社員による対応」を求めてくる	3.37	1.37	3.32	3.43	−0.269
⑩「日本人の有能人材をグローバルに（日本国外で）発揮」したい	2.47	1.23	2.68	2.19	1.392

注：5 点法による回答（5＝全くそのとおり，4＝どちらかと言えばそのとおり，3＝どちらとも言えない，2＝どちらかと言えば違う，1＝全く違う）の平均値。
　＊：$p<0.05$。

③　今後も現地採用日本人を「雇用しない理由」

現在日本人 SIEs を雇用していない企業のうち「今後も雇用するつもりはない」と答えた企業に対し，その理由について質問した。ここでは，先行研究において指摘された日本人駐在員側の不満点も含め 18 項目を提示したところ，5 点法による回答の平均値は「日本人の中国語人材より中国人の日本語人材を重視している」(3.49) が最高で，「現地採用日本人に適した職務が社内に見当たらない」(3.41) が第 2 位，「中国人社員に日本語・日本文化に精通している者がいる」(3.04) が第 3 位となった（表 3-6）。上で見た日本人 SIEs を雇用している企業とは対照的に，雇用する意向のない企業では「中国人の日本語人材」に「日本人性」を期待していることが読み取れよう。他方，先行研究で指摘された「思考・行動の過度の現地化」や「強い転職志向」といった SIEs への批

表 3-6　今後も現地採用日本人を「雇用しない理由」

項目	全体	標準偏差	製造業	非製造業	t 値
①「思考・行動が過度に現地化」している	2.10	1.11	2.00	2.67	−1.960
②「権利意識が強いわりに責任感」に欠ける	2.18	1.63	2.09	2.67	−1.599
③「不平・不満や愚痴を言うこと」が多い	2.00	1.01	1.94	2.33	−1.242
④「言い訳」が多い	2.04	1.04	1.99	2.33	−1.066
⑤「モチベーション」が低く，「指示されたこと」しかしない	2.03	1.01	2.00	2.17	−0.523
⑥会社に対する「忠誠心・帰属意識」が低く，「転職志向」が強い	2.62	1.19	2.55	3.00	−1.203
⑦「グローバルな視野・知識」を欠いている	2.19	1.03	2.16	2.33	−0.506
⑧「人件費・賃金相場」が高騰している	2.49	1.26	2.51	2.42	0.229
⑨「日本人の考え方や日本のマナー・ビジネス慣行」を理解していない	2.03	0.93	1.96	2.42	−1.593
⑩「中国人の考え方や中国のマナー・ビジネス慣行」を理解していない	2.25	1.08	2.25	2.25	0.011
⑪「労働争議やストライキ」など会社とのトラブルを起こすことが多い	1.89	0.89	1.90	1.83	0.221
⑫「就労ビザの取得」が困難（費用面も含む）になっている	2.32	1.09	2.33	2.25	0.221
⑬中国人社員の中に「日本語や日本の文化」に精通している者がいる	3.04	1.38	3.07	2.83	0.555
⑭日本人駐在員の中に「中国語や中国の文化」に精通している者がいる	2.29	1.23	2.37	1.85	1.224
⑮「日本人の中国語人材」より「中国人の日本語人材」を重視している	3.49	1.40	3.39	4.08	−2.392*
⑯「社内公用語の英語化」を推進している	1.53	0.97	1.60	1.17	2.550*
⑰「現地採用日本人に適した職務」が社内に見当たらない	3.41	1.23	3.45	3.17	0.730
⑱「日本本社の日本人の雇用（駐在員ポスト）」を奪う恐れがある	1.32	0.63	1.33	1.25	0.394

注：5 点法による回答（5＝全くそのとおり，4＝どちらかと言えばそのとおり，3＝どちらとも言えない，2＝どちらかと言えば違う，1＝全く違う）の平均値。
＊：$p < 0.05$。

判点に関するスコアはいずれも 3 点未満で必ずしも高くなかった。なお，業種別の t 検定では，「中国人の日本語人材を重視」（製造業＜非製造業），「社内公用語の英語化を推進」（製造業＞非製造業）に5％水準の有意差が認められた[5]。

④　現地採用日本人の「雇用の規定要因」

次に，これまでの記述統計も踏まえ，「現地採用日本人の雇用」を規定する要因について探ることとする。ここでは，従属変数が「日本人SIEsの雇用の有無」という質的変数になるため，分析手法としてロジスティック回帰分析を用いることにした。具体的には，従属変数は「日本人SIEsを雇用していない＝0，雇用している＝1」として操作化した。他方，独立変数については，記述統計で有意差が検出された「中国内の主要顧客」（主要顧客として日系企業・日本人を抱えていない＝0，抱えている＝1でダミー変数化）と「日本人駐在員比率」に加え，「総経理の国籍」「日本語能力に関する施策」に関してもその影響力を検証すべく投入した。このうち，総経理の国籍については，「日本生まれの（外国籍からの帰化者ではない）日本人総経理＝1，それ以外＝0」としてダミー変数化した。日本生まれの日本人総経理は，大抵の場合，中国語能力や中国文化への精通度という点で中国出身者と比べて劣位にあると思われることから，そうした状況と日本人SIEsの雇用との因果関係を考察するためである。また，日本語能力に関する施策は，先に見た「日本語能力を重視した中国人経営幹部・管理職の採用・登用」と「中国人従業員に対する日本語能力手当・日本語研修」を同様にダミー変数化した（上記各々の施策を実施していない＝0，実施している＝1）。前述したように，SIEsの役割として期待される「バウンダリー・スパナー」の要件の1つが複数の言語能力の保有にあることを顧みると，各企業の日本語能力に関する施策と日本人SIEsの雇用との関係性についても吟味する必要があると考えた次第である。このほか，回答企業の基本的属性である「業種」（製造業＝0，非製造業＝1）と「出資形態」（完全所有＝0，合弁＝1）をコントロール変数とした。

では，分析結果の論述に移ろう。まずHosmerとLemeshowの適合度検定では，$p > 0.05$であったことから，回帰モデルはデータに適合していると判断できる（表3-7）。また，VIFも全て2.00未満で，多重共線性に関わる懸念はないと考えられる。

日本人SIEsの雇用の規定要因としては，記述統計から予想されたとおり，

表 3-7　現地採用日本人の「雇用の規定要因」(ロジスティック回帰分析)

	β	Exp (β)	95%下限	95%上限
1. 独立変数				
・日系企業・日本人顧客ダミー	1.098	2.998*	1.173	7.662
・日本人駐在員比率	−0.058	0.944*	0.894	0.996
・日本生まれの日本人総経理ダミー	1.248	3.482*	1.146	10.579
・日本語能力を重視した中国人経営幹部・管理職の採用・登用ダミー	−0.771	0.463*	0.218	0.982
・中国人従業員に対する日本語能力手当・日本語研修ダミー	−0.432	0.649	0.309	1.364
2. コントロール変数				
・業種ダミー (製造業＝0, 非製造業＝1)	1.362	3.903**	1.746	8.723
・出資形態ダミー (完全所有＝0, 合弁＝1)	0.188	1.207	0.420	3.468
χ^2 値	31.201***			
Nagelkerke R^2	0.225			
Hosmer と Lemeshow の適合度検定	χ^2 値＝3.961, p＝0.861			

注：***：$p<0.001$, **：$p<0.01$, *：$p<0.05$。

「非製造業」「中国内の主要顧客として日系企業・日本人を抱えること」がプラスの係数で有意である一方,「日本人駐在員比率」は有意なマイナスの影響力を持つことが確認できた。また,「日本生まれの日本人総経理」がプラス,「日本語能力を重視した中国人経営幹部・管理職の採用・登用」はマイナスの係数で有意となった。これらの結果の解釈には慎重を要するが, 非製造業がプラスで有意となったのは, 一般的に非製造業の方が製造業と比して顧客と直接接する局面が多く, 人的資源への依存度が強いことから,「日本人性」をより確実に期待できる日本人 SIEs の雇用に対する選好が強まるためではなかろうか。また, 日系企業・日本人を主要顧客とすることの影響力に関しては, 記述統計で「現地採用日本人を雇用する理由」として3番目に高いスコアとなった「取引先が日本人社員による対応を求めてくる」と関連性があるように思える。そして, 日本人駐在員比率がマイナスで有意であったことについては, 日本人駐在員の派遣と日本人 SIEs の雇用が一部代替的関係にある可能性を指摘できよう。他方,「総経理の属性」に関しては, 先述のとおり, 中国語能力や中国の経済社会への精通度という点で相対的劣位にある日本生まれの日本人総経理は，言語と文化を共有した同胞（日本人SIEs）の助力を得て中国での企業経営にアプローチしようする傾向があるのかもしれない。さらに，「日本語能力を重視した中国人経営幹部・管理職の採用・登用」がマイナスで有意となったことは，そうした施策の背後に潜む「中国人の日本語人材」を重視する姿勢を反映した結果であるように思える。

(4) 自社の現地採用日本人の「働きぶり」に対する「日本人駐在員の評価」

ここでは，日系企業調査の回答者である日本人駐在員に対し，自社の日本人SIEs社員（個々人）の「専門的な知識・スキル・経験」「日本人性」「信頼関係」「不満点」の4側面を巡る事項について，5点法で評価してもらった。なお，SIEsを4名以上雇用している場合は，回答者の負担を考慮し，職位が高い順に（同一職位の場合は勤続年数が長い順に）3名を選んで回答いただいた(n＝91：回答企業が雇用する全SIEsの56.9％をカバー)。

まず，「専門的な知識・スキル・経験」については，全体の平均値は4.18と非常に高い数値となった（表3-8)。

また，「日本人性」に関しても，提示した5項目のうち4項目で平均値が4.00を超えた。回答企業が自社のSIEsに「勤勉・誠実・時間に正確・協調性」といった特性を見出すとともに，「取引先の日系企業・日本人への対応面」でも高く評価している様子が窺える。

一方，信頼関係を巡っては，「日本人駐在員との信頼関係」がトップで4.24に達し，「中国人社員との信頼関係」が3.98で続いた。そして，「日本本社との信頼関係」も3.45と決して低くなかった。

最後に，自社の日本人SIEsに対する「不満点」として，先行研究で散見された事項を中心に尋ねたが，全体では7項目中6項目の平均値が1点台となり，最高でも「グローバルな視野・知識を欠く」の2.39に留まった。このことから，本調査で提示した「思考・行動の過度の現地化」や「強い転職志向」といった事柄に関する限り，日本人駐在員が自社の日本人SIEsに対して大きな不満を抱えている様子は看取できないと言えよう。

表 3-8　自社の現地採用日本人の「働きぶり」に対する「日本人駐在員の評価」

項目	全体	標準偏差	製造業	非製造業	t 値
1. 専門的な知識・スキル・経験					
①担当業務に関する「専門的な知識・スキル・経験」を有している	4.18	0.91	4.11	4.24	−0.666
2. 日本人性					
①中国人社員と比べて「勤勉」である	4.20	0.73	4.22	4.18	0.261
②中国人社員と比べて「誠実・正直」である	4.20	0.68	4.29	4.11	1.224
③中国人社員と比べて「時間に正確」である	4.25	0.67	4.32	4.18	0.961
④中国人社員と比べて「協調性」がある	3.96	0.87	3.93	3.98	−0.238
⑤取引先の「日系企業・日本人への対応面」で貢献している	4.05	1.21	3.64	4.46	−3.380**
3. 信頼関係					
①「日本人駐在員との信頼関係」を構築している	4.24	0.74	4.04	4.43	−2.612*
②「中国人社員との信頼関係」を構築している	3.98	0.73	3.98	3.98	−0.003
③「日本本社との信頼関係」を構築している	3.45	1.15	3.42	3.48	−0.232
4. 不満点					
①「思考・行動が過度に現地化」している	1.90	0.95	1.89	1.91	−0.099
②「権利意識が強いわりに責任感」に欠ける	1.72	0.75	1.71	1.73	−0.101
③「不平・不満や愚痴を言うこと」が多い	1.89	0.89	1.89	1.89	0.013
④「言い訳」が多い	1.88	0.89	1.98	1.77	1.088
⑤「モチベーション」が低く，「指示されたこと」しかしない	1.78	0.79	1.91	1.64	1.648
⑥会社に対する「忠誠心・帰属意識」が低く，「転職志向」が強い	1.96	0.87	2.02	1.89	0.739
⑦「グローバルな視野・知識」を欠いている	2.39	0.93	2.56	2.23	1.606

注：5 点法による回答（5＝全くそのとおり，4＝どちらかと言えばそのとおり，3＝どちらとも言えない，2＝どちらかと言えば違う，1＝全く違う）の平均値。
**：$p<0.01$，*：$p<0.05$。

なお，業種別では，t 検定で「取引先の日系企業・日本人への対応面での貢献」に1％水準，「日本人駐在員との信頼関係」に5％水準の有意差が検出され，いずれも非製造業の数値の方が高かった。

4. 主な発見事実と含意

リサーチクエスチョン①の在中国日系進出企業における「言語政策」を巡る状況に関しては，まず経営会議（幹部会議）で日本語を使用している企業（「日本語」のみ＋「日本語—中国語」の通訳付き）が78.0%に達し，先行研究の知見を裏付けるように，日本語への依存度が高い様子を改めて確認できた。逆に，「英語のみ」は6.9%に留まったことから，現状では，盧（2012）が述べたとおり（本書第2章），英語を日本人駐在員と中国人従業員の共通語とするのは困難であると思える。また，日本語への依存度の高さと呼応するかのように，中国人を経営幹部・管理職として採用・登用する際に「日本語能力」を重視する企業が全体の2/3近くに達したこと，中国人社員に対して日本語能力に関わる手当の支給や研修等を実施している企業が過半数に及んだことも注目に値しよう。

リサーチクエスチョン②の現地採用日本人の「雇用状況」については，全体で現在雇用している企業は26.6%で，過去に雇用したことがある企業を加えると42.6%となった。また，現在は雇用していない企業のうち39.4%が「今後雇用したい」と回答した。日本人SIEsを雇用する理由としては，「日本人の考え方・マナーに対する理解」や「日本語能力」など「日本人性」に関わる項目が上位に来たが，一方で「今後も雇用するつもりはない」と答えた企業では「中国人の日本語人材」に日本人性を求めている点を考え合わせると，本調査結果は，日本人SIEsと中国人の日本語人材が労働市場において競合関係にあることを指し示していると解釈できよう。そして，日本人SIEsの雇用に関しては，「非製造業」「中国内の主要顧客として日系企業・日本人を抱えること」「日本人駐在員比率」「日本生まれの日本人総経理」「日本語能力を重視した中国人経営幹部・管理職の採用・登用」が影響を及ぼしていることが分かった。このうち，非製造業がSIEsの雇用にプラスの影響力を有することに関しては，一般的に非製造業は製造業と比べて顧客と直接接する局面が多いゆえ，より確実に「日本人性」を担保できるであろう日本人SIEsを求める傾向が強まるのかもしれない。また，日系企業・日本人を主要顧客とすることの影響に関しては，SIEsの雇用がいわゆる「顧客適合論」（吉原・星野, 2003）と関係したものであることを示唆していると考えられる。すなわち，日系顧客（日系企業・日本人）に対応するために日本人を雇用するということである。他方，日本人駐在員比率の係数がマイナスであったことについては，日本人駐在員の派遣と現地採用日本人の雇用が一部代替的関係にある可能性を指摘できよう[6]。そして，総経理の国籍に関しては，多くの日本生まれの日本人総経理は，中国出身者に比して中国語能力や中国文化への精通度で劣ることから，言語と文化を同じくする同胞（日本人SIEs）への選好が強まることが考えられる。なお，「日本語能力を重視した中国人経営幹部・管理職の採用・登用」もマイナスで有意となったが，この結果は，そうした施策の背後に潜む中国人の日本語人材を重視する姿勢を反映したものであるように思える。

最後に，リサーチクエスチョン③の「現地採用日本人の働きぶり」を巡っては，回答企業の日本人駐在員は自社のSIEs社員の専門的な「知識・スキル・経験」を高く評価している。また，彼（彼女）の中に「勤勉・誠実・時間に正確・協調性」といった日本人性を見出すとともに，「取引先の日系企業・日本人への対応面での貢献」も認めている。そして，日本人駐在員・中国人社員・日本本社との「信頼関係」の面でも高いスコアが示された。他方，SIEsに対する不満点に関しては，先行研究で指摘されてきた「思考・行動の過度の現地化」や「強い転職志向」といった事項に関する限り，企業側は大きな問題点を感じているようには見えなかった。さらに，現在は日本人SIEsを雇用していないが過去に採用経験のある企業の過半数が「今後（再び）雇用したい」と回答している点，及び「今後も雇用するつもりはない」と答えた企業も，その理由として前述の否定的側面（思考・行動の過度の現地化や強い転職志向など）を上位に挙げていないことを踏まえれば，在中国日系進出企業の日本人SIEsに対する総体的なイメージは決して悪いものではないように思える。

5. おわりに

本章では，在中国日系進出企業に対するアンケート調査の結果を報告した。まず，「言語政策」については，回答企業が「日本語（能力）」を重視している様子が看取された。また，「現地採用日本人の雇用」に対しては，「業種」や「中国内の主要顧客」「日本人駐在員比率」「総経理の属性」，さらには「中国人幹部の採用・登用に関わる言語政策」が影響力を有している点が統計的に明らかとなった。そして，日系進出企業は自社の「日本人SIEsの働きぶり」に対して概ね「満足」していることも示された。

但し，本アンケート調査は企業側の状況や見解を探るために実施したものである。従って，SIEsの働きぶりに対する高評価が必ずしもSIEs本人の高い職務満足を意味するとは限らない。事実，先行研究では，SIEsの移動理由やキャリアタイプがAEsと異なる点に留意すべき旨が述べられている。そこで，続く第4章では，本問題を別の角度から掘り下げて論じるべく，筆者が現地採用日本人（本人）に対して実施したアンケート調査の結果を報告することにしたい。

注

1　本科研費研究では「言語」に着目し，調査対象国を選定した。すなわち，① 公用語・ビジネスの言語ともに英語である「英国」「米国」，② 公用語は英語以外であるが，ビジネスは英語で可能な「ドイツ」「タイ」，③ 公用語・ビジネスの言語ともに英語以外の「中国」の5ヶ国である。本書はこのうちの中国に関わる研究成果の報告である。

2　駐在員事務所については，事業活動を行っていないため，調査対象から除外した。また，日本に本社がない「(日本人が中国で起業した）地場の日系企業」も本研究の対象である多国籍企業ではないので除外した。

3　例えば，東洋経済新報社（2019）に掲載されている在中国日系進出企業（6,846社の現地法人）のうち，最も多くの企業が所在するのが上海市（2,395社），第2位が江蘇省（1,127社）となっており，この2地域で全体の51.4％を占める。また，第1章で見たように，在上海総領事館管轄内に在留邦人の半数近くが居住している。

4　Lead-S社のクライアントリストの詳細に関する守秘義務等の関係上，正確な回収率は算定できないが，同社によると，主要クライアントの約15％から回答が寄せられたとのことである。また，188社の中には同社のクライアントではないが，本調査の趣旨にご賛同いただいた企業も一部含まれている。

5　本調査では，表3-6の⑪で言及した「労働争議」と「ストライキ」に関連して，「最近5年間の現地採用日本人を当事者とした労使間のトラブル」の有無を別途質問した。その結果，労働争議（調停・仲裁・裁判）の経験企業は皆無で，ストライキを経験した企業が4.1%あるのみであった（いずれも製造業）。中国では市場経済化の深化とともに，労使間の摩擦が激化しているとされるが（古沢,2011），今回の調査結果から，現地採用日本人が当事者となるような事案は少ないと考えられよう。

6　但し，第1章で見たように，AEsの派遣には「経営幹部の育成」や「国境を越えた社会化」といった多様な目的があることに鑑みれば（白木,2006），SIEsがAEsを完全に代替するものではないであろう点を付言しておきたい。

第4章
現地採用日本人の「バウンダリー・スパナー」としての可能性と「キャリア」「職務満足」に関する実証分析

1. はじめに

第4章では，筆者が在中国日系進出企業に勤務する「現地採用日本人」に対して実施したアンケート調査の報告を行う。具体的には，先行研究の議論を踏まえ，日本人 SIEs の「バウンダリー・スパナー」としての可能性を探るとともに，彼（彼女）らの「キャリア」及び「職務満足」に関わる状況を定量的に明らかにする。そして，調査結果からのインプリケーションを提示する。

2. 調査概要とリサーチクエスチョン

本調査は，第3章の日系進出企業調査と同じく，科学研究費助成事業（研究課題名：日本企業の海外現地経営における「現地採用日本人」の活用に関する研究，研究代表者：古沢昌之）の一環として，2016年に実施したものである。対象は，上海市と江蘇省に所在する日系進出企業（現地法人・支店）に勤める現地採用日本人である。

アンケート票の送付・回収の手続きは，前章で説明したように，日系進出企業に対して「日系進出企業用」「現地採用日本人用」双方のアンケート票をeメールで送付し，現地採用日本人分については，各企業から自社の現地採用日本人社員にアンケート票を回送していただき，各自で記入後に直接古沢へ返送してもらうという方式を基本的に用いた（SIEs を雇用していない場合は，日系進出企業分のみ回答)。現地採用日本人分の有効回答数は121名であった。

本調査のリサーチクエスチョンは次の3点である。

①現地採用日本人の「バウンダリー・スパナー」としての可能性（中国での在住・勤務年数，中国への留学経験，中国語能力など)。

②現地採用日本人の「キャリア」に関する状況（学歴，日本での正社員歴，中国への移動理由，中国での職歴，今後のライフプラン・キャリア展望など)。

③現地採用日本人の「職務満足」に関する状況（動機付け要因・衛生要因を巡る状況，職務満足と定着志向との関係性など)。

3. 調査結果と分析

(1) 回答者のプロフィール

①　性別

現地採用日本人の39.7%が女性であった。先述した日系進出企業調査の回答者である日本人駐在員は全員が男性であったことに鑑みると，海外勤務を志向する女性にとって，SIEsはキャリア上のオプションの1つになりうると考えられよう（Myers & Pringle, 2005；Tharenou, 2010；Vance & McNulty, 2014)。

②　「年齢層」と「婚姻状況」

年齢層は，20代＝9.1%，30代＝41.3%，40代＝28.1%，50代＝16.5%，60代以上＝5.0%であったが，男性は50代以上が34.2%を占めるのに対し，女性では僅か2.1%となるなど，χ^2検定で，0.1%水準の有意差が検出された。

婚姻状況は，「既婚（家族同居)」が43.8%で最も多く，「独身」が38.8%，「既婚（単身赴任)」が17.4%となった。男女別では，女性は「独身」が過半数（56.3%）に達したが，男性のそれは27.4%に留まった。他方，「単身赴任」は，男性が26.0%であったのに比べ，女性では4.2%と低かった（χ^2検定で1%水準の有意差)。

③　職位

一般職＝32.2%，専門職＝5.8%，係長レベル＝10.7%，課長レベル＝16.5%，副部長・次長レベル＝9.9%，部長レベル＝15.7%となり，副総経理・総経理も少数（各々 4.1%・2.5%）ながらあった（他に顧問・相談役が 2.5%：表 4-1)。上位職（課長レベル以上）の全体に占める比率が 51.2%に達したことから，SIEs にも要職に就く者が相当数いることが分かる。但し，男女別に見ると，女性は「一般職」が半数強（52.1%）であるのに対し，男性では「一般職」「課長レベル」「部長レベル」がいずれも 19.2%とバラツキが見られた（χ^2 検定で 1%水準の有意差)。

④　主たる「担当業務」

「営業・販売・マーケティング」が 51.2%でトップとなり，第 2 位は「物流事務」(16.5%)，第 3 位は「カスタマーサポート」(15.7%）が続いた（複数回答可)。第 4 位は「経営企画・事業開発・調査」と「コンサルティング」が 12.4%で並んだ。男女別では 1 位は同じであったが，男性は「研究開発・設計」が 2 位,「物流事務」「コンサルティング」が同率 3 位,「経営企画・事業開発・調査」「生産管理・品質管理」「情報システム」が同率 5 位，女性は「カスタマーサポート」が 2 位,「物流事務」「総務・庶務」が同率 3 位,「通訳・

表 4-1　現地採用日本人の「職位」（%）

	全体	男性	女性
①一般職	32.2	19.2	52.1
②専門職	5.8	5.5	6.3
③係長レベル	10.7	8.2	14.6
④課長レベル	16.5	19.2	12.5
⑤副部長・次長レベル	9.9	15.1	2.1
⑥部長レベル	15.7	19.2	10.4
⑦副総経理	4.1	5.5	2.1
⑧総経理	2.5	4.1	0.0
⑨顧問・相談役	2.5	4.1	0.0
合計	100.0	100.0	100.0

表 4-2　現地採用日本人の主たる「担当業務」（%）

項目	全体	男性	女性
①営業・販売・マーケティング	51.2（1）	54.8（1）	45.8（1）
②物流事務	16.5（2）	15.1（3）	18.8（3）
③カスタマーサポート	15.7（3）	8.2（10）	27.1（2）
④経営企画・事業開発・調査	12.4（4）	13.7（5）	10.4（9）
⑤コンサルティング	12.4（4）	15.1（3）	8.3（11）
⑥貿易・通関業務	11.6（6）	9.6（9）	14.6（7）
⑦通訳・翻訳	10.7（7）	6.8（12）	16.7（5）
⑧総務・庶務	10.7（7）	5.5（13）	18.8（3）
⑨研究開発・設計	10.7（7）	16.4（2）	2.1（18）
⑩生産管理・品質管理	9.9（10）	13.7（5）	4.2（14）
⑪人事労務	9.1（11）	8.2（10）	10.4（9）
⑫情報システム	9.1（11）	13.7（5）	2.1（18）
⑬経営全般（経営全体の統括・助言など）	7.4（13）	12.3（8）	0.0（20）
⑭日本人駐在員の秘書・アシスタント	7.4（13）	1.4（20）	16.7（5）
⑮経理・財務・金融業務	6.6（15）	2.7（16）	12.5（8）
⑯資材・購買・仕入れ	5.0（16）	5.5（13）	4.2（14）
⑰法務・知的財産関連	5.0（16）	4.1（15）	6.3（12）
⑱店舗運営・店舗管理	4.1（18）	2.7（16）	6.3（12）
⑲広報・IR	3.3（19）	2.7（16）	4.2（14）
⑳その他	3.3（19）	2.7（16）	4.2（14）

注：複数回答可。
　　表中の（　）内の数値は順位。

翻訳」「日本人駐在員の秘書・アシスタント」が同率5位となるなど若干様相が異なった。

⑤「帰化」と「永住権」に関する状況

回答者のうち，9.9%は外国籍から帰化した日本人で，元の国籍は中華人民共和国が83.3%を占めた（残りは韓国）[1]。また，中国永住権を持つ者は僅か5.0%であった。この結果は，中国の在留邦人は「長期滞在者」が大半を占め，「永住者」が極めて少ないという外務省（2018）の統計（本書第1章）とも符合するものである。なお，帰化者・永住権保有者のいずれについても，男女間の有意差はなかった。

⑥ 「処遇」に関する状況

「現地法人採用待遇で有期限契約」が81.8％と圧倒的に多く，「現地法人採用待遇で無期限契約」は14.9％に留まった。なお，「駐在員待遇」は0.8％にすぎなかった。男女別で比べると，男性では有期限契約が87.7％と女性より15ポイント弱高くなる一方，無期限契約は男性が8.2％であるのに対し，女性は25.0％に達した（χ^2 検定で5％水準の有意差）。

次に，給与水準（賃金・ボーナス）は，「同一ランク・同一職務の中国人社員よりも良い（駐在員と中国人社員の中間レベル）」が61.2％を占めて第1位となり，次いで「同一ランク・同一職務の中国人社員と基本的に同じ」が14.0％，「日本人駐在員と基本的に同じ」が10.7％という順であった（「駐在員や中国人社員の給与水準を知らない」も10.7％）[2]。なお，男女間の有意差はなかった。

また，給与以外に支給されている手当等については，「医療費補助や海外傷害保険への加入」が最多で71.1％，以下「日本への一時帰国手当」（31.4％），「住宅手当」（23.1％），「社用車」（7.4％），「社宅」（5.8％），「日本語能力手当」（2.5％），「中国語能力手当」「英語能力手当」（ともに0.8％）となった（複数回答可）。なお，「全く支給されていない」は15.7％であった。男女別に見ると，1～3位は同じであるが，いずれも男性の数値の方が高かった。他方，「全く支給されていない」は女性（27.1％）が男性（8.2％）を大きく上回った。

以上のことから，日本人SIEsは，労働契約上は現地法人採用待遇が大半を占めているものの，給与や諸手当の面では現地人社員を上回る処遇を受けている者も多い様子が示されたと言えよう。

(2) 現地採用日本人の「バウンダリー・スパナー」としての可能性

次に，現地採用日本人の「バウンダリー・スパナー」としての可能性に関して探ることとする。具体的には，日本人SIEsの「海外経験」「中国語能力」を日系進出企業調査の回答者である日本人駐在員のそれと比べてみた（ともに自己申告による回答：SIEsの数値は，外国籍からの帰化者を除いて算出)。

まず海外経験に関しては，両サンプル間で「半年以上の在住経験のある外国数」に殆ど差異はなかったが，t検定で「海外での在住年数」に1%水準，「中国での在住年数」に0.1%水準，「海外での勤務年数」に5%水準，「中国での勤務年数」に0.1%水準の有意差が現れ，いずれも現地採用者のスコアの方が大きかった（表4-3)。また，表の掲載は割愛するが，「中国への半年以上の留学経験（語学留学を含む)」を有する者はAEsが14.2%に留まったのに対して，SIEsでは47.7%に及んだ（χ^2検定で0.1%水準の有意差)。

続いて，SIEsとAEsの中国語能力を「話す」「読む」「書く」の3側面から比較した。5点法（5＝問題なくできる，4＝まあまあできる，3＝少しできる，2＝殆どできない，1＝全くできない）による回答の平均値は，全側面においてSIEsの方が高く，t検定で0.1%水準の有意差が現れた（表4-4)。

表4-3　現地採用日本人と日本人駐在員の「海外経験」の比較

項目	現地採用日本人（SIEs)	日本人駐在員（AEs)	t値
①半年以上の「在住経験のある外国数」	1.4ヵ国	1.5ヵ国	−0.501
②海外での延べ「在住年数」	9.5年	7.5年	2.752**
③中国での延べ「在住年数」	8.5年	5.8年	4.083***
④海外での延べ「勤務年数」	8.4年	7.0年	2.057*
⑤中国での延べ「勤務年数」	7.6年	5.5年	3.554***

注：***：$p<0.001$，**：$p<0.01$，*：$p<0.05$。

表4-4　現地採用日本人と日本人駐在員の「中国語能力」の比較

項目	現地採用日本人（SIEs)	日本人駐在員（AEs)	t値
①話す	3.96	3.18	5.725***
②読む	3.94	3.27	5.070***
③書く	3.74	2.94	5.713***

注：5点法による回答（5＝問題なくできる，4＝まあまあできる，3＝少しできる，2＝殆どできない，1＝全くできない）の平均値。
***：$p<0.001$。

(3) 現地採用日本人の「キャリア」に関する状況

① 学歴

最終学歴は「日本の大学卒業」が最多で60.3%に達し,「日本の高校・専門学校卒業」が21.5%で第2位, 以下「日本の大学院修了」(9.1%),「中国の大学卒業」(6.6%) の順となった（日中両国で大学または大学院を卒業・修了している場合は複数回答可としたが, それに該当する者は全体の4.1%であった)。男女別で見ると, 1位と2位は同一であったが,「日本の大学」は女性が約14ポイント,「高校・専門学校」は男性が約8ポイント上回った。

② 日本での「正社員歴」

日本での正社員歴を有する者は85.1%であった。男女間では, 男性 (90.4%) が女性 (77.1%) を13ポイント以上上回り, χ^2 検定で5%水準の有意差が検出された。また, 日本での平均勤務年数は10.6年に達したが, 男性＝13.8年, 女性＝4.9年となり, t検定で0.1%水準の有意差が認められた。

③ 中国への「移動理由」

この点に関しては, 筆者が先行研究をベースに提示した15項目の中から, 中国への「移動理由」として重要であった順に最大3つまでを選択してもらい, 1位＝3点, 2位＝2点, 3位＝1点のウェイト付けを行ってポイント化した。その結果, ポイントシェアが最大であったのは「海外勤務を通してキャリアアップにつながる知識・スキルや経験を身につけるため」(23.5%) で, 第2位は「中国語能力を活かして仕事をするため」(21.9%), 第3位は「異文化体験（中国での生活・就労の体験）をするため」(15.1%) となった（表4-5)。これら上位3項目のポイントシェアの合計は60%を超えた。4位以下は「配偶者・パートナーが中国人であるため」(10.7%),「日本での不本意な就職・就職難や失業のため」(6.6%),「経済的に豊かになるため」(5.9%) が続いた。男女別に見ると, 上位4項目は順位も含めて同じであったが, 女性に関しては, 全体では9位の「配偶者・パートナー（日本人）の中国赴任のため」が5

位となった。なお，先行研究で言及された「日本での結婚や出産に対する圧力から逃れるため」を1～3位に挙げた者はいなかった。同様に「日本の職場における男女の暗黙の役割分担や男女差別が嫌なため」「日本の年功序列が嫌なため」もポイントシェアは極めて低かった（各々 1.3%・0.7%）。

表 4-5　現地採用日本人の中国への「移動理由」

【全体】	1位ポイント	2位ポイント	3位ポイント	ポイント合計	ポイントシェア
①海外勤務を通してキャリアアップにつながる「知識・スキルや経験」を身につけるため	78	54	11	143	23.5%
②「中国語能力」を活かして仕事をするため	90	34	9	133	21.9%
③「異文化体験」（中国での生活・就労の体験）をするため	45	38	9	92	15.1%
④「配偶者・パートナーが中国人」であるため	51	6	8	65	10.7%
⑤日本での「不本意な就職・就職難や失業」のため	33	6	1	40	6.6%
⑥「経済的に豊か」になるため	12	16	8	36	5.9%
⑦日本の前職では「海外勤務のチャンスが少なかった」ため	9	14	8	31	5.1%
⑧「自由で束縛の少ない生活」をエンジョイするため	6	8	6	20	3.3%
⑨「配偶者・パートナー（日本人）が中国へ赴任」することになったため	15	0	0	15	2.5%
⑩もともと「中国（大陸）・香港・マカオ・台湾の出身」であるため	6	4	5	15	2.5%
⑪日本の職場における「男女の暗黙の役割分担」や「男女差別」が嫌なため	3	4	1	8	1.3%
⑫日本の「年功序列」が嫌なため	0	2	2	4	0.7%
⑬当社グループ内の「人事異動の一環」（駐在員から現地採用待遇への切り替えも含む）	3	0	0	3	0.5%
⑭中国在住の「親の介護」のため	3	0	0	3	0.5%

⑮日本での「結婚や出産に対する圧力」から逃れるため	0	0	0	0	0.0%
合計	354	186	68	608	100.0%

【男性】	1位ポイント	2位ポイント	3位ポイント	ポイント合計	ポイントシェア
①海外勤務を通してキャリアアップにつながる「知識・スキルや経験」を身につけるため	54	30	6	90	24.7%
②「中国語能力」を活かして仕事をするため	60	22	4	86	23.6%
③「異文化体験」（中国での生活・就労の体験）をするため	18	20	8	46	12.6%
④「配偶者・パートナーが中国人」であるため	24	6	6	36	9.9%
⑤日本での「不本意な就職・就職難や失業」のため	27	6	1	34	9.3%
⑥「経済的に豊か」になるため	12	10	7	29	8.0%
⑦日本の前職では「海外勤務のチャンスが少なかった」ため	6	8	4	18	4.9%
⑧「自由で束縛の少ない生活」をエンジョイするため	3	4	2	9	2.5%
⑩もともと「中国（大陸）・香港・マカオ・台湾の出身」であるため	3	2	3	8	2.2%
⑬当社グループ内の「人事異動の一環」（駐在員から現地採用待遇への切り替えも含む）	3	0	0	3	0.8%
⑭中国在住の「親の介護」のため	3	0	0	3	0.8%
⑫日本の「年功序列」が嫌なため	0	2	0	2	0.5%
⑨「配偶者・パートナー（日本人）が中国へ赴任」することになったため	0	0	0	0	0.0%
⑪日本の職場における「男女の暗黙の役割分担」や「男女差別」が嫌なため	0	0	0	0	0.0%
⑮日本での「結婚や出産に対する圧力」から逃れるため	0	0	0	0	0.0%
合計	213	110	41	364	100.0%

【女性】	1位ポイント	2位ポイント	3位ポイント	ポイント合計	ポイントシェア
①海外勤務を通してキャリアアップにつながる「知識・スキルや経験」を身につけるため	24	24	5	53	21.7%
②「中国語能力」を活かして仕事をするため	30	12	5	47	19.3%
③「異文化体験」（中国での生活・就労の体験）をするため	27	18	1	46	18.9%
④「配偶者・パートナーが中国人」であるため	27	0	2	29	11.9%
⑨「配偶者・パートナー（日本人）が中国へ赴任」することになったため	15	0	0	15	6.1%
⑦日本の前職では「海外勤務のチャンスが少なかった」ため	3	6	4	13	5.3%
⑧「自由で束縛の少ない生活」をエンジョイするため	3	4	4	11	4.5%
⑪日本の職場における「男女の暗黙の役割分担」や「男女差別」が嫌なため	3	4	1	8	3.3%
⑥「経済的に豊か」になるため	0	6	1	7	2.9%
⑩もともと「中国（大陸）・香港・マカオ・台湾の出身」であるため	3	2	2	7	2.9%
⑤日本での「不本意な就職・就職難や失業」のため	6	0	0	6	2.5%
⑫日本の「年功序列」が嫌なため	0	0	2	2	0.8%
⑬当社グループ内の「人事異動の一環」(駐在員から現地採用待遇への切り替えも含む)	0	0	0	0	0.0%
⑭中国在住の「親の介護」のため	0	0	0	0	0.0%
⑮日本での「結婚や出産に対する圧力」から逃れるため	0	0	0	0	0.0%
合計	141	76	27	244	100.0%

注：1位の項目に3点，2位＝2点，3位＝1点のウェイトを付けてポイント化。

④ 当現地法人入社前の「当社グループとの関係」及び「入社の経緯」

入社前の当社グループとの関係に関しては，「全く関係がなかった」が圧倒的に多く，80.8％に達した。第2位は「日本の本社または子会社の社員」(11.7％）で，第3位は「別の中国現地法人の現地採用社員」と「日本の本社または子会社の取引先の社員」が並んだが，比率は3.3％に留まった（複数回答可)。男女別に分析すると，「全く関係なし」は男性が72.6％であるのに対し，女性は93.6％に及んでいる。なお，「日本の本社または子会社の社員」は男性では17.8％であったが，女性は2.1％にすぎなかったことから，同一多国籍企業内の海外子会社へ異動する“intra-SIEs”（Andresen, Belgdolt, & Margenfeld, 2012：本書第1章）は，男性の方が多い様子が示唆されよう[3]。

一方，入社の経緯については，「人材会社からの紹介」が62.8％で最多であった。第2位は「当現地法人の日本人駐在員からの紹介」(10.7％)，第3位は「当現地法人の求人案内への直接応募」(8.3％）となり，以下「当現地法人の現地採用日本人社員からの紹介」(6.6％)，「当社グループの日本の本社・子会社からの紹介」(5.8％）の順であった（複数回答可)。男女別では，上位5項目のラインナップは同一だったが，男性においては「日本の本社・子会社からの紹介」が3位（8.2％)，女性については「求人案内への直接応募」が2位(10.4％）となっている。

⑤ 中国での「職歴」

当現地法人での「現地採用社員」以外の「中国での職歴」の有無について尋ねたところ，「ある」は61.2％であった。性別で比較すると，男性ではそれが68.5％に達したのに対し，女性は50.0％に留まった（χ^2検定で5％水準の有意差)。当現地法人以外に勤務した企業数は平均1.6社（自営業も含む）で，男女別の有意差はなかった。回答者全体では，現勤務先も含めてこれまでに勤務した企業数は平均2.0社となる（男女間の有意差はなし)。

中国で経験した職業として最も多かったのは「当社グループ以外の日系企業の現地採用社員」(39.2％）で，「当社グループ以外の日系企業の駐在員」(32.4％）が続いた（複数回答可)。第3位は「中国企業の社員」(25.7％)，第4位は「日系地場企業の社員」と「日系以外の外資系企業の社員」が6.8％で並んだ。以下は「当社グループの別の現地法人の現地採用社員」(5.4%),「当現地法人の駐在員」「当社グループの別の現地法人の駐在員」「自営業」「その他」がいずれも4.1%となった。また，男女別に見ると，男性では「当社グループ以外の日系企業の駐在員」が1位（42.0%）であることが注目される（女性では4位で12.5%)。こうした元駐在員は，第1章で述べたSuutari & Brewster（2000）の分類に従えば，“localized professionals”と呼ぶことができよう。他方，女性については「当社グループ以外の日系企業の現地採用社員」が62.5%（1位）に及んだが，男性では28.0%（2位）に留まった。

なお，当現地法人での勤務年数は平均4.6年であった（男女別の有意差はなし)。

⑥　3年後の「ライフプラン・キャリア展望」

3年後の居住地に関しては,「中国に引き続き住んでいたい」が最多で43.0%となった。第2位は「日本へ帰国していたい」(24.8%)，第3位は「分からない」(19.8%）であった。一方,「中国語圏以外の外国へ移住したい」が11.6%だったのに対し,「香港・マカオ・台湾など他の中国語圏の地域へ移住したい」は0.8%にすぎなかった（男女別の有意差はなし)。

次に,「日本へ帰国していたい」と回答した人にその理由を5点法（5＝全くそのとおり，4＝どちらかと言えばそのとおり，3＝どちらとも言えない，2＝どちらかと言えば違う，1＝全く違う。以下，同様）で尋ねたところ，最も平均値が高かったのは「家庭の事情（子供の教育や親の介護など）があるから」で3.77，第2位は「もともと一定期間中国に滞在したら帰国する計画であったから」が3.67で続いた（表4-6)。第3位は「中国で得た知識・スキルや経験を日本で活かせると考えるから」(3.40)，第4位は「PM2.5など中国の環境面に不安を感じるから」(3.23）となり，他の項目はスコアが3点未満であった。男女別では，t検定で「中国でのビジネスの難しさを実感したから」に5%水準の有意差が現れ，女性の数値の方が高かった。

続いて,「中国に引き続き在住したい」と答えた人に「3年後の勤務先」に関する希望を質問した。5点法による回答の平均値は,「当現地法人に継続勤務」が4.08で最も高かった（表4-7)。その他の項目については，平均値が3

表 4-6　現地採用日本人の「日本へ帰国したい理由」

項目	全体	標準偏差	男性	女性	t 値
①もともと「一定期間中国に滞在」したら「帰国する計画」であったから	3.67	1.32	3.37	4.18	−1.908
②反日デモなど中国の「治安面」に不安を感じるから	2.07	1.31	1.84	2.45	−1.244
③ PM2.5 など中国の「環境面」に不安を感じるから	3.23	1.33	3.05	3.55	−0.977
④現地採用では「昇進・昇給面」で限界があるから	2.93	1.62	3.00	2.82	0.292
⑤現地採用では「将来のキャリアアップ」につながるような「知識・スキルや経験」が蓄積できないから	2.37	1.22	2.37	2.36	0.010
⑥「中国経済の将来性」に不安を感じるから（経済成長の鈍化など）	2.83	1.34	2.47	3.45	−2.032
⑦「中国でのビジネスの難しさ」を実感したから	2.40	1.04	2.05	3.00	−2.649*
⑧中国では「外国人の就労に対する規制」（ビザ更新）が厳しくなりつつあるから	2.27	1.39	2.16	2.45	−0.557
⑨中国で得た知識・スキルや経験を「日本で活かせる」と考えるから	3.40	1.25	3.37	3.45	−0.179
⑩日本の方が「高収入」を得られるから	2.83	1.34	2.74	3.00	−0.511
⑪「家庭の事情」（子供の教育や親の介護など）があるから	3.77	1.36	4.00	3.36	1.250

注：5 点法による回答（5＝全くそのとおり，4＝どちらかと言えばそのとおり，3＝どちらとも言えない，2＝どちらかと言えば違う，1＝全く違う）の平均値。
＊：$p < 0.05$。

表 4-7　現地採用日本人の「3 年後の勤務先」に関する希望

項目	全体	標準偏差	男性	女性	t 値
①「当現地法人」に継続して勤務していたい	4.08	1.03	4.22	3.75	1.553
②「他の日系進出企業」に転職したい	2.00	0.99	1.94	2.13	−0.603
③（進出企業でない）「日系の地場企業」に転職したい	1.83	0.90	1.81	1.88	−0.254
④「日系以外の外資系企業」に転職したい	1.87	1.12	1.81	2.00	−0.574
⑤「中国企業」に転職したい	1.65	0.93	1.67	1.63	0.148
⑥「独立開業」（自営業）をしたい	2.04	1.27	2.17	1.75	1.096

注：5 点法による回答（5＝全くそのとおり，4＝どちらかと言えばそのとおり，3＝どちらとも言えない，2＝どちらかと言えば違う，1＝全く違う）の平均値。

点台のものはなく，「独立開業」（2.04）と「他の日系進出企業」（2.00）以外は全て 1 点台であった。この結果を分散分析にかけたところ，「当現地法人に継続勤務」と他の 5 項目の間に 0.1％水準の有意差が認められた。なお，男女別の有意差はなかった。

(4) 現地採用日本人の「職務満足」に関する状況

① 「動機付け要因」と「衛生要因」を巡る状況

第1章で論じたように，先行研究の中には「駐在員との処遇・キャリア機会の格差」や自らの知識・スキルが正当に評価・活用されない“underemployment”などSIEs側の「職務不満足」に言及した文献も散見される（Ben-Ari & Vanessa, 2000；Sakai, 2004；Lee, 2005；中澤ほか, 2008；横田, 2010ab；齋藤, 2011；Doherty & Dickmann, 2012・2013；古沢, 2015・2017）。そこで，ここでは日本人SIEsの「職務満足」に関して考察する。具体的には，まずHerzberg（1966）の「動機付け―衛生」理論の枠組みに基づき，「達成感」「承認」「仕事そのもの」「責任」「昇進」「成長の可能性」「会社の政策と経営」「監督技術」「対人関係」「作業条件」「身分」「個人生活」「職務保障」「給与」の各側面に関して，先に見たSIEs関連の先行研究，及び在外日系進出企業の経営・人的資源管理を巡る代表的研究（安室, 1982・1992；White & Trevor, 1985；吉原, 1989・1996；石田, 1994・1999；白木, 1995・2006；古沢, 2008・2013）の議論を踏まえて28項目を提示し，その各々が自身にどの程度該当するか，5点法で回答してもらった（5＝全くそのとおり，4＝どちらかと言えばそのとおり，3＝どちらとも言えない，2＝どちらかと言えば違う，1＝全く違う）。

全体の平均値が最も高かったのは「中国人社員との人間関係は良好」で4.15に達した（表4-8）。第2位は「日本人駐在員との人間関係は良好」（4.13）が続き，第3位は「日本人駐在員は私の良い行動や成果を賞賛してくれる」（4.02），以下「仕事から達成感・やりがいが得られている」（3.95），「キャリアアップにつながる知識・スキルや経験が得られている」（3.89）の順となった。一方，否定的側面に関する9項目（逆転項目）はいずれも平均値が3点未満で，最高でも「中国人社員が日本人の考え方や日本のマナー・ビジネス慣行を理解してくれない」の2.77に留まった。

属性別の分析については，本項目は現在の自身の職務を取り巻く状況を尋ねたものであるゆえ，性別に加えて，職位も回答に影響を与えるかもしれない。そこで，回答者を「男性・下位職」「男性・上位職」「女性・下位職」「女性・

上位職」の4つに分けて分散分析を行った（下位職＝係長レベル以下，上位職＝課長レベル以上)。その結果，「現地採用日本人も実力次第で昇進できる会社と感じる」に0.1％水準，「当現地法人の経営戦略・経営方針に賛同」「現在のポジションに満足」「休暇が取得しやすい」に1％水準，「当現地法人は能力アップのための投資をしてくれている」「中国語能力だけの便利屋として使い捨てにされるように感じる」「日本人駐在員との人間関係は良好」「会社・仕事に束縛されない自由や気楽さがある」に5％水準の有意差が各々検出された。そして，多重比較では「現地採用日本人も実力次第で昇進できる」に関して，平均値が最低の女性・下位職と他の3カテゴリーとの差が有意となった。また,「当現地法人の戦略・方針に賛同」は女性・下位職（平均値最低）と男性・上位職,「現在のポジションに満足」は男性・下位職（平均値最低）と男女の上位職,「休暇が取得しやすい」は男性・上位職（平均値最低）と他の3つの属性,「能力アップのための投資」は女性・下位職（平均値最低）と女性・上位職（平均値最高),「中国語能力だけの便利屋」は男性・上位職と女性・下位職,「日本人駐在員との人間関係」は男性・上位職と女性・下位職（平均値最低),「自由・気楽さ」は男性・上位職（平均値最低）と女性・下位職（平均値最高）の間で有意差が現れた。

最後に,「動機付け要因―衛生要因」間の差異を検証すべく，各々に関わる項目の総平均値を算出し比較したところ，動機付け要因＝3.36，衛生要因＝3.63となり，t検定で0.1％水準の有意差が認められた（「逆転項目」については，5点法による回答の数値を反転（5→1，4→2，2→4，1→5）させた上で分析を行った)。属性別（上記同様の性別×職位の4分類）では，分散分析の結果，動機付け要因に5％水準の有意差が現れ，多重比較において女性・下位職（平均値最低）と男女の上位職の差が有意となった。

表 4-8　現地採用日本人の「職務満足」に関する状況

項目	全体	標準偏差	男性・下位職	男性・上位職	女性・下位職	女性・上位職	F 値
1. 動機付け要因							
(1) 達成感							
①仕事から「達成感」や「やりがい」が得られている	3.95	0.94	4.08	4.13	3.60	4.00	2.416
(2) 承認							
②「日本人駐在員は，私が良い行動を取った際や高い成果を収めた時には「賞賛」してくれる	4.02	0.95	4.04	4.17	3.69	4.33	2.345
(3) 仕事そのもの							
③担当業務は，仕事のやり方や手続きが「文書化・標準化」されており，取り組みやすい	2.52	1.86	2.50	2.48	2.43	2.92	0.701
(4) 責任							
④「責任と権限」が明確である	3.22	1.11	3.17	3.44	2.97	3.15	1.243
(5) 昇進							
⑤現地採用日本人も実力次第で「昇進」できる会社であると感じている	3.44	1.30	3.50	3.71	2.74	4.23	6.489***
(6) 成長の可能性							
⑥キャリアアップにつながる「知識・スキルや経験」が得られている	3.89	1.02	3.96	3.88	3.83	4.00	0.129
⑦当現地法人は「能力アップのための投資」をしてくれている	2.93	1.29	3.08	3.02	2.43	3.62	3.362*
⑧現地採用日本人も実力次第で「駐在員待遇への切り替え」や「日本本社への逆出向・転籍」が可能な会社であると感じている	2.93	1.33	2.96	3.06	2.57	3.38	1.545
2. 衛生要因							
(1) 会社の政策と経営							
⑨当現地法人の「経営戦略や経営方針」に賛同している	3.54	1.02	3.58	3.79	3.06	3.85	4.329**
⑩当現地法人の「人事労務管理」は「モチベーション向上」につながっている	2.82	1.08	2.71	3.02	2.51	3.08	1.867
(2) 監督技術							
☆⑪ 日本人駐在員が「現地採用日本人に対して傲慢（ごうまん）」であると感じている	2.03	1.14	1.88	2.00	2.26	1.75	0.854
☆⑫「中国語能力だけの便利屋」として使い捨てにされるように感じている	1.73	1.01	2.04	1.44	2.03	1.38	3.875*

(3) 対人関係						
⑬「日本人駐在員との人間関係」は良好である	4.13	0.92	4.25	4.28	3.74	4.42	3.150*
⑭「中国人社員との人間関係」は良好である	4.15	0.77	4.13	4.27	4.03	4.08	0.719
☆⑮ 日本人駐在員と中国人社員の「板挟み」で苦しんでいる	2.19	1.20	2.04	2.17	2.20	2.50	0.389
☆⑯ 日本人駐在員が「中国人の考え方や中国のマナー・ビジネス慣行」を理解してくれない	2.41	1.14	2.38	2.34	2.57	2.25	0.371
☆⑰ 中国人社員が「日本人の考え方や日本のマナー・ビジネス慣行」を理解してくれない	2.77	0.98	2.71	2.77	2.74	2.92	0.144
(4) 作業条件							
☆⑱「残業や休日出勤」など労働時間が長い	2.56	1.32	2.54	2.86	2.23	2.38	1.663
☆⑲「サービス残業」が多い	2.43	1.30	2.33	2.80	2.03	2.31	2.576
☆⑳ 社内の「規則が細かく，厳しい」	2.36	1.11	2.33	2.57	2.03	2.46	1.704
㉑勤務するオフィスや工場での「作業環境は良好」である	3.72	1.06	3.50	3.92	3.54	3.85	1.318
(5) 身分							
㉒現在の「ポジション」（役職や等級）に満足している	3.27	1.13	2.71	3.46	3.14	3.92	4.371**
(6) 個人生活							
☆㉓「アフター5の付き合い」が多くて困る	1.83	0.94	1.50	2.04	1.71	2.00	2.174
㉔「仕事とプライベートのバランス」が上手く取れている	3.65	1.01	3.54	3.59	3.77	3.77	0.366
㉕「休暇」が取得しやすい	3.80	1.03	4.04	3.39	4.03	4.31	5.176**
㉖会社・仕事に束縛されない「自由や気楽さ」がある	3.36	0.99	3.25	3.08	3.71	3.69	3.577*
(7) 職務保障							
㉗雇用が「安定」しており，解雇や契約不更新の心配は少ない	3.25	1.13	3.21	3.19	3.23	3.62	0.509
(8) 給与							
㉘「能力や成果に相応しい賃金やボーナス」が支給されている	3.38	1.05	3.38	3.44	3.11	3.85	1.691

注：5点法による回答（5＝全くそのとおり，4＝どちらかと言えばそのとおり，3＝どちらとも言えない，2＝どちらかと言えば違う，1＝全く違う）の平均値。

☆は逆転項目。

***：$p<0.001$，**：$p<0.01$，*：$p<0.05$。

②　日本人 SIEs の「定着志向」の規定要因

本書の第1章でレビューしたように，現地採用本国人に対しては「強い転職志向」という批判的評価も見られる。そこで，「職務満足」を巡る状況と先に見た日本人 SIEs の「3年後の勤務先希望」との関係性を分析してみる。その目的は，日本人 SIEs の当該現地法人への「定着志向」の規定要因を職務満足の観点から探ることにある。具体的な作業としては，まず「3年後も中国に引き続き居住」を希望している回答者を対象として，職務満足に関わる項目を因子分析にかけて整理・集約した（最尤法，プロマックス回転）。なお，「逆転項目」については，先と同様の手続きで5点法による回答の数値を反転させて統計処理した。その結果，表4-9のとおり，4つの因子（固有値＝1以上）が抽出された。第1因子は SIEs の「昇進」や「駐在員待遇への切り替え，本社への逆出向・転籍」の可能性，当現地法人による「能力アップのための投資」，さらには「駐在員からの賞賛」や「能力・成果に相応しい賃金の支給」等が中心であることから，『キャリアアップの可能性と成果の認知』（$\alpha=0.853$）と命名した。第2因子は「仕事とプライベートのバランス」「（サービス）残業や休日出勤」「自由・気楽さ」「休暇の取得」から成るので，『ワーク・ライフ・バランスと自由・気楽さ』（$\alpha=0.806$）と呼ぶこととする。そして，第3因子は「日本人駐在員及び中国人社員との関係」や「駐在員の SIEs への態度」に関連した事項ゆえ，『良好な対人関係』（$\alpha=0.849$）とした。最後に，第4因子は「仕事からの達成感」と「中国語能力だけの便利屋使い」で構成されているため，『仕事のやりがい』（$\alpha=0.790$）と名付けたい。

次に，日本人 SIEs の当該現地法人への「定着志向」を従属変数とした重回帰分析を行った。定着志向は，表4-7に示した「当現地法人に継続して勤務していたい」のスコアから「他の希望（他の日系進出企業・日系地場企業・日系以外の外資系企業・中国企業・独立開業の各項目）」の平均値を引いた数値で操作化した。一方，独立変数は職務満足に関わる4つの因子を用いた。また，コントロール変数として，業種・性別・年齢・職位を各々ダミー変数化した（業種：製造業＝0，非製造業＝1，性別：男性＝0，女性＝1，年齢：30代以下＝0，40代以上＝1，職位：係長レベル以下＝0，課長レベル以上＝1）。

その結果，「キャリアアップの可能性と成果の認知」が0.1％水準，「良好な

表 4-9　現地採用日本人の「職務満足」の因子分析

項目	因子 1	因子 2	因子 3	因子 4	h2
⑤現地採用日本人も実力次第で「昇進」できる会社であると感じている	0.879	0.113	−0.102	−0.098	0.721
㉘「能力や成果に相応しい賃金やボーナス」が支給されている	0.767	0.045	0.072	−0.108	0.590
⑧現地採用日本人も実力次第で「駐在員待遇への切り替え」や「日本本社への逆出向・転籍」が可能な会社であると感じている	0.741	−0.141	0.106	−0.094	0.493
⑦当現地法人は「能力アップのための投資」をしてくれている	0.624	0.160	0.078	0.274	0.827
④「責任と権限」が明確である	0.572	−0.149	−0.074	0.072	0.301
②「日本人駐在員は，私が良い行動を取った際や高い成果を収めた時には「賞賛」してくれる	0.571	−0.106	0.001	0.166	0.400
㉔「仕事とプライベートのバランス」が上手く取れている	−0.067	0.876	−0.056	0.057	0.717
☆⑱「残業や休日出勤」など労働時間が長い	0.114	0.775	−0.019	−0.121	0.617
☆⑲「サービス残業」が多い	0.116	0.743	−0.002	0.051	0.657
㉖会社・仕事に束縛されない「自由や気楽さ」がある	−0.104	0.687	−0.058	−0.062	0.394
㉕「休暇」が取得しやすい	−0.204	0.447	0.136	0.016	0.225
⑬「日本人駐在員との人間関係」は良好である	0.026	−0.114	1.005	−0.010	0.936
⑭「中国人社員との人間関係」は良好である	0.072	−0.039	0.891	−0.055	0.772
☆⑪日本人駐在員が「現地採用日本人に対して傲慢（ごうまん)」であると感じている	−0.133	0.308	0.597	0.098	0.604
①仕事から「達成感」や「やりがい」が得られている	0.016	−0.123	−0.074	1.053	0.999
☆⑫「中国語能力だけの便利屋」として使い捨てにされるように感じている	−0.032	0.126	0.121	0.615	0.517
固有値	5.745	2.464	1.794	1.022	
寄与率（%）	36.0	15.4	11.2	6.4	

注：因子抽出法：最尤法，回転法：プロマックス回転（回転後の数値)。
　　☆は逆転項目。

表 4-10　現地採用日本人の「定着志向」の規定要因（重回帰分析）

	定着志向
1. 独立変数	
・キャリアアップの可能性と成果の認知（因子）	0.464***
・ワーク・ライフ・バランスと自由・気楽さ（因子）	−0.127
・良好な対人関係（因子）	0.379**
・仕事のやりがい（因子）	0.116
2. コントロール変数	
・業種ダミー（製造業＝0，非製造業＝1）	−0.011
・性別ダミー（男性＝0，女性＝1）	0.100
・年齢ダミー（30 代以下＝0，40 代以上＝1）	0.048
・職位ダミー（係長レベル以下＝0，課長レベル以上＝1）	0.098
R^2	0.563
F 値	6.934***

注：数値は標準偏回帰係数。
　　***：p＜0.001，**：p＜0.01。

対人関係」が 1％水準で当該現地法人への定着志向を規定していることが分かった（表 4-10）。なお，決定係数の F 値は 0.1％水準で有意であったことから，本モデルはデータに適合していると言える。また，VIF のスコアは全て 2.00 未満で，多重共線性に関わる懸念もないと考えられる。

4.　主な発見事実と含意

まず，リサーチクエスチョン①として掲げた「現地採用日本人のバウンダリー・スパナーとしての可能性」について考える。本調査では，在中国日系進出企業の日本人 SIEs は，日本人駐在員に比して，中国での長い生活・就労経験を持つとともに，中国への留学経験者も多く，高い中国語能力を保有している様子が明らかとなった。一方で，日本人 SIEs の大半が日本で正社員としての就労経験を有し，その平均勤務年数が 10 年以上に達すること（日本企業のビジネス慣行等を内面化しているであろうこと）が示された。こうした中，本調査結果に，第1章でレビューした「ホスト国での滞在期間は言語能力と正の相関関係を有し，言語能力が異文化適応にプラスに作用する」という知見（Selmer, 2006）を重ね合わせると，彼（彼女）らは日中両国の「言語」と「文化」を内面化した「バウンダリー・スパナー」としての可能性を秘めた人材集団である旨が示されたと言えよう。

次に，リサーチクエスチョン②の「キャリア」に関する状況である。中国への移動理由は，先行研究が論じたように拡散的ではあるが，キャリアアップにつながる知識・スキル・経験の獲得や中国語能力の活用，異文化体験といった項目が上位を占め，結婚・出産の圧力の回避や日本企業の年功序列・男女の役割分担・男女差別に対する嫌悪を挙げた者は非常に少数となるなど，「積極的動機」が支配的である様子が窺えた。他方，日本人SIEsの中で中国での転職を経験した者が6割強に及ぶこと，3年後の中国在住希望者の比率が43.0％に留まることから，そのキャリアタイプが組織と国境を越えて移動する「組織横断的キャリア」の様相を呈していると解釈することは可能と思われる。しかし，その一方で，中国在住希望者の現勤務先に対する「定着志向」が高いことも注目に値しよう。なお，中国での職歴を巡っては，“localized professionals”（Suutari & Brewster, 2000：本書第1章）の代表格と考えられる「元駐在員」が男性に多いことなど，男女間の差異が確認できた。

最後に，リサーチクエスチョン③の「職務満足」に関しては，全体としての回答は概ね肯定的で，「中国語能力だけの便利屋使い」のような否定的側面に関わる事項のスコアは相対的に高くなかった。但し，性別・職位による違いも観察できた。例えば，男性・上位職は勤務先の「戦略・方針に賛同」し，「実力次第で昇進可能」と感じる一方，「休暇」「自由・気楽さ」「サービス残業」に対する不満が他者と比べて大きいと思われる。他方，女性・下位職については「実力次第で昇進可能」「戦略・方針に賛同」「能力アップのための会社からの投資」「日本人駐在員との関係」の数値は相対的に低いが，「自由・気楽さ」を謳歌しているようで，「サービス残業」への不満も小さかった。なお，「動機付け要因」と「衛生要因」の各々の項目の総平均値を比べると，後者が前者を0.1％水準の有意差を持って上回った。この事実は，在中国日系進出企業の日本人SIEsへの人的資源管理においては，「不満足要因」よりも「満足要因」への対処の面で改革の余地があることを物語っているように思える。そして，重回帰分析では「キャリアアップの可能性と成果の認知」及び「良好な対人関係」がSIEsの当該現地法人への「定着志向」に有意なプラスの影響力を持つことが分かった。すなわち，現地採用日本人に実力主義人事（駐在員待遇への切り替えや本社への逆出向・転籍も含む）や能力開発を通してキャリアアップの可能性を実感させると同時に，その仕事成果に対して金銭的・非金銭的に報いること，さらには駐在員・中国人従業員との良好な人間関係を構築することが定着率向上につながると言えよう。このうち，「SIEsのキャリアアップ」にはAEsとSIEsの身分的格差を解消した人事制度の構築が求められるであろうこと，また「良好な対人関係」は相互の信頼関係がベースになると思われることを考え合わせると，今回の調査結果は，古沢（2008）及びFurusawa, Brewster, & Takashina（2016）が訴えた国際人的資源管理における「制度的統合」（グローバルに統合された人事制度）と「規範的統合」（経営理念・価値観のグローバルな共有化）の重要性がSIEsに対しても妥当する可能性を指し示しているのかもしれない（この点については，次章で検証したい）[4]。

5. おわりに

本章では，在中国日系進出企業に勤務する日本人SIEsへのアンケート調査に基づき，彼（彼女）らの「バウンダリー・スパナー」としての可能性，「キャリア」や「職務満足」に関わる状況を論じた。統計分析の結果，SIEsは従来型の駐在員（AEs）と比べ，中国での長い在住・就労経験を持ち，中国への留学経験者が多く，中国語能力にも優れていることから，「バウンダリー・スパナー」としての可能性を有した人材集団である様子が明らかとなった。また，日本人SIEsの中国への「移動理由」に関しては，「積極的動機」が支配的であった。そして，彼（彼女）らの「キャリアタイプ」は「組織横断的キャリア」の様相を呈する一方，3年後も中国への在住を希望する者については，現勤務先への「定着志向」が高いことが分かった。他方，「職務満足」の面では，全体としての回答は概ね肯定的だったが，今後日本企業には「動機付け要因」

に関して改革の余地がある状況が窺えた。加えて，属性間（性別・職位別）の差異も観察できた。さらに，「キャリアアップの可能性と成果の認知」及び「良好な対人関係」がSIEsの「定着率向上」に資することが示唆されたと考えられる。

注

1　Tung & Lazarova (2006) の所説に従えば，元中国籍のSIEsは“ex-host country nationals”（EHCNs：元現地人）であると言えよう。また，Briscoe & Schuler (2004) は，彼（彼女）らを“returnees”（海外に長期間在住した後，母国へ帰還して就労している人材。移住先で帰化した者も含む）と呼んでいる。

2　本文で述べたように，当該項目は給与水準（賃金・ボーナス）について尋ねているので，「日本人駐在員と基本的に同じ」が必ずしも「駐在員待遇」を意味するものではないと思われる。

3　但し，今回の調査では「入社前の当社グループとの関係」を複数回答可で尋ねているので，「日本の本社または子会社の社員」であった者が全てintra-SIEsであると断定できない点に留意する必要があろう。例えば，一旦当社グループを離れ，他社等での勤務を経て，何かの縁でSIEsとして当社グループに復帰した可能性も考えられる（こうした人々はintra-SIEsと呼べまい）。一方，本文の⑤「中国での職歴」で報告しているように，「日本の本社または子会社の社員→当現地法人の駐在員→当現地法人のSIEs」という異動パターンを辿ることもありうるが，その場合はintra-SIEsと捉えてよいであろう。なお，中澤・由井・神谷 (2012) では，日本企業におけるintra-SIEsの事例として，旅行会社や航空会社，ホテル企業などが，グループ内企業の従業員に対して現地採用ポストを公募していることが述べられている。

4　但し，定着志向の高い人材が，当該企業にとって「有為な人材」であるとは必ずしも言えないかもしれない。この点については，別途議論したい。

第5章
現地採用日本人の「バウンダリー・スパニング機能」の規定要因に関する実証分析

1. はじめに

本書で論じてきたように，多国籍企業の海外子会社に勤務する現地採用本国人にはホスト国と本国の文化を架橋する「バウンダリー・スパナー」としての役割が期待される（Harzing, Köster, & Magner, 2011）。こうした中，第4章の実証研究では，在中国日系進出企業に勤務する日本人SIEsは，日本人駐在員と比べ，中国での長い在住・就労経験を有し，中国への留学経験者が多く，中国語能力にも優れることから，「バウンダリー・スパナー」としての可能性を秘めた人材集団である様子が明らかとなった。その一方で，前章における分析結果は，SIEsの職務満足や定着率を高めるには，人的資源管理施策が重要であることを示唆するものであった。

そこで，本章では，現地採用日本人の「バウンダリー・スパナーとしての役割遂行」（バウンダリー・スパニング機能：boundary-spanning functions）に影響を与える諸要因について，「個人的要因」（中国語能力や中国文化への精通）と「組織的要因」（人的資源管理）の両面から考察したい。具体的には，先行研究及び本書のこれまでの議論を受けて，SIEsのバウンダリー・スパニング機能を規定する概念モデル（仮説）を構築するとともに，在中国日系進出企業に対するアンケート調査のデータ（本書第3章）を用いてその有効性を統計的に検証し，分析結果からのインプリケーションを提示する。

2. 仮説の提示

(1)「バウンダリー・スパナー」の共通要件は「複数の言語」と「複数の文化」の内面化

既述のとおり，多国籍企業の海外子会社は，ホスト国のコンテクストに埋め込まれると同時に，当該企業のグローバルなネットワークの一員でもある。こうした「二重の埋め込み」(dual embeddedness) は，企業内に地理的・文化的・言語的な「境界」を作り上げる (Schotter et al., 2017)。そして，境界は「分裂と一体感」の源泉となり，"'us and them' mentality"（「我々とあの人たち」というメンタリティ）をもたらす。かような状況下，多国籍企業が「多国籍性」(multinationality) からの果実を得るには，境界（「本国人駐在員―現地人社員」間や「本社―現地法人」間などの異文化インターフェイス）のマネジメントが肝要であり，そこに「バウンダリー・スパナー」の存在意義があると言えよう (Kogut, 1990；林, 1994；馬越, 2011；Barner-Rasmussen et al., 2014；Schotter et al., 2017)。

先行研究の知見を総括すると，多国籍企業におけるバウンダリー・スパナーの共通要件は「複数の言語」と「複数の文化」の内面化にあると考えられる (林, 1985・1994；Brannen & Thomas, 2010；Hong, 2010；Fitzsimmons, Miska, & Stahl, 2011；古沢, 2013；Barner-Rasmussen et al., 2014)。例えば，Barner-Rasmussen et al. (2014) は，言語と文化が多国籍企業内の摩擦の主たる原因とされることを踏まえ (Brannen, 2004)，言語的・文化的スキルがバウンダリー・スパナーの役割遂行にプラスの影響を与えることを実証している。こうした中，Harzing, Köster, & Magner (2011) は，多国籍企業の海外子会社に勤務する現地採用の本国人社員 (SIEs) が，ホスト国の言語と文化への精通を通して，理想的なバウンダリー・スパナーになりうると主張する。実際，Okamoto & Teo (2012) による在オーストラリア日系進出企業の研究では，日本とオーストラリア双方での在住・勤務経験を有し，両国の文化に通じた日本人 SIEs が“cultural mediators”となって日本人駐在員とローカル社員のコミュニケーションをアシストしている様子が述べられている。

そこで，我々は下記のとおり仮説 1 を提示する。

・仮説 1 :「中国語能力」と「中国文化への精通」は，日本人 SIEs のバウンダリー・スパナーとしての役割遂行（バウンダリー・スパニング機能）に資する。

(2)「グローバル・マインドセット」の重要性

上で述べたように，複数の言語能力と複数の文化スキーマの内面化は，バウンダリー・スパナーとしての必要条件であると思われる（林, 1985・1994；Brannen & Thomas, 2010；Hong, 2010；Fitzsimmons, Miska, & Stahl, 2011；Barner-Rasmussen et al., 2014）。しかしながら，バイリンガルでバイカルチュラルな人材が全て等しくバウンダリー・スパニング機能を遂行しうるとは限らない（Schotter et al., 2017：p.413）。なぜならば，多国籍企業の経営は，文化的多様性や「現地適応 vs. グローバル統合」といった二元的圧力に起因する複雑性と矛盾に満ちており，多様なグループからの多彩で時に反駁する要求に架橋することはチャレンジングでストレスフルなタスクであるからである（Kane & Levina, 2017）。例えば，本国人 SIEs は，彼（彼女）ら自身の本国とホスト国への「二重の埋め込み」によって，「役割葛藤」(role conflict) を経験するかもしれない（Vora, Kostova, & Roth, 2007）。そうした中，今日の多国籍企業の競争優位の源泉と考えられる「現地適応とグローバル統合の両立」を図るには，その多くが失敗したと言われる「マトリックス組織」に象徴されるような組織の「マクロ構造」ではなく，個々の従業員の「心の中のマトリックス」(matrix in mind)，すなわち「グローバル・マインドセット」(global mindset) が重要な鍵になると考えられる（Bartlett & Ghoshal, 1989・1995）[1]。

グローバル・マインドセットは，「多国籍企業が直面する多様で複雑な圧力を統合し，グローバルな相互依存性を理解する能力」(Kedia & Mukherji, 1999)，「現地適応とグローバル統合に同時にフォーカスし，その高度な両立を可能にする能力」(Gupta & Govindarajan, 2002)，さらには「他を犠牲に1つの次元（ディメンション）を主張するのでなく，反駁するプライオリティに建設的に対処する一連の態度」(Evans, Pucik, & Barsoux, 2002) などと定義されるが，本書では，これらの定義を統合し，「全体最適（グローバル最適）の視点で思考・行動する能力」と捉えることとする[2]。

グローバル・マインドセットとバウンダリー・スパニング機能の関係性について，Levy et al. (2007) は，高レベルのグローバル・マインドセットを有する人材が境界に架橋できることを示唆している。同様に，Vora, Kostova, & Roth (2007) は，「組織への二重の一体感」(dual organization identification) という概念からこの問題にアプローチし，本社と子会社の双方に高度な一体感を有する子会社マネジャーが，バウンダリー・スパナーとしての役割を果たしうる旨を述べている。

以上の議論を踏まえ，次のとおり仮説2を構築する。

・仮説2:「グローバル・マインドセット」は，日本人SIEsのバウンダリー・スパナーとしての役割遂行（バウンダリー・スパニング機能）に資する。

(3)「信頼関係」と「グローバルなキャリア機会」が「グローバル・マインドセット」に資する

しかし，グローバル・マインドセットは，個人に先天的に備わっている資質ではない (Pucik, 1997)。この点について，「ローカル vs. グローバル」のパラドックスに対処するための「連邦主義」(federalism) を提唱した Handy (1992) は，ローカルへの帰属意識については多くの補強を必要としないが，「より大きな全体」に対する「連邦市民意識」(federal citizenship)，すなわちグローバル・マインドセットの開発には，従業員に「より大きな全体」の存在を想起させるための施策が必要であることを述べている。従って，海外子会社の「ローカルスタッフ」として処遇されている SIEs がバウンダリー・スパナーとしての機能を果たすためには，グローバル・マインドセットの涵養を促進する組織的コンテクスト，つまりは人的資源管理施策が求められることになろう（Kane & Levina, 2017;Schotter et al., 2017）。

そこで，本書では，SIEsが全体最適の視点で思考・行動するために求められる組織的コンテクストとして，次の2点を提示する。第1は「信頼関係」の構築である。信頼はソーシャル・キャピタル（social capital）の関係的次元の中核となるもので，ソーシャル・キャピタルはグローバル・マインドセットの主要な構成要素の1つとされる（Coleman, 1988;Javidan & Teagarden, 2011;Wilson, 2013）。そして，信頼は，不確実性を減少させ，協力関係と開放的なコミュニケーションを促進するので，SIEsが全体最適の視点から境界に架橋しようとする際の水平的調整メカニズムとして機能することが期待できる（Gillespie & Mann, 2004;Comfort & Franklin, 2011）。同様に，林（1985・1994）は，「第三文化体」（バウンダリー・スパナー）の必要条件として，複数の言語能力と複数の文化の内面化に加えて，「信頼関係」の重要性を訴え，関係する2つの文化（あるいは少なくとも一方の文化）のメンバーから信頼するにたる参加者としての「正当性」（legitimacy）を獲得しなければならないと述べている[3]。すなわち，信頼関係がなければ，SIEsは情報・知識や価値観の「文化的翻訳」を行い，全体最適の視点で両グループ間の相互理解を手助けできないということである。

グローバル・マインドセットを養成するためのもう1つのコンテクストは，「グローバルなキャリア機会」である。海外勤務は，視野を拡大し，多様性を理解する機会を与える（Evans, Picik, & Barsoux, 2002）。また，現地採用本国人へのグローバルなキャリア機会の提示は，SIEsの頭の中から「AEs中心の人的資源管理」というイメージを払拭するであろう（Evans, Picik, & Barsoux, 2002;Furusawa & Brewster, 2019）。逆に言えば，キャリア機会が限定的な状況では，SIEsがグローバル・マインドセットを育むチャンスも動機も生じることはなく，現地採用者としての彼（彼女）らの忠誠心は必然的にローカルの方向へ傾くということである（Evans, Pucik, & Barsoux, 2002;古沢, 2008）。事実，先述したように，駐在員との身分的格差ゆえにキャリア機会が限定的となるなど，SIEsが自らの知識・スキルが正当に評価・活用されない“underemployment”の状態に陥り，そうした状況がグローバル・マインドセットを含めた仕事態度にネガティブな影響を与える危険性を論じた研究も見られる（Lee, 2005；Peltokorpi & Froese, 2012；Doherty & Dickmann, 2012・2013）。

これらのことから，次のとおり仮説3が導かれる。

・仮説3：「信頼関係」と「グローバルなキャリア機会」は，日本人SIEsのグローバル・マインドセットの涵養に資する。

（4）人的資源管理における「規範的統合」と「制度的統合」

Furusawa, Brewster, & Takashina（2016）は，日本の多国籍企業に対する実証研究を行い，「規範的統合」「制度的統合」に向けた人的資源管理施策が各々「信頼関係」「グローバルなキャリア機会」に有意なプラスの影響力を持つことを明らかにしている。

規範的統合とは，自社の経営理念のグローバルな浸透を通して，「国境を越えた社会化」を図ることである（古沢, 2008；Furusawa, Brewster, & Takashina, 2016）。グローバルに共有化された経営理念は，「心理的接着剤」として，多国籍企業内の様々な背景を有する人々を結び付け，信頼関係を強化すると考えられる（Evans, Pucik, & Björkman, 2010）[4]。

規範的統合を図るための施策としては，例えば採用・教育・評価との連動が挙げられる。具体的には，採用面接等において応募者と自社の経営理念との適合性（経営理念を受容する可能性）を採否の判断材料とすること，入社後の教育で経営理念研修を行うこと，経営理念の体現度を人事評価の項目に組み入れることなどである（古沢, 2008）。また，経営理念を象徴するイベントの開催，経営理念の浸透状況をチェックするための風土調査の実施，海外勤務，グローバルなプロジェクトチームへの参加，本社の経営幹部とのコミュニケーションの機会なども国境を越えた社会化のプロセスを促進すると言われる（Galbraith & Edström, 1976；Edström & Galbraith, 1977；Deal & Kennedy, 1982；Harzing, 1999；古沢, 2008；Mäkelä & Brewster, 2009；Evans, Pucik, & Björkman, 2010；Fang et al., 2010；Yagi & Kleinberg, 2011 など）。

他方，制度的統合はグローバルに統合された人事制度を指す（古沢, 2008；Furusawa, Brewster, & Takashina, 2016）。多国籍企業が国内企業に対して有する本質的優位性は，「世界中の有能人材の利用可能性」にある（Vernon, 1971）。こうした「ジオセントリック」（geocentric：Perlmutter, 1969；Heenan & Perlmutter, 1979）あるいは「トランスナショナル」（transnational：Bartlett & Ghoshal, 1989･1995）な経営を実現するには，世界中に分散する有能人材を統一的に管理するシステムを構築しなければならない。そして，制度的統合による人的資源管理施策の統一性・一貫性は，グローバルな社内労働市場の形成を促進し，国籍や勤務地に関係なく人材が登用される状態を現出させるであろう。また，制度的統合がもたらす開かれたキャリア機会は，有能人材の採用・定着・活性化に結びつくことが期待される（Farndale, Brewster, & Poutsma, 2008；古沢, 2008）。

制度的統合に向けた施策には，等級・評価・賃金制度の共通化，グローバル統一のコンピテンシーモデル・リーダーシップモデルの提示，グローバルな人事データベースの構築，グローバルなタレントマネジメントやサクセッションプランに代表されるハイポテンシャル人材をグローバルに発掘・育成する仕組み及び彼（彼女）らに対するキャリアパスの明示，さらにはグローバルな社内公募制度などが含まれる（花田, 1988；Stroh & Caligiuri, 1998；石田, 1999；古沢, 2008；McDonnel & Collings, 2011；Al Ariss, 2014 など）。

上記議論から，仮説 4 及び仮説 5 を立てたい。

・仮説 4：「規範的統合」に向けた施策は，日本人 SIEs と日本人駐在員・中国人社員・日本本社との信頼関係構築に資する。
・仮説 5：「制度的統合」に向けた施策は，日本人 SIEs に対するグローバルなキャリア機会の拡充に資する。

以上，仮説 1～5 を踏まえ，図 5-1 のとおり本研究の分析のフレームワーク（概念モデル）を提示する。

図5-1　分析のフレームワーク（概念モデル）

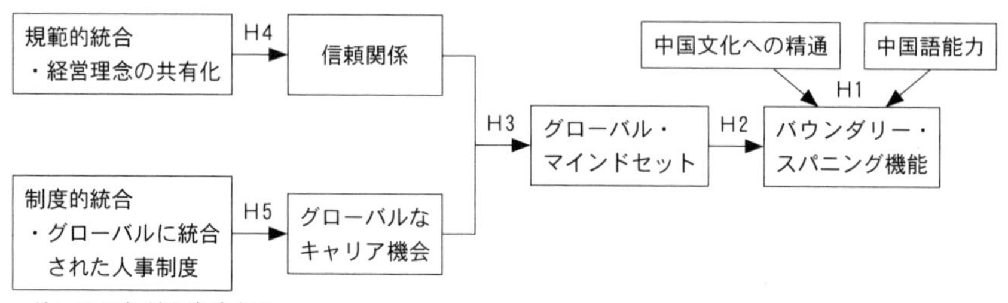

注：Hは仮説を意味する。

3.　調査結果と分析

(1)　記述統計[5]

①　現地採用日本人の「中国語能力」

ここでは，現地採用日本人を雇用している企業に，自社の日本人SIEs（個々人）の中国語能力を「話す」「読む」「書く」の3側面から5点法で評価してもらった（5＝問題なくできる，4＝まあまあできる，3＝少しできる，2＝殆どできない，1＝全くできない）。なお，SIEsを4名以上雇用している場合は，回答者の負担を考慮し，職位が高い順に（同一職位の場合は勤務年数が長い順に）3名を選んで回答いただいた（n＝91：回答企業が雇用する全SIEsの56.9％をカバー）。

結果は表5-1のとおりである。日本人SIEsの中国語能力は「話す」「読む」で平均値が4.00を超えた。また，これをアンケートの回答者である日本人駐

表5-1　現地採用日本人の「中国語能力」（日本人駐在員との比較）

	現地採用日本人（SIEs）	日本人駐在員（AEs）	t値
①話す	4.07	3.18	5.677***
②読む	4.10	3.27	5.612***
③書く	3.71	2.94	4.732***

注：5点法による回答（5＝問題なくできる，4＝まあまあできる，3＝少しできる，2＝殆どできない，1＝全くできない）の平均値。
***：$p<0.001$。

在員の中国語能力（自己申告による回答）と比較すると，3 側面ともに SIEs が大きく上回ることが分かった（t 検定では，いずれも 0.1％水準の有意差を検出）[6]。

②　現地採用日本人の「中国文化への精通」「グローバル・マインドセット」「バウンダリー・スパニング機能」

これら項目についても，上記中国語能力と同様の方法で，日本人駐在員に自社の日本人 SIEs（個々人）を評価していただいた。評価尺度は 5 点法を用いた（5＝全くそのとおり，4＝どちらかと言えばそのとおり，3＝どちらとも言えない，2＝どちらかと言えば違う，1＝全く違う。以下，同様）。

まず，中国文化への精通については，「日本人駐在員の仕事面での中国への異文化適応をサポートしている」「日本人駐在員の生活面での中国への異文化適応をサポートしている」の 2 項目で操作化した。5 点法による回答の平均値は，各々 2.68，2.44 であった（表 5-2）[7]。業種別では，t 検定で「仕事面で

表 5-2　現地採用日本人の「中国文化への精通」「グローバル・マインドセット」及び「バウンダリー・スパニング機能」

項目	全体	標準偏差	製造業	非製造業	t 値
1. 中国文化への精通					
①日本人駐在員の「仕事面での中国への異文化適応」をサポートしている	2.68	1.29	2.36	3.00	−2.448*
②日本人駐在員の「生活面での中国への異文化適応」をサポートしている	2.44	1.21	2.24	2.64	−1.582
2. グローバル・マインドセット					
①本社のグローバル戦略を踏まえた全体最適の視点で思考・行動している	3.11	1.09	3.22	3.00	0.972
3. バウンダリー・スパニング機能					
①「日本人駐在員と中国人社員」の橋渡し役として貢献している	3.33	1.25	3.00	3.65	−2.560*
②「中国現地法人と日本本社」の橋渡し役として貢献している	3.03	1.37	2.84	3.22	−1.303

注：5 点法による回答（5＝全くそのとおり，4＝どちらかと言えばそのとおり，3＝どちらとも言えない，2＝どちらかと言えば違う，1＝全く違う）の平均値。
＊：$p<0.05$。

の異文化適応をサポート」に5%水準の有意差が検出された（製造業＜非製造業）。

次に，「グローバル・マインドセット」に関しては，「本社のグローバル戦略を踏まえた全体最適の視点で思考・行動しているか」を質問したところ，平均値は3.11となった（業種間の有意差はなし）。

最後に，SIEsの「バウンダリー・スパナーとしての働き」（バウンダリー・スパニング機能）を探るべく，海外子会社が内包する異文化インターフェイスの中で人的資源管理施策との関連性が大きいと思われる2項目に絞って尋ねた。具体的には「日本人駐在員と中国人社員の橋渡し」及び「中国現地法人と日本本社の橋渡し」である。回答の平均値は，前者が3.33，後者は3.03であった。業種別の比較では，t検定で「日本人駐在員と中国人社員の橋渡し」に5%水準の有意差が認められ，非製造業の数値が製造業を上回った。

③「信頼関係」と「グローバルなキャリア機会」を巡る状況

「信頼関係」については，各企業の日本人駐在員に自社のSIEs個々人の状況を5点法で評価するよう求めた。提示した3項目のうち，「日本人駐在員との信頼関係」の平均値が最も高く（4.24），「中国人社員との信頼関係」が3.98

表5-3　現地採用日本人の「信頼関係」と「グローバルなキャリア機会」を巡る状況

項目	全体	標準偏差	製造業	非製造業	t値
1. 信頼関係					
①「日本人駐在員との信頼関係」を構築している	4.24	0.74	4.04	4.43	-2.612*
②「中国人社員との信頼関係」を構築している	3.98	0.73	3.98	3.98	-0.003
③「日本本社との信頼関係」を構築している	3.45	1.15	3.42	3.48	-0.232
2. グローバルなキャリア機会					
①「日本本社への転籍・駐在員待遇への転換」が頻繁に発生している	1.86	1.06	1.82	1.90	-0.270
②「日本本社への逆出向」が頻繁に発生している	1.57	0.79	1.64	1.48	0.727
③「他の海外子会社（中国内を含む）への異動」が頻繁に発生している	1.61	0.89	1.50	1.76	-1.025

注：5点法による回答（5＝全くそのとおり，4＝どちらかと言えばそのとおり，3＝どちらとも言えない，2＝どちらかと言えば違う，1＝全く違う）の平均値。
＊：$p<0.05$。

で続いた（表5-3）。また，「日本本社との信頼関係」も3.45と決して低くなかった[8]。なお，業種別に見ると，t検定で「駐在員との信頼関係」に5％水準の有意差が現れた（製造業＜非製造業）。

他方，「グローバルなキャリア機会」に関しては，各社にSIEsの「日本本社への転籍・駐在員待遇への転換」「日本本社への逆出向」「他の海外子会社（中国内を含む）への異動」が頻繁に発生しているかを5点法で尋ねた。結果は，3項目ともに平均値が1点台に留まった（業種間の有意差はなし）。

④「規範的統合」と「制度的統合」に向けた施策の実施状況

ここでは，各社の「規範的統合」と「制度的統合」に関わる施策の実施状況を5点法で質問した。具体的には，本章第2節での議論やFurusawa, Brewster, & Takashina（2016）の論考，さらにはSIEs関連の諸研究を踏まえ，各々8項目を提示し，5点法で回答してもらった。

まず，規範的統合に関して，最も平均値が高かったのは「本社幹部の訪中時に現地採用日本人を同席させる」（3.65）で，第2位は「経営理念を象徴する表彰プログラムや社内イベントがある」（3.51），第3位は「日本人SIEsの採用に際しては，経営理念との適合性（経営理念を受容する可能性）を判断材料とする」（3.37）となった（表5-4）。業種別で比較すると，t検定において「表彰・社内イベント」にのみ1％水準で有意差が検出された（製造業＞非製造業）。

一方，制度的統合については，平均値が2.50を超えた項目はなく，最高でも「有能な日本人SIEsを本社に登録し，将来の経営幹部として育成・活用しようとするプログラムや仕組みがある」の2.35であった（表5-5）。「グローバルな社内公募制度」や全世界で統一された「賃金制度」「評価制度」「等級制度」は全て1点台であった。なお，業種間では，t検定で「全世界統一のコンピテンシーモデル・リーダーシップモデル」に5％水準の有意差が認められた（製造業＞非製造業）。

表 5-4 「規範的統合」に向けた施策の実施状況

項目	全体	標準偏差	製造業	非製造業	t 値
①経営理念を象徴する「表彰プログラム」や「社内イベント」がある	3.51	1.16	4.00	2.86	3.637**
②日本人の現地採用に際しては，経営理念との「適合性」（経営理念を「受容」する可能性）を判断材料とするよう方針化している	3.37	1.13	3.54	3.14	1.209
③現地採用日本人に対して「経営理念に関する研修」を実施している	3.14	1.28	3.39	2.81	1.611
④現地採用日本人に対する人事評価では「経営理念の体現度」（経営理念に基づく思考・行動）を評価指標に組み込むよう方針化している	3.02	1.13	3.00	3.05	−0.145
⑤現地採用日本人を「日本へ出張」させ，「本社のキーマンと接する機会」を与えている	3.18	1.25	3.46	2.81	1.856
⑥「本社の経営幹部の訪中時」には「現地採用日本人を同席」させるようにしている	3.65	1.20	3.68	3.62	0.170
⑦定期的な「従業員満足度調査や風土調査」を通して，現地採用日本人への経営理念の浸透度をチェックしている	2.41	1.19	2.32	2.52	−0.586
⑧「本社への逆出向や国境を越えたプロジェクトへの参画」を通して，現地採用日本人に経営理念を体得させている	2.35	1.18	2.50	2.14	1.047

注：5点法による回答（5＝全くそのとおり，4＝どちらかと言えばそのとおり，3＝どちらとも言えない，2＝どちらかと言えば違う，1＝全く違う）の平均値。

**：$p<0.01$。

表 5-5 「制度的統合」に向けた施策の実施状況

項目	全体	標準偏差	製造業	非製造業	t 値
①有能な現地採用日本人を「日本本社に登録し，将来の経営幹部候補として育成・活用」しようとするプログラムや仕組みがある（「サクセッションプラン」や「タレントマネジメント」など）	2.35	1.28	2.36	2.33	0.064
②有能な現地採用日本人に対しては「キャリアパス」が明示されている	2.33	1.09	2.43	2.19	0.755
③「現地採用日本人の人事情報」（人事評価の結果等）を「日本本社と共有化」している	2.12	1.27	1.86	2.48	-1.725
④現地採用日本人も応募できるグローバルな「社内公募制度」がある	1.49	0.82	1.50	1.48	0.100
⑤「賃金制度」は全世界で統一されている	1.38	0.73	1.46	1.25	0.999
⑥「人事評価制度」は全世界で統一されている	1.61	0.89	1.64	1.57	0.279
⑦社員の「等級制度」（職務等級制度や職能資格制度）は全世界で統一されている	1.57	0.87	1.57	1.57	0.000
⑧全世界統一の「コンピテンシーモデル」や「リーダーシップモデル」がある	2.02	1.23	2.36	1.57	2.304*

注：5 点法による回答（5＝全くそのとおり，4＝どちらかと言えばそのとおり，3＝どちらとも言えない，2＝どちらかと言えば違う，1＝全く違う）の平均値。
＊：$p<0.05$。

(2) 仮説の検証

仮説 1 と仮説 2 の検証（重回帰分析）に当たっては，「中国語能力」（3 側面の平均値による合成変数：$\alpha=0.959$），「中国文化への精通」（2 項目の平均値による合成変数：$\alpha=0.904$），及び「グローバル・マインドセット」を独立変数，「業種」（製造業＝0，非製造業＝1），「出資形態」（完全所有＝0，合弁＝1），「性別」（男性＝0，女性＝1），「職位」（係長レベル以下＝0，課長レベル以上＝1）をコントロール変数として投入した（コントロール変数は仮説 3~5 についても同じ)。従属変数は，記述統計で示した SIEs の「バウンダリー・スパニング機能」に関わる 2 項目である[9]。

分析の結果，コントロール変数の中では「出資形態」と「性別」が「中国現地法人と日本本社の橋渡し」に有意であった。独立変数については，「中国語能力」と「中国文化への精通」が「日本人駐在員と中国人社員の橋渡し」にいずれも0.1%水準で有意なプラスの影響力を有することが明らかとなった（表5-6）。その一方で，両独立変数とも「中国現地法人と日本本社の橋渡し」に対しては有意でなかった。よって，仮説1は部分的に支持されたと言える。

他方，「グローバル・マインドセット」は，2つの従属変数の双方を有意に規定することが分かった。従って，仮説2は支持されたと考えられよう。

次に，仮説3～5の検証に際しては，最初に「規範的統合」「制度的統合」「信頼関係」「グローバルなキャリア機会」の各々に関して，記述統計で示した項目を因子分析にかけて整理・集約する作業を行った（最尤法，プロマックス回転）。分析の結果，規範的統合については，2つの因子（固有値=1以上）が抽出され，第1因子は「採用・教育・評価」「表彰・イベント」「風土調査」を通して経営理念の浸透を図る施策が中心であることから，『人事サイクルアプローチ』（$\alpha=0.829$），第2因子は「本社幹部の訪中時の同席」と「日本出張による本社キーマンとの接触」で構成されているので，『本社幹部との交流アプローチ』（$\alpha=0.714$）と命名した（表5-7）。同様に，制度的統合に

表5-6　現地採用日本人の「バウンダリー・スパニング機能」の規定要因（重回帰分析）

	「日本人駐在員と中国人社員」の橋渡し	「中国現地法人と日本本社」の橋渡し
1. 独立変数		
・中国語能力	0.352***	-0.013
・中国文化への精通	0.458***	0.089
・グローバル・マインドセット	0.169*	0.482***
2. コントロール変数		
・業種ダミー（製造業=0，非製造業=1）	0.108	0.016
・出資形態ダミー（完全所有=0，合弁=1）	0.166	0.207*
・性別ダミー（男性=0，女性=1）	0.088	0.284**
・職位ダミー（係長レベル以下=0，課長レベル以上=1）	0.059	-0.023
R^2	0.615	0.435
F値	18.003***	8.705***

注：数値は標準偏回帰係数。
　　***：p＜0.001，**：p＜0.01，*：p＜0.05。

表 5-7 「規範的統合」に向けた施策の因子分析

項目	因子 1	因子 2	h2
③現地採用日本人に対して「経営理念に関する研修」を実施している	0.828	−0.120	0.673
②日本人の現地採用に際しては，経営理念との「適合性」（経営理念を「受容」する可能性）を判断材料とするよう方針化している	0.752	0.057	0.580
①経営理念を象徴する「表彰プログラム」や「社内イベント」がある	0.749	−0.067	0.551
④現地採用日本人に対する人事評価では「経営理念の体現度」（経営理念に基づく思考・行動）を評価指標に組み込むよう方針化している	0.692	0.083	0.502
⑦定期的な「従業員満足度調査や風土調査」を通して，現地採用日本人への経営理念の浸透度をチェックしている	0.494	0.109	0.270
⑥「本社の経営幹部の訪中時」には「現地採用日本人を同席」させるようにしている	−0.102	0.806	0.637
⑤現地採用日本人を「日本へ出張」させ，「本社のキーマンと接する機会」を与えている	0.158	0.695	0.538
固有値	3.086	1.529	
寄与率（%）	44.1	21.8	

注：因子抽出法：最尤法，回転法：プロマックス回転（回転後の数値）。

関しても，2つの因子（固有値＝1以上）が抽出され，第1因子は「評価・賃金・等級制度」のグローバル統一化を企図した施策から成るため，『制度共通化アプローチ』（$\alpha=0.835$），第2因子は「サクセッションプラン」や「社内公募」など現地採用日本人のキャリアアップに繋がる施策であるので，『キャリアアップアプローチ』（$\alpha=0.764$）と名付けた（表 5-8）。他方，「信頼関係」と「グローバルなキャリア機会」は各々1つの因子に集約され，前者については『ソーシャル・キャピタル（social capital）』（$\alpha=0.711$），後者は『ジオセントリック・スタッフィング（geocentric staffing）』（$\alpha=0.569$）と呼ぶこととした。

では，仮説の検証に移ろう。まず仮説3については，「信頼関係」「グローバルなキャリア機会」と「グローバル・マインドセット」の関係性を分析した。その結果，コントロール変数のうち，「業種」「出資形態」「職位」が有意となった。独立変数に関しては，「ソーシャル・キャピタル」（信頼関係に関わる3項目の平均値による合成変数）及び「ジオセントリック・スタッフィング」（グローバルなキャリア機会の3項目の平均値による合成変数）がともに「グ

表 5-8 「制度的統合」に向けた施策の因子分析

項目	因子 1	因子 2	h2
⑥「人事評価制度」は全世界で統一されている	0.937	0.039	0.887
⑤「賃金制度」は全世界で統一されている	0.736	−0.074	0.534
⑦社員の「等級制度」（職務等級制度や職能資格制度）は全世界で統一されている	0.720	0.057	0.531
①有能な現地採用日本人を「日本本社に登録し，将来の経営幹部候補として育成・活用」しようとするプログラムや仕組みがある（「サクセッションプラン」や「タレントマネジメント」など）	−0.084	0.881	0.767
②有能な現地採用日本人に対しては「キャリアパス」が明示されている	0.029	0.732	0.542
④現地採用日本人も応募できるグローバルな「社内公募制度」がある	0.080	0.570	0.342
固有値	2.422	1.913	
寄与率（%）	40.4	31.9	

注：因子抽出法：最尤法，回転法：プロマックス回転（回転後の数値）。

表 5-9 現地採用日本人の「グローバル・マインドセット」の規定要因（重回帰分析）

	グローバル・マインドセット
1. 独立変数	
・ソーシャル・キャピタル（social capital）（因子）	0.587***
・ジオセントリック・スタッフィング（geocentric staffing）（因子）	0.276**
2. コントロール変数	
・業種ダミー（製造業＝0，非製造業＝1）	−0.330***
・出資形態ダミー（完全所有＝0，合弁＝1）	0.275**
・性別ダミー（男性＝0，女性＝1）	−0.002
・職位ダミー（係長レベル以下＝0，課長レベル以上＝1）	0.215*
R^2	0.528
F 値	14.899***

注：数値は標準偏回帰係数。
***：$p<0.001$，**：$p<0.01$，*：$p<0.05$。

ローバル・マインドセット」に0.1％水準・1％水準で正の影響力を持つ様子が示された（表 5-9）。ゆえに，仮説 3 は支持されたと思われる。

続いて仮説 4 の「規範的統合」と「信頼関係」の因果関係を検証する。コントロール変数の中では「性別」のみ有意であった。独立変数については，規範的統合の第1因子である「人事サイクルアプローチ」が「日本人駐在員との信頼関係」「中国人社員との信頼関係」に，第2因子の「本社幹部との交流アプローチ」が「日本本社との信頼関係」にいずれも5%水準で有意であることが分かった（表5-10）。そして，両アプローチともに信頼関係の合成変数である「ソーシャル・キャピタル」にプラスの影響力（5%水準）を有することが明らかとなった。以上の結果は，仮説4を支持するものである。

最後に，仮説5の「制度的統合」と「グローバルなキャリア機会」の関係を見てみよう。コントロール変数は「業種」が「他の海外子会社への異動」に対して有意となった。また，制度的統合の第1因子である「制度共通化アプローチ」が「他の海外子会社への異動」に，第2因子の「キャリアアップアプローチ」が「日本本社への転籍・駐在員待遇への転換」「日本本社への逆出向」にいずれも0.1%水準で有意であることが示された（表5-11）。そして，両アプローチは，グローバルなキャリア機会の合成変数である「ジオセントリック・

表5-10 「規範的統合」と「信頼関係」の関係性（重回帰分析）

	(a)「日本人駐在員」との信頼関係	(b)「中国人社員」との信頼関係	(c)「日本本社」との信頼関係	ソーシャル・キャピタル（＝a＋b＋c）
1. 独立変数				
〈規範的統合〉（因子） ・人事サイクルアプローチ	0.211*	0.216*	0.095	0.204*
・本社幹部との交流アプローチ	0.126	0.125	0.271*	0.239*
2. コントロール変数				
・業種ダミー（製造業＝0，非製造業＝1）	0.205	−0.054	−0.069	0.016
・出資形態ダミー（完全所有＝0，合弁＝1）	0.114	−0.069	0.099	0.072
・性別ダミー（男性＝0，女性＝1）	0.239*	0.403**	0.339**	0.414***
・職位ダミー（係長レベル以下＝0，課長レベル以上＝1）	0.134	0.052	−0.046	0.041
R^2	0.186	0.242	0.171	0.251
F値	3.044*	4.247**	2.742*	4.467**

注：数値は標準偏回帰係数。
***：$p<0.001$，**：$p<0.01$，*：$p<0.05$。

表 5-11 「制度的統合」と「グローバルなキャリア機会」の関係性（重回帰分析）

	(a) 日本本社への転籍・駐在員待遇への転換	(b) 日本本社への逆出向	(c) 他の海外子会社（中国内を含む）への異動	ジオセントリック・スタッフィング（＝a＋b＋c）
1. 独立変数				
〈制度的統合〉（因子） ・制度共通化アプローチ	0.170	0.097	0.516***	0.379***
・キャリアアップアプローチ	0.505***	0.466***	0.129	0.510***
2. コントロール変数				
・業種ダミー（製造業＝0，非製造業＝1）	0.187	0.003	0.231*	0.212*
・出資形態ダミー（完全所有＝0，合弁＝1）	−0.064	−0.157	0.034	−0.078
・性別ダミー（男性＝0，女性＝1）	−0.192	0.032	0.158	−0.010
・職位ダミー（係長レベル以下＝0，課長レベル以上＝1）	0.015	0.106	0.111	0.104
R^2	0.259	0.297	0.361	0.412
F 値	4.667***	5.645***	7.547***	9.680***

注：数値は標準偏回帰係数。
　　***：$p<0.001$，*：$p<0.05$。

スタッフィング」に対しても 0.1％水準で有意であった。つまり，仮説５は支持されたと考えられよう。

なお，本章で実施した重回帰分析においては，決定係数の F 値はいずれも 0.1％水準で有意であったことから，モデルはデータに適合していると考えられる。また，VIF は全て 2.00 未満となり，多重共線性に関わる懸念もないものと思われる。

4. 主な発見事実と含意

本節では，分析結果からの主な発見事実を整理するとともに，インプリケーションを提示する。まず，記述統計に関しては，在中国日系進出企業に勤務する現地採用日本人の「中国語能力」が日本人駐在員のそれを大きく上回ることを改めて確認した。また，「規範的統合・信頼関係」に関わる項目に比べ，「制度的統合・グローバルなキャリア機会」のスコアは総じて低かった。一方，重回帰分析では，「規範的統合」「制度的統合」に向けた施策が各々「信頼関係」（ソーシャル・キャピタル）と「グローバルなキャリア機会」（ジオセントリック・スタッフィング）にプラスの影響力を有することが明らかとなった。さらに，「ソーシャル・キャピタル」と「ジオセントリック・スタッフィング」が日本人 SIEs の「グローバル・マインドセット」の涵養に資する様子が観察された。そして，「中国語能力」と「中国文化への精通」，さらには「グローバル・マインドセット」が SIEs の「バウンダリー・スパナー」としての働きを促進することが分かった。

次に，本調査からのインプリケーションとして，次の 3 点を挙げたい。

第 1 は「中国語能力」と「中国文化への精通」が，日本人 SIEs の「日本人駐在員と中国人社員の間のバウンダリー・スパニング機能」にプラスの影響力を有するということである。すなわち，第 2 章で論じたように，在中国日系進出企業が現地人社員と日本人駐在員の双方に対する人的資源管理において困難に直面する中，AEs に比して中国語能力に優れ，中国での長い在住・就労経験を有する SIEs は，「駐在員 vs. 現地人」という二分法を超克した新たな人材オプションになりうると考えられる。

第 2 は「規範的統合」に関して，採用・教育・評価等のプロセスと連動させた経営理念の浸透・共有化が「日本人 SIEs と日本人駐在員及び中国人社員との信頼関係」構築に資する一方，SIEs と本社幹部のフェイス・トゥー・フェイスの交流は「本社との信頼関係」強化につながるという点である。つまりは，自社の経営理念を浸透させるための人的資源管理面での仕組みを持つと同時に，本社幹部が訪中した際の会議・会合に SIEs を同席させたり，SIEs に本社出張の機会を与えることがソーシャル・キャピタルとしての信頼関係を育むと思われる。

第 3 は「グローバルなキャリア機会」に関わるものである。日本企業の国際人的資源管理に関しては，これまで海外子会社の現地人社員の国際人事異動が非常に少ない様子が指摘されてきたが（古沢，2005ab・2008），今回の調査では，日本人 SIEs についても国境を越えたキャリア機会が限定的である旨が示された。かような状況下,「グローバルなキャリア機会」がSIEsの「グローバル・マインドセット」を促進する要因であり,「グローバル・マインドセット」が「バウンダリー・スパニング機能」にプラスの影響力を有することを想起すると,今後日本企業には等級・評価・賃金制度のグローバル共通化のほか,サクセッションプランやグローバルな社内公募制度といった施策を通して「制度的統合」に注力し,有能なSIEsに国境を越えたキャリア機会を付与することが求められると言えよう。

5. おわりに

本章では,先行研究の理論・知見を統合し,SIEsの「バウンダリー・スパニング機能」を規定する概念モデルを構築し,その有効性を在中国日系進出企業に対するアンケート調査に基づいて検証した。

我々の研究の特徴は,現地採用日本人のバウンダリー・スパニング機能を促進する要因として,言語や文化に関わるスキルといった「個人的要因」に加え,SIEsに対する「人的資源管理」(組織的要因)の重要性を論じた点にあると考える。統計分析の結果,個人的要因として提示した「中国語能力」と「中国文化への精通」が日本人SIEsのバウンダリー・スパナーとしての働き(日本人駐在員と中国人社員の橋渡し)に関係していることが分かった。他方,人的資源管理面では「グローバル・マインドセット」の涵養に資する組織的コンテクストの醸成が求められる旨が明らかになった。すなわち,「規範的統合」と「制度的統合」に関わる人的資源管理施策を通して,SIEsと日本人駐在員・中国人社員・日本本社との「信頼関係」を育むとともに,SIEsに対して本社転籍や駐在員待遇への転換・逆出向・他の海外子会社への異動といった「グローバルなキャリア機会」を提示することが肝要と言えよう。

付表 5-1　基本統計量及び相関行列

	平均値	標準偏差	1	2	3	4	5	6	7	8	9	10	11	12	13	14	15
1．業種（製造業＝0，非製造業＝1）	0.51	0.503	—														
2．出資形態（完全所有＝0，合弁＝1）	0.18	0.383	0.399^{***}	—													
3．性別（男性＝0，女性＝1）	0.31	0.464	0.278^{**}	-0.058	—												
4．職位（係長レベル以下＝0，課長レベル以上＝1）	0.62	0.489	-0.104	-0.169	-0.354^{**}	—											
5．グローバル・マインドセット	3.11	1.090	-0.103	0.033	0.086	0.268^{*}	—										
6．中国語能力	4.06	1.084	0.044	-0.268^{*}	0.293^{**}	-0.038	-0.025	—									
7．中国文化への精通	2.57	1.188	0.223^{*}	-0.038	0.386^{***}	-0.051	0.209^{*}	0.329^{**}	—								
8．日本人駐在員と中国人社員の橋渡し	3.33	1.248	0.263^{*}	0.110	0.360^{***}	-0.027	0.243^{*}	0.450^{***}	0.671^{***}	—							
9．中国現地法人と日本本社の橋渡し	3.03	1.370	0.137	0.201	0.333^{**}	0.003	0.548^{***}	0.071	0.282^{**}	0.423^{***}	—						
10．ソーシャル・キャピタル	3.89	0.696	0.108	-0.066	0.370^{***}	0.038	0.597^{***}	0.260^{*}	0.334^{**}	0.422^{***}	0.560^{***}	—					
11．ジオセントリック・スタッフィング	1.72	0.653	0.123	-0.081	0.131	0.109	0.210^{*}	0.065	0.275^{**}	0.356^{**}	0.159	0.026	—				
12．人事サイクルアプローチ	3.16	0.834	-0.121	-0.129	0.058	0.105	0.206	0.112	0.165	0.232^{*}	0.029	0.150	0.246^{*}	—			
13．本社幹部との交流アプローチ	3.32	0.944	-0.185	-0.329^{**}	-0.078	0.345^{**}	0.262^{*}	0.013	0.169	0.168	0.185	0.168	0.276^{**}	0.035	—		
14．制度共通化アプローチ	1.51	0.721	0.018	0.088	-0.197	0.267^{*}	0.310^{**}	0.038	-0.182	0.034	0.107	0.145	0.266^{*}	0.109	0.092	—	
15．キャリアアップアプローチ	2.11	0.860	-0.040	-0.226^{*}	0.381^{***}	-0.113	0.173	0.353^{**}	0.538^{***}	0.526^{***}	0.258^{*}	0.172	0.493^{***}	0.214^{*}	0.258^{*}	-0.148	—

***：$p<0.001$，**：$p<0.01$，*：$p<0.05$。

注

1　Evans（1992）においては，「マトリックス・マインドセット」（matrix mindset）という表現が用いられている。

2　先行研究は，グローバル・マインドセットに関する2つの相補的な視点を提示している（Evans, Pucik, & Barsoux, 2002; Arora et al., 2004；Scullion & Collings, 2006；Evans, Pucik, & Björkman, 2010；Harzing & Pinnington, 2014）。第1は「文化的あるいは心理的視点」と呼ばれるもので，グローバル・マインドセットを文化的多様性を受容する能力と捉える。第2は「戦略的視点」で，現地適応とグローバル統合のような相対立する戦略的課題を両立させる能力を指す。しかし，グローバル・マインドセットの詳細や測定尺度については，必ずしも統一的な見解が提示されているとは言えない。そのため，本書では，代表的な定義を総括する形でグローバル・マインドセットを捉えた次第である。なお，Furusawa & Brewster（2019）では，"dual allegiance"（二重の忠誠心）という言葉を用いている。

3　林（1985）は，双方のメンバーからの信頼を受けている者を「超第三文化体」と命名している。

4　換言すると，規範的統合とは，多国籍企業が内包する多様な「国民文化」を尊重しつつ，経営理念のグローバルな共有化を通して，グローバルな「企業文化」（コア文化）を構築するプロセスに他ならない（古沢, 2008）。

5　基本統計量及び相関行列は，本章末尾の付表5-1をご参照。

6　本章では，仮説の検証に向けて，日系進出企業に対するアンケート調査のデータセットに基づく分析を行っている。そのため，「現地採用日本人」の中国語能力に関するデータも，日本人駐在員が自社のSIEs社員を個別に評価したものを使った。前章で見た日本人SIEs本人調査の結果（SIEsの自己評価による回答）とは若干数値が異なるが，「話す」「読む」「書く」の3側面ともにSIEsのスコアがAEsを大きく上回り，いずれについても0.1%水準の有意差が検出されたことに変わりはない。

7　「中国文化への精通」に関しては，より適切な質問項目が提示できたかもしれないが，本調査の目的は，記述統計としての精通度の測定ではなく，概念モデル（仮説）の検証（因果関係の検証）にあるので，本文のような操作化で大きな問題はないものと考える。

8　「信頼関係」に関わるデータは，第3章の「日本人SIEsの働きぶり」の中で示したものと同一である。

9　重回帰分析は，欠損値のあるサンプルを除外して行った（n＝87）。

第6章

現地採用日本人の「雇用」と「バウンダリー・スパニング機能」に関するヒアリング調査報告

—M-GTA（Modified Grounded Theory Approach）による分析—

1. はじめに

第6章では，筆者が実施した訪中ヒアリング調査の分析を通して，アンケート調査で得られた知見の背後に存在する諸要因を探り，研究のトライアンギュレーション（triangulation）を図りたい。

具体的には，現地採用日本人の「雇用」と「バウンダリー・スパニング機能」を巡る状況を掘り下げて考察すべく，在中国日系進出企業及びそこに勤務する現地採用日本人社員に対するヒアリング調査を行い，その結果を「修正版グラウンデッド・セオリー・アプローチ」（Modified Grounded Theory Approach：M-GTA）を用いて分析することとする。

2. 調査概要とリサーチクエスチョン

本ヒアリングも，筆者の科学研究費調査（2016～2019年度）の一環として，延べ4回にわたり訪中して実施したものである。調査対象はアンケートと同じく，上海市及び江蘇省に所在する日系進出企業の日本人駐在員及び現地採用の日本人社員である。具体的には，原則的にアンケート調査の回答者の中から，企業の業種・出資形態，SIEsの場合は職位・担当業務・年齢・性別等のバランスを勘案して，駐在員＝16名・現地採用者＝14名（製造業＝15名・非製造業＝15名）をヒアリング先として選定した[1]。

調査方法は，セミ・ストラクチャード・インタビュー方式で，1人当たり1〜2時間のヒアリングを実施した。ヒアリングの内容は，インタビューイーの了解のもと録音し，全ての発言のテープ起こし文を作成した。なお，研究成果の発表に際しては，企業名・個人名を一切公表しない旨を確約した（上記でインフォーマントのプロフィールを一部項目に留めているのはそのためである）。

リサーチクエスチョンは次の3点である。

①日本人SIEsの「雇用を促進する要因」，及びSIEsの活用を巡る「否定的側面」。

②日本人SIEsの「人的資源としての魅力」と「バウンダリー・スパニング機能」，及びSIEsが直面する「苦悩」。

③SIEsのバウンダリー・スパニング機能を促進する「グローバル・マインドセット」の涵養に向けた「人的資源管理施策」（規範的統合と制度的統合に関わる施策）。

3.「修正版グラウンデッド・セオリー・アプローチ」（M-GTA）の活用

(1)“M-GTA”とは

修正版グラウンデッド・セオリー・アプローチ（Modified Grounded Theory Approach：M-GTA）とは，1960年代に社会学者のBarney G. GlaserとAnselm L. Straussによって開発された質的調査のための分析手法である“Grounded Theory Approach”（GTA）を，木下（2003・2007・2009・2016）が再編成し，研究方法として体系化したものである[2]。GTAとの重要な差異は，コーディングに際してデータの切片化を行わず，分析テーマ（リサーチクエスチョン）に照らして，その文脈性を重視しつつ解釈する点にある（木下, 2007）。

M-GTAは，質的研究に広く活用され，人間と人間の社会的相互作用に関わる研究，特に教育などヒューマンサービス分野に適するとされる（木下，2003)。従って，我々は，SIEsの雇用とバウンダリー・スパニング機能という「人的資源管理施策とその成果」(ヒトとヒトとの相互作用) を取り扱う本調査の分析手法として，M-GTA が適当と判断した次第である。

(2) 分析の手続き

木下 (2003·2007·2009·2016) に示されたM-GTA の手続きに従い，以下のとおり分析作業を進めた。

まず，インタビューイーから寄せられた情報・見解を全て記録したテープ起こし文の中で，本研究のリサーチクエスチョンに関連する箇所に着目し，それを「ヴァリエーション」(具体例) と位置付けた上で，類似の具体例を包括的に説明しうる「概念」を生成した。M-GTA では，「概念生成」がいわゆるコーディングに相当し，分析の最小単位となるものである。そして，各概念の命名と定義付けを行った。概念抽出 (コーディング) に際しては，恣意的な解釈を防止すべく，類似例のみならず，対極例の存在の有無もチェックしつつ作業を遂行した (これをM-GTA では「継続的比較分析」と呼ぶ)。また，各概念の詳細を，概念名・定義・具体例 (ヴァリエーション) と理論的メモで構成される「分析ワークシート」に記述していった。「理論的メモ」欄は，我々の解釈の思考プロセスを記録するためのもので，他の解釈案や推測できる対極例とその確認結果などを記載した (「分析ワークシート」の例は表 6-1 ご参照)。

上記のプロセスに関しては，リサーチクエスチョンに照らして，情報量・具体例が豊富と思われるデータから分析に着手し，順次他のデータへと移行するという方法で進めていった。M-GTA では，目安として 10～20 のサンプルがあれば，結果をまとめることが可能 (木下, 2003) とされているが，今回の研究では，15 番目のサンプルの分析段階で，あらゆる解釈の可能性を吟味しても新たな概念が生成される見込みがなくなったことから，「理論的飽和化」(木下, 2003) に達したと判断し，追加のヒアリング調査の実施は不要 (30 人のインフォーマントによるデータで分析が可能) との認識に至った。

次に，概念の中で相互の関連が強いと思われるものを「サブカテゴリー」，

表 6-1　分析ワークシート（例）

概念名	阿吽の呼吸を求めるのは困難
定義	HCNs（日本語人材を含む）に「阿吽の呼吸」による対応を求めるのは困難である。
ヴァリエーション（具体例）	・中国人の日本語人材に先を読んだ動きや阿吽の呼吸を求めることは難しく，一を聞いて十を知る対応を期待してはならない（AE）。 ・AEs は「仕事は教わるものでなく，上司の背中を見て育ってほしい」と考えているが，HCNs は「明確に指示してほしい，研修してほしい」と感じている（SIE）。 ・AEs が要求しているレベルを阿吽の呼吸で読み取り，察して対応するのは HCNs には難しい（SIE）。 ※他 5 例。
理論的メモ	〈具体例の解釈に関するメモ〉 ・日本語人材であっても，中国人に阿吽の呼吸を求めるのは難しく，日中間のコミュニケーション・ギャップが存在するようである。 〈他の解釈案や推測できる対極例〉 ・インフォーマントの発言の中で，日中間のコミュニケーション・ギャップを全く感じていない様子は看取されたか？ →なし。但し，最近の HCNs の成長を指摘する声はいくつかあった。例えば，「よく気が付く者も増えてきた」「中国人も豊かになり，考え方が日本人に近づきつつある」といった言説に現れている。 ⇒本概念と対極的な別概念の生成を検討していく必要があると思われる。 ⇒分析を続けた結果，対極的な概念として『HCNs の成長』を生成。 〈その他〉 ・インフォーマントの中で，AEs と SIEs の立場の違いゆえに，見解が大きく異なることはあったか？ →なし。従って，今回のリサーチクエスチョンに関しては，両者の立場の相違に留意する必要性は大きくないと思われる。但し，各ヴァリエーションが AE と SIE のいずれの発言によるものかを記しておくこととする。

サブカテゴリーの中で互いに関係性があるものを「カテゴリー」として集約し，各々に命名した。但し，独自性が強い概念は，他と統合させず，サブカテゴリーとしても概念と同じ呼称を使用した。同様に，独自性が強いサブカテゴリーはカテゴリーにおいても同一の名称とした。そして，各概念・サブカテゴリー・カテゴリーの関わりを「結果図」にまとめ，その概要を「ストーリーライン」として文章化した。この結果図とストーリーラインが，M-GTA を用いた分析のアウトプットとなるものである[3]。

4. 調査結果と分析

M-GTA の手続きに従って分析した結果，47 の概念，23 のサブカテゴリー，8 つのカテゴリーが生成された。ここでは，各カテゴリーの関係性を「結果図」（図 6-1）に取りまとめるとともに，そのポイントを「ストーリーライン」として述べる。なお，カテゴリーは〔　〕，サブカテゴリーは〈　〉，概念は『　』で表記している（各概念の定義については，後掲の表 6-2「概念リスト」ご参照）[4]。

(1)「結果図」の提示

8 つのカテゴリーの関係性を結果図として提示する（図 6-1）。

(2) ストーリーライン

① SIEs を「雇用する背景」（AEs を巡る問題，HCNs の限界，日系顧客への対応の必要性）

M-GTA による分析の結果，在中国日系進出企業における SIEs の雇用の背景に存在する要因は，［AEs（日本人駐在員）を巡る問題］［HCNs（中国人社員）の限界］［日系顧客への対応の必要性（日系顧客の要求）］に大別できることが分かった。

まず，［AEs を巡る問題］としては，中国語が『難解な言語』であること，AEs が必ずしも『中国のプロでない』こと，そして，AEs の中には『中国に対する先入観や偏見』を持つ者もいることから，〈中国語・中国文化への適応が困難〉となる可能性がある。また，『AEs の高い人件費』や『少ない中国赴任希望者』『中国事業の拡大に駐在員供給が追い付かない』といった事態を受けて，〈駐在員削減の圧力〉が高まっているようだ。他方，『駐在員の交代（ローテーション）に伴う引き継ぎロス』や『赴任後の異文化適応までの空白

図 6-1　在中国日系進出企業における SIEs の「雇用」と「バウンダリー・スパニング機能」を巡る状況（結果図）

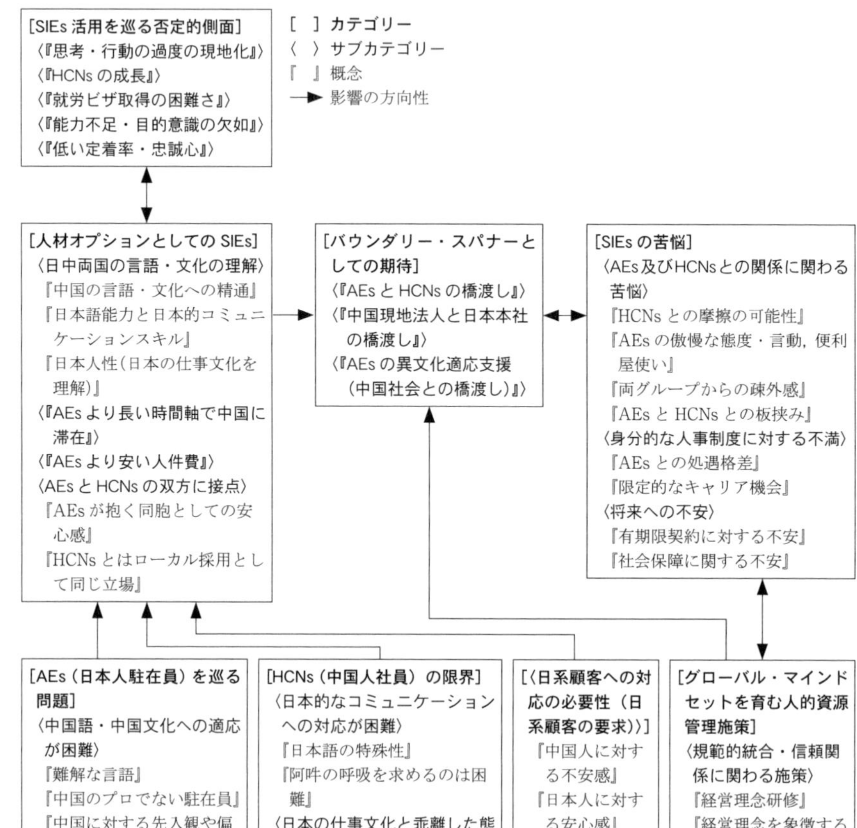

期間』が発生する中，現地法人の〈継続的な経営体制の維持が困難〉となる危険性もある。

これら［AE を巡る問題］に関しては，インフォーマントから下記のような具体例（ヴァリエーション）が述べられた（概念ごとに例示する。以下，同様)。

『難解な言語』

・*中国語は特殊な言語なので，AEs が短期間でマスターするのは困難である(AE)。*
・*AEs は総じて実務能力は高いが，中国語は難解ゆえ，習得に時間を要する(SIE)。*

『中国のプロでない駐在員』

・*AEs は中国のプロとしてではなく，人材育成の一環で多様な経験を積むために派遣されるケースが多い（AE)。*
・*米国への赴任は TOEIC が高得点であることが求められるが，中国駐在は中国語ができなくても構わない（SIE)。*
・*中国語が堪能な AEs の方が望ましいが，それに拘ると駐在員が足りなくなる（AE)。*

『中国に対する先入観や偏見』

・*AEs の中には，中国に対し先入観のある者，良い所を見ようとしない者，否定的に考える者もいる（SIE)。*
・*元々中国が嫌いな AEs や長年駐在しても中国を好きになれない AEs もいる(SIE)。*

『AEs の高い人件費』

・*わが社が属する業界は構造的な変化に直面しており，AEs は高人件費であるため今後 2 年間で人員を半数にし，コスト削減を図ろうとしている(AE)。*

・*中国の景気減速や大気汚染のため，高コストであるAEsを削減しつつある（SIE）。*

『少ない中国赴任希望者』

・*中国駐在を希望する人が少なく，赴任者を探すのが大変である（AE）。*

・*欧米や東南アジアには喜んで駐在するが，中国は環境問題，反日感情，中国語の壁等があって赴任先として不人気である（AE）。*

『中国事業拡大に駐在員供給が追い付かない』

・*中国事業の戦線拡大にヒトの面での補給が追い付かず，AEsの交代要員が足りない（AE）。*

・*中国事業は拡大しているが，本社としては他の国・地域をテコ入れしたいようで，中国へ駐在員を回してくれない（AE）。*

『駐在員の交代（ローテーション）に伴う引き継ぎロス』

・*駐在員は人材育成の観点からローテーションさせる必要があり，それに伴う引き継ぎロスが生じる（AE）。*

・*SIEsを雇用する理由の1つは，駐在員交代によるロスを防ぎ，現地法人の継続的な経営体制を維持することである（AE）。*

『赴任後の異文化適応までの空白期間』

・*新任のAEsが着任すると，中国の状況を理解するまで現地法人の経営に空白期間が生じてしまう（AE）。*

・*仕事以前の問題として，AEsは赴任後半年くらいの間は語学学校に通うなど中国社会への適応に苦労する（AE）。*

次に，［HCNsの限界］については，『日本語の特殊性』のほか，中国人に『阿吽の呼吸を求めるのは困難』であるため，中国人の日本語人材であっても，〈日本的なコミュニケーションへの対応が困難〉な様子が窺える。また，インフォーマントからは，日本人との比較を念頭に，『木目細かさ・細部に拘る仕事のやり方を理解しない』『ルールや時間の厳守，躾・規律・マナーに関わる問題』『残業をしない』『協調性のなさ（チームワークが苦手）』『自分の非を認めない，謝らない』『帰属意識が希薄（低い忠誠心・強い転職志向）』など，〈日本の仕事文化と乖離した態度・行動〉が観察される旨が語られた。これらの中には，第2章で論じた日本人駐在員が中国人従業員に対して感じている「情動摩擦」と重なり合う部分も多いように見受けられる。

［HCNsの限界］に関わるインタビューイーの発言は以下のとおりである。

『日本語の特殊性』

・*日本語は曖昧な言語ゆえ，外国人がニュアンスを理解するのは困難である(SIE)。*
・*中国人の日本語人材の場合，言葉は通訳できても，細かいニュアンスが伝わらない時がある（AE)。*
・*日本語の行間を読み取ることや「て・に・を・は」を使いこなすことは難しく，中国人の日本語人材には限界がある（AE)。*

『阿吽の呼吸を求めるのは困難』

・*中国人の日本語人材に先を読んだ動きや阿吽の呼吸を求めることは難しく，一を聞いて十を知る対応を期待してはならない（AE)。*
・*AEsは「仕事は教わるものでなく，上司の背中を見て育ってほしい」と考えているが，HCNsは「明確に指示してほしい，研修してほしい」と感じている（SIE)。*
・*AEsが要求しているレベルを阿吽の呼吸で読み取り，察して対応するのはHCNsには難しい（SIE)。*

『木目細かさ・細部に拘る仕事のやり方を理解しない』

・*AEsがHCNsに対して感じる物足りなさは，木目細かさやかゆい所に手が届く対応力に欠けることである（AE)。*
・*HCNsはスピード・効率重視で無駄を省きたがる。失敗してもよいので，まずはやってみて，その後で調整していくというメンタリティが支配的なよう*

である（AE）。

・日本人は細部に拘り，完璧主義であるが，中国人はドライである。そのため，HCNsの中には日系企業は会議が多すぎると感じている者も多い（AE）。

『ルールや時間の厳守，躾・規律・マナーに関わる問題』

・国民性の違いからか，日本語人材であっても，日本人に比べると法令や社内ルールに対する意識が希薄なので，ガバナンスを効かせる必要がある（AE）。

・時間の厳守やルールの順守，躾・モラルという点でHCNsと日本人の間には差があり，HCNsに対しては基本的な事柄から注意していかなければならない（AE）。

・HCNsは遅刻をしても平然としており，罰金等のペナルティがなければ改善しない（SIE）。

『残業をしない』

・中国人の日本語人材も定時に帰る。定時10分前から着替えや荷物の整理が始まる。日本人としては，如何なものかと思うが，それも1つの仕事文化なので，状況を変えることは難しい（SIE）。

・AEsはHCNsに対して，仕事がまだあるのになぜ帰るのかという不満を抱いている。また，HCNsはAEsから作成を指示された書類を終業時間直前に提出してそのまま退社するので，AEsは当惑する（SIE）。

『協調性のなさ（チームワークが苦手）』

・HCNsは自分が指示された仕事以外はしない。隣の席の電話に出ることもないし，他人の仕事を手伝うこともない（AE）。

・中国人の組織は，自分の評価者である直属上司の指示には従うが，他部署からの依頼にはなかなか対応しないなど縦割りが強いように思える（AE）。

・中国の運動会では個人競技が中心であるという。そうした中，会社組織において，従業員の力を結集させることは難しい（AE）。

『自分の非を認めない，謝らない』

・*HCNsは基本的には謝らず，ミスに対して言い訳をする。日本ではトラブルが発生した際，まずは謝るが，中国人にとって自分の非を認めることは重大なことである（SIE）。*

・*他人の仕事には関与せず，他人を直接批判することもないが，自身が責められると反発する（AE）。*

『帰属意識が希薄（低い忠誠心・強い転職志向）』

・*現代中国は終身雇用でないので，HCNsの帰属意識は日本人より低い。就社でなく就職意識が強く，特に若手の中にはドライにコロコロと勤務先を変える人も多い（SIE）。*

・*日本人は会社があってこその自分と考え，勤務先への忠誠心があるが，中国人はスキルが身につけば，さっさと他社へ移ることに抵抗感はない（SIE）。*

さらに，［日系顧客への対応の必要性（日系顧客の要求）］もSIEsの雇用を規定する重要な要因であると考えられる。日系顧客（日系進出企業や日本人）は，上記［HCNsの限界］で論じた日本的コミュニケーションの特性や日中の仕事文化の差異も相俟って，『中国人に対する不安感』（その裏返しである『日本人に対する安心感』）を覚え，日本人社員による対応を要求してくるケースも多いようである。

本カテゴリーを巡るヴァリエーションには次のようなものがあった。

『中国人に対する不安感』

・*日系の顧客は要求が厳しく，木目細かな対応が求められるが，HCNsはそれに耐えられず，対応できない（AE）。*

・*当社のお客様の大半は日本人であるゆえ，HCNsの対応や所作に不安を感じられる方もいる。これを教育で変革していくのは限界がある（AE）。*

・*HCNsは総じて対応がドライで，顧客に対してもあっさり「できない」と言ってしまうので，誠意がないと思われる（SIE）。*

『日本人に対する安心感』

・*日系の顧客から「担当者は日本人にしてほしい」という要求があり，そのとおりにしないと取引ができない（AE）。*

・*日系の顧客は日本人による対応を求め，日本人による木目細かな対応に安心感を覚える（AE）。*

・*トラブルが発生すると，「日本人を出せ」というお客様がいる。その際，中国人の日本語人材と同じことを説明しても，日本人が言うだけで先方は納得する（SIE）。*

②「人材オプション」としてのSIEs

こうした中，新たな［人材オプションとしてのSIEs］に注目が集まるようになる。SIEsはAEsと比べて『中国の言語・文化に精通』している場合が多い。その一方で，ネイティブとしての『日本語能力と日本的コミュニケーションスキル』，勤勉・誠実・時間に正確・協調性といった『日本人性』を有し，日本の仕事文化を理解していると想定される。つまり，〈日中両国の言語・文化の理解〉が人的資源としてのSIEsの魅力である点を改めて確認できたと言えよう。

また，SIEsは〈『AEsより長い時間軸で中国に滞在』〉し，〈『AEsより人件費が安い』〉ことも見逃せない。さらに，SIEsは〈AEsとHCNsの双方に接点〉を持っている。それは，『AEsが抱く同胞としての安心感』と『HCNsとはローカル採用として同じ立場』という点に見られる。

［人材オプションとしてのSIEs］に関する具体例は下記のとおりである。

『中国の言語・文化への精通』

・*当社のSIEは中国の大学を卒業しており，中国での生活が長く，中国語も堪能で，現地の文化・慣習に精通している（AE）。*

・*当社のSIEは配偶者が中国人で，HSK（中国教育部認定の中国語検定試験）の最上級である6級を取得しており，ネイティブ並みの中国語能力を有している（AE）。*

『日本語能力と日本的コミュニケーションスキル』

・*SIEsは日本語ネイティブとして，AEsの言うことを100％理解してくれると同時に，日本人同士であるゆえ，口に出さなくても阿吽の呼吸が通じる（AE）。*

・*SIEsは，対顧客及び対社内のコミュニケーションにおいて，日本的な気配り・空気の読み方ができるという魅力がある（AE）。*

『日本人性（日本の仕事文化を理解）』

・*HCNsは定時で帰ることが基本だが，日本人SIEsは仕事が終わるまで働いてくれるという違いがある（AE）。*

・*HCNsに日本人性を求めても限界があるので，木目細かさが必要な部分はそれが得意なSIEsにやってもらうという役割分担を図っている（AE）。*

『AEsより長い時間軸で中国に滞在』

・*AEsには帰任があるのに対し，好きな仕事を長くやれるという点ではSIEsの方がよい（SIE）。*

・*日本に帰国するよりも，中国でSIEとして働く方が自由度が高くてやれることが多く，自身の成長・発展の可能性もあると思うので，暫くは中国に留まるつもりである（SIE）。*

・*SIEsで管理職に就いている人の中には，配偶者が中国人で，半ば永住的に中国に留まっている人も多い（AE）。*

『AEsより安い人件費』

・*SIEsを雇用する理由の1つはコストである。会社としては日本人に仕事をしてもらいたいが，AEsは人件費が高すぎるので，SIEsを活用することになる（SIE）。*

・*SIEsの魅力はAEsに比べて人件費が安く，コスト効率がよいことである（AE）。*

『AEsが抱く同胞としての安心感』

・*AEsにとって，SIEsは日本人同士という点で安心感がある（AE）。*
・*SIEsは日本的な感覚を分かってくれるという点でAEsから信頼されている（SIE）。*

『HCNsとはローカル採用として同じ立場』

・*HCNsはAEsに対して身分的格差や心理的距離を感じ，コミュニケーションが取りづらいようだが，SIEsとは同じ現地採用ということで，仲間意識を持っていると思われる（SIE）。*
・*SIEsとHCNsは，ともにローカル採用で有期限契約という点で共通点がある（SIE）。*

③　「バウンダリー・スパナー」としての期待

かような状況下，SIEsには［バウンダリー・スパナーとしての期待］が寄せられる。ヒアリング調査では，SIEsが果たしているバウンダリー・スパニング機能として，アンケート調査（定量分析）で検証した〈『AEsとHCNsの橋渡し』〉と〈『中国現地法人と日本本社の橋渡し』〉に加え，〈『AEsの異文化適応支援』〉も指摘された。これは，住居や食材など生活面での支援（配偶者や帯同家族の支援も含む）で，いわば中国社会との橋渡しと考えられよう。

［バウンダリー・スパナーとしての期待］を巡っては，下記のような見解が述べられた。

『AEsとHCNsの橋渡し』

・*当社のSIEsは中国語が堪能で，中国の事情も理解している。そこで，AEsに代わって中国人からすれば理不尽とも言える日系顧客の要求について説明し，助言もしてくれる（AE）。*
・*HCNsから「何故AEsに叱られたのか分からない」といった悩みを打ち明けられることがあり，その原因や対処方法を助言してあげる。一方で，AEsとは日本人同士で本音ベースの相談を受けるので，中国の事情に関する疑問の解消を手助けしている（SIE）。*

・*SIEsはローカルとの信頼関係があるので，SIEsの人脈を使って情報収集をしたり，HCNsのキーマンと会って根回しやコミュニケーションを行うことがある。SIEsがAEsとHCNsの結節点となっている（AE）。*

『中国現地法人と日本本社の橋渡し』

・*日本本社から中国現地法人に対して情報等の照会があった場合，HCNsは本社側が何を求めているのか，その意図が分からない時がある。その際には私（SIE）が間に入って本社が欲する数字・資料を取りまとめて日本に伝える（SIE）。*

・*SIEとしての私の存在意義は，日本人の考え方や日本のビジネスのやり方を理解する一方で，中国のビジネスの実情や現場のリアルな声を日本本社に伝えるという日中の調整役であり，全体最適の視点を有していることである（SIE）。*

・*日本本社がHCNsにダイレクトに指示することもあるが，そのフォローをSIEsが行って，本社との橋渡しをすることがある（AE）。*

『AEsの異文化適応支援（中国社会との橋渡し）』

・*SIEsはAEsの生活面での支援において有り難い存在である。例えば，不動産会社に対して，日本人が求める生活レベルを上手く伝えたり，食材の購入や帯同家族の生活，ビザのことなどもケアしてくれる（AE）。*

・*私はSIEとして，AEsの入居後の水道や鍵のトラブルの解決支援，ウィーチャットペイやアリペイ利用の手助け，さらには配偶者や帯同家族の生活サポートなども行っている（SIE）。*

④「グローバル・マインドセット」を育む人的資源管理施策

今回のヒアリングで，SIEsのバウンダリー・スパニング機能を促進する［グローバル・マインドセットを育む人的資源管理施策］について尋ねたところ，〈規範的統合・信頼関係に関わる施策〉としては，『経営理念研修』や『経営理念を象徴するイベント』の開催，『日本本社出張や日本本社での会議出席』『本社幹部訪中時の同席』などが示された。

一方，〈制度的統合・グローバルなキャリア機会に関わる施策〉に関しては，『駐在員待遇化や日本本社転籍・勤務』『逆出向や他の海外子会社への異動』を実施している企業が見られた。

本カテゴリーに関連してインフォーマントから寄せられたヴァリエーションは以下のとおりである。

『経営理念研修』

・*創業者の経営理念や社是を学ぶグローバルなプログラムがある（AE）。*

・*経営理念浸透のためのグローバルな研修に注力している。具体的には，Off-JT と OJT を連動させ，経営理念を理解し，実践し，浸透・伝播させるための取り組みを行っている（AE）。*

・*SIEs を含むローカル社員を選抜して日本に派遣し，経営理念について学ぶ機会を与えている。本研修は，現場訪問と座学で構成され，本社のキーマンと人脈を築く機会にもなる（AE）。*

『経営理念を象徴するイベント』

・*グループとしての創業記念日に経営理念の実践事例を発表する世界大会を日本で開催している。各リージョンで予選を行った後，世界大会では経営理念を浸透させるためのベストプラクティスを共有化するとともに，表彰する（AE）。*

・*経営理念を象徴するイベントを毎年開催し，ローカル社員を実行委員として参画させ，経営理念を体得してもらう（AE）。*

『日本本社出張や日本本社での会議出席』

・*グローバルな機能別会議を日本で開催し，SIEs も参加させるなどして，組織にグローバルな横串を通し，国境・国籍を越えた信頼関係の構築を企図している（AE）。*

・*SIEs は中国現地法人の仕事しか知らないので，日本本社の事情も理解してもらうために日本へ出張させている。マネジャーになるには，日本の状況を見せて，知ってもらう必要がある（AE）。*

・SIEsを通訳として日本へ派遣したり，日本での会議に出席させ，本社のキーマンと会わせるようにしている。こうした顔合わせをしておくと，互いの信頼関係が構築され，後々のコミュニケーションがしやすくなる（AE）。

『本社幹部訪中時の同席』

・本社の役員が中国現法へ来た時に有能なSIEsを引き合わせる。そうすることで，SIEsは経営トップの考えに直接触れることができると同時に，本社とのパイプも構築される（AE）。

・当社では，本社経営幹部の訪中時の対応をSIEsが行うなど，日本本社の経営理念や経営状況を自ずと理解できる機会がある（AE）。

『駐在員待遇化や日本本社転籍・勤務』

・中国勤務のまま駐在員待遇になったり，本社採用待遇となって日本本社へ転籍・転勤する制度がある。日本転勤の場合は，まず契約社員として2年間本社で勤務させ，働きぶりを見てから正社員にするようにしている。駐在員待遇・本社採用待遇になるには，毎年の契約更新時の総経理面談で企業側から話を持ちかけるか，SIEs本人が希望を表明し，総経理の了承を経て，本社での試験・面接を受けることになる（AE）。

・私はSIE（マネジャー）で入社し，2年後に駐在員待遇になった。日本本社の社長が現法の総経理に厚い信頼を寄せていることもあり，総経理の強い働きかけで駐在員待遇になることができたが，他社ではまず無理であっただろう（SIE）。

・AEsに劣らない能力を有し，高い業績を上げたSIEを本社へ転籍させた。本人が帰国を望んだ時，他社に渡すよりも自社内で活用すべきと考えたので，日本本社に現法から推薦した（AE）。

『逆出向や他の海外子会社への異動』

・数年前からローカル社員の国境を越えた異動をスタートさせており，現在は部長職のSIEが日本に逆出向中である。同氏は中国留学経験があり，能力・責任感・バイタリティに優れ，将来現地法人の経営幹部になれる人材だと判

断したので逆出向させた（AE）。

- *自ら希望を出して面接を受けた後，アジアのリージョン内へ異動できる制度がある。但し，日本本社への異動はできない（SIE）。*
- *中国内で人材情報を共有化した上で，SIEsを他の子会社へ異勤させるなど（有能人材はマネジャーや総経理に登用），キャリア機会の拡大とモチベーションの維持に留意している（AE）。*

⑤　SIEsの「苦悩」

本書第4章のアンケート調査では，現地採用日本人の職務満足に関わるスコアは概ね良好であったが，本ヒアリングにおいては［SIEsの苦悩］も語られた。それは，〈AEs及びHCNsとの関係に関わる苦悩〉や〈身分的な人事制度に対する不満〉〈将来への不安〉である。

〈AEs及びHCNsとの関係に関わる苦悩〉には，『HCNsとの摩擦の可能性』のほか，『AEsの傲慢な態度・言動，便利屋使い』『(AEsとHCNsの）両グループからの疎外感』『AEsとHCNsとの板挟み』が含まれる。このうち，『HCNsとの摩擦の可能性』に関しては，先に見た［人材オプションとしてのSIEs］の中で，『HCNsとはローカル採用として同じ立場』という概念を提示したが，その一方で本書第3章の日系企業調査でSIEsとHCNsは労働市場において競合関係にある点が示唆されたこと，そして第4章のSIEs本人調査でSIEsは同一ランクのHCNsよりも高い処遇を受けているケースが多かったことを想起すれば（これらの点はヒアリングのインフォーマントも下記で言及している)，両者の間には微妙な空気が存在しているのかもしれない。また，『AEsの傲慢な態度・言動，便利屋使い』や『AEsとHCNsとの板挟み』について述べると，第4章のSIEs本人へのアンケート調査ではスコアが高くなかったが，今回のヒアリング結果は，SIEsの中にこうした不満を抱える者が一定数存在する可能性を指し示すものと言えよう。

次に，日本企業の〈身分的な人事制度に対する不満〉としては，『AEsとの処遇格差』やSIEsの『限定的なキャリア機会』が挙げられた。

また，SIEsが抱える〈将来への不安〉には，『有期限契約に対する不安』と『社会保障に関する不安』がある。

［SIEsの苦悩］を巡るヴァリエーションとしては，次のような意見が述べられた。

『HCNsとの摩擦の可能性』

- *SIEsとHCNsは同じローカル採用でありながら，SIEsの方がHCNsより処遇が良いため，やっかみを受けやすい。HCNsには「日本人というだけで何故？」という感情があり，足を引っ張られるSIEsもいる（SIE）。*
- *AEsは日本からの派遣者であるので，取り敢えず入口の段階では受け入れてもらえるが，SIEsは中国人の日本語人材と労働市場で競合関係にあるので，フリクションが起こりかねない（AE）。*
- *HCNsは，「日本人SIEsはなぜ我々より給与が高いのか」という不満を持っている。HCNsからすれば，日本人とほぼ同じ仕事をしているのに，給与は低いので，この程度の働きでいいだろうという気持ちになるようだ（SIE）。*

『AEsの傲慢な態度・言動，便利屋使い』

- *AEsの中には，HCNsが定時に帰ることは仕方ないが，SIEsに対しては「俺は駐在員だ」という傲慢さが表面に現れ，「SIEsは仕事が終わるまで残業するのが当然」と思っている者もいる。こうした中，SIEとしての私の中には便利屋使いされているとのフラストレーションが常にある（SIE）。*
- *日本に根を下ろしていない日本人（SIEs）を偏見の目で見たり，見下す一方，「日本人なら残業を嫌がるな」といったように，SIEsにリスペクトの気持ちを持って接していないAEsがいる（AE）。*
- *「駐在員は偉い人で，どうせあなたは現地採用でしょ」といった差別的な風潮が中国の日本人社会では以前から感じられるし，それは今でも変わっていないように思う（SIE）。*

『両グループからの疎外感』

- *SIEsは，HCNsから日本人と思われ，AEsからはローカルと見られるが，AEsほどの給与も福利もなく，そうかと言ってHCNsのように定時に帰れず，日本人としての働きを求められるので苦しい（SIE）。*

・*SIEsはAEsでないが，HCNsよりも給与は高い。そのため，AEsとHCNsのいずれのグループにも入れないという状況にある（AE）。*

『AEsとHCNsとの板挟み』

・*SIEsはAEsからは日本人として過度な期待をされる反面，AEs寄りになりすぎるとHCNsから「駐在員でもないのに生意気だ」と思われるので，苦しい立場にある（SIE）。*

・*責任あるポストはAEsに任せ，SIEsは通訳業務も含めてAEsとHCNsの橋渡し役となるのが当社の方針だが，実際には板挟みとなり，ストレスがたまる局面も多い（SIE）。*

・*当社に以前勤務していたSIEは，総経理秘書として，HCNsに対して耳の痛いことも言わないといけなかったので，板挟みを感じ，そうした中で退職したように推察する（AE）。*

『AEsとの処遇格差』

・*AEsとSIEsの間の大きな待遇格差がSIEsの個別最適の思考・行動に繋がる危険性がある。中国は家賃等が高いので，SIEsに対してもサポートが必要だろう（AE）。*

・*SIEsとAEsの処遇格差は大きく，現在の私（SIE）の給与では結婚しても家族を養っていくことができない（SIE）。*

『限定的なキャリア機会』

・*欧米企業は職務やポジションに対して賃金を支払うのに対し，日本企業の人事制度は「AEsか，SIEsか」という身分で給与が決まる。本社から見ればSIEsは子会社の人で，入口でキャリアの幅が決まってしまう（AE）。*

・*当社ではSIEsの昇進可能性は限定的で，頑張れば報われるという希望，将来に対する明るい展望がほしい。最近はAEsが乗っているレールとSIEsのレールがどんどん分かれていっているような感じがする（SIE）。*

・*当社では，SIEsが駐在員待遇になった事例はなく，処遇面でも限界がある。そのため，能力のある日本人の中には，日系という枠から飛び出して，欧米*

系や中国系・アジア系企業等を渡り歩いてステップアップしていったり，起業する人も多い（SIE）。

『有期限契約に対する不安』

- *有期限の雇用で，いつ切られるか分からない状況で働くのは不安である。一方で，「帰国＝失業」となるので，ズルズル中国に滞在し，帰国するタイミングをなくしてしまうことも怖い（SIE）。*
- *労働契約が1年であるのは不安である。毎年契約の更新前はビクビクする（SIE）。*
- *私（SIE）は当社で10年以上働いているが，未だ1年契約である。会社側の理屈は，入国管理部門が居留許可の審査を年1回行うので，SIEsの労働契約は無期限や複数年ではなく1年契約にするというものである（SIE）*[5]*。*

『社会保障に関する不安』

- *SIEsは日本の国民年金しか加入できない。一方，中国の年金については，在職15年で加入可能となるが，日本人はパスポートが身分証となり，有効期間が10年間であるという理由で，会社は加入してくれない（会社側の半額負担もあるし）。そして，こうした状況を会社に訴えても関心を示してくれない（SIE）。*
- *私は元AEだが，SIEになると年金や保険など駐在員の時は意識しなかったことも自分自身での対応が迫られ，わずらわしい（SIE）。*

⑥　SIEs活用を巡る「否定的側面」

［SIEs活用を巡る否定的側面］として，〈『思考・行動の過度の現地化』〉〈『HCNsの成長』〉〈『就労ビザ取得の困難さ』〉〈『能力不足・目的意識の欠如』〉〈『低い定着率・忠誠心』〉を指摘する声があった。

本カテゴリーに関わる具体例は下記のとおりである。

『思考・行動の過度の現地化』

- *中国に長く滞在すると，過度に現地人化するSIEsもいる。そうした人は，*

中国を知っているがゆえに，困難に直面すると，「ここは中国だ」と言ってすぐに物事を諦めてしまう傾向がある。日本のやり方のごり押しは良くないが，日本人性を失ってもダメで，バランスが難しい（AE）。

・現地人化する方が中国の社会に深く入っていけるが，それは日本人らしさの喪失になるので，バランスが大事である。日本人性を失うと，企業側としては「HCNsよりも高い給与を支払っているのに，SIEsを雇用するメリットがないではないか，中国人の日本語人材でいいではないか」という考えになってしまう（AE）。

『HCNsの成長』

・昔に比べるとローカルの人材が育ってきているので，「SIEとしての自分は役に立っているのか？」と思うことも多くなってきた。HCNsの中には日本人の考え方を理解し，よく気が付く者も増えてきた（SIE）。

・当社も設立から15年が経過し，HCNsの幹部に任せても大丈夫になってきた。中国人も豊かになり，考え方が日本人に近づきつつあるし，海外を知っている中国人は一般の中国人とは違う（AE）。

『就労ビザ取得の困難さ』

・最近は就労ビザ取得の要件が厳格化されつつあり，私（SIE）も他社へ移ろうとすると，ビザが下りないだろう。日系のお客様は日本人による対応を求めるし，日本人同士の方がビジネスがスムーズに運ぶ部分もあるので，本来はSIEsを減らしたくないが，ビザの新規取得が難しいのが現実である（SIE）。

・役職が高いケースや専門性がある場合，60才前後でも更新は可能だが，新規取得は難しい。そして64才になると，更新も難しくなる（AE）。

『能力不足・目的意識の欠如』

・上海には中国語能力不問の仕事もあるし，日本から近くハードルが低いため，SIEsの中には安易な考えで中国に来ている人がいる。日本で就職できなかったから来た人や社会人としての常識を備えていない人もいる。一方

で，SIEsの能力は個人差が大きく，レベルの低いSIEsがSIEs全体のイメージを悪くしているという部分もあるかもしれない（SIE）。

- *SIEsの中には海外で何をしたいか，という視点が抜けている人もいる。中国での仕事は日本よりもハードゆえ，「日本で上手く行かなかったから中国に来た」というのではダメである（SIE）。*

『低い定着率・忠誠心』

- *SIEsは日本に根っ子がなく，また中国語や英語が堪能な人材は世界のどこでも仕事が見つかるし，生活もできるので流動性が高くなる（AE）。*
- *SIEsからすれば，中国は契約社会で，労働契約以外に会社から約束されていることは何もなく，退職金もないので，最も給与が良い所，経験が活かせる所へ移ろうとするのは当然である。こうしたSIEsの思考・行動パターンがAEsには忠誠心がないと映るのだと思う（AE）。*

表6-2　概念リスト（47概念，23サブカテゴリー，8カテゴリー）

カテゴリー　AEs（日本人駐在員）を巡る問題

サブカテゴリー　中国語・中国文化への適応が困難

☆概念　難解な言語

定義　中国語は日本人にとって，難解な言語である。

〈ヴァリエーション〉

- 中国語は特殊な言語なので，AEsが短期間でマスターするのは困難である（AE）。
- AEsは総じて実務能力は高いが，中国語は難解ゆえ，習得に時間を要する（SIE）。※他1例

☆概念　中国のプロでない駐在員

定義　AEsは必ずしも中国のプロとして派遣されているわけではない。

〈ヴァリエーション〉

- AEsは中国のプロとしてではなく，人材育成の一環で多様な経験を積むために派遣されるケースが多い（AE）。
- 米国への赴任はTOEICが高得点であることが求められるが，中国駐在は中国語ができなくても構わない（SIE）。
- 中国語が堪能なAEsの方が望ましいが，それに拘ると駐在員が足りなくなる（AE）。※他4例

☆概念　中国に対する先入観や偏見

定義　中国に対し先入観や偏見を持っているAEsがいる。

〈ヴァリエーション〉

・AEsの中には，中国に対し先入観のある者，良い所を見ようとしない者，否定的に考える者もいる（SIE）。
・元々中国が嫌いなAEsや長年駐在しても中国を好きになれないAEsもいる（SIE）。※他2例

サブカテゴリー　駐在員削減の圧力
☆概念　AEsの高い人件費
定義　AEsはHCNsやSIEsと比べて人件費が高い。
〈ヴァリエーション〉
・わが社が属する業界は構造的な変化に直面しており，AEsは高人件費であるため今後2年間で人員を半数にし，コスト削減を図ろうとしている（AE）。
・中国の景気減速や大気汚染のため，高コストであるAEsを削減しつつある（SIE）。※他5例

☆概念　少ない中国赴任希望者
定義　日本本社で中国駐在を希望する者が少ない。
〈ヴァリエーション〉
・中国駐在を希望する人が少なく，赴任者を探すのが大変である（AE）。
・欧米や東南アジアには喜んで駐在するが，中国は環境問題，反日感情，中国語の壁等があって赴任先として不人気である（AE）。※他4例

☆概念　中国事業拡大に駐在員供給が追い付かない
定義　中国事業の拡大に駐在員の供給が追い付かない。
〈ヴァリエーション〉
・中国事業の戦線拡大にヒトの面での補給が追い付かず，AEsの交代要員が足りない（AE）。
・中国事業は拡大しているが，本社としては他の国・地域をテコ入れしたいようで，中国へ駐在員を回してくれない（AE）。※他2例

サブカテゴリー　継続的な経営体制の維持が困難
☆概念　駐在員の交代（ローテーション）に伴う引き継ぎロス
定義　駐在員の交代（ローテーション）に伴う引き継ぎロスが発生している。
〈ヴァリエーション〉
・駐在員は人材育成の観点からローテーションさせる必要があり，それに伴う引き継ぎロスが生じる（AE）。
・SIEsを雇用する理由の1つは，駐在員交代によるロスを防ぎ，現地法人の継続的な経営体制を維持することである（AE）。※他3例

☆概念　赴任後の異文化適応までの空白期間
定義　AEsが赴任後，中国文化に適応するまでの間，現地法人の経営に空白期間が生じる。
〈ヴァリエーション〉
・新任のAEsが着任すると，中国の状況を理解するまで現地法人の経営に空白期間が生じてしまう（AE）。
・仕事以前の問題として，AEsは赴任後半年くらいの間は語学学校に通うなど，中国社会への適応に苦労する（AE）。※他1例

カテゴリー：HCNs（中国人社員）の限界

サブカテゴリー　日本的なコミュニケーションへの対応が困難
☆概念　日本語の特殊性
定義　日本語は特殊な言語で外国人がマスターするのは難しい。
〈ヴァリエーション〉
・日本語は曖昧な言語ゆえ，外国人がニュアンスを理解するのは困難である（SIE）。
・中国人の日本語人材の場合，言葉は通訳できても，細かいニュアンスが伝わらない時がある（AE）。
・日本語の行間を読み取ることや「て・に・を・は」を使いこなすことは難しく，中国人の日本語人材には限界がある（AE）。※他９例

☆概念　阿吽の呼吸を求めるのは困難
定義　HCNs（日本語人材を含む）に「阿吽の呼吸」による対応を求めるのは困難である。
〈ヴァリエーション〉
・中国人の日本語人材に先を読んだ動きや阿吽の呼吸を求めることは難しく，一を聞いて十を知る対応を期待してはならない（AE）。
・AEsは「仕事は教わるものでなく，上司の背中を見て育ってほしい」と考えているが，HCNsは「明確に指示してほしい，研修してほしい」と感じている（SIE）。
・AEsが要求しているレベルを阿吽の呼吸で読み取り，察して対応するのはHCNsには難しい（SIE）。※他５例

サブカテゴリー　日本の仕事文化と乖離した態度・行動
☆概念　木目細かさ・細部に拘る仕事のやり方を理解しない
定義　日本企業が重視する木目細かで細部に拘る仕事のやり方を理解しない。
〈ヴァリエーション〉
・AEsがHCNsに対して感じる物足りなさは，木目細かさやかゆい所に手が届く対応力に欠けることである（AE）。
・HCNsはスピード・効率重視で無駄を省きたがる。失敗してもよいので，まずはやってみて，その後で調整していくというメンタリティが支配的なようである（AE）。
・日本人は細部に拘り，完璧主義であるが，中国人はドライである。そのため，HCNsの中には日系企業は会議が多すぎると感じている者も多い（AE）。※他９例

☆概念　ルールや時間の厳守，躾・規律・マナーに関わる問題
定義　HCNsの仕事ぶりは，ルール・時間の厳守，躾・規律・マナーの点で日本人に見劣りする。
〈ヴァリエーション〉
・国民性の違いからか，日本語人材であっても，日本人に比べると法令や社内ルールに対する意識が希薄なので，ガバナンスを効かせる必要がある（AE）。
・時間の厳守やルールの順守，躾・モラルという点でHCNsと日本人の間には差があり，HCNsに対しては基本的な事柄から注意していかなければならない（AE）。
・HCNsは遅刻をしても平然としており，罰金等のペナルティがなければ改善しない（SIE）。※他３例

☆概念　残業をしない
定義　中国人社員は残業をしない者が多い。

〈ヴァリエーション〉
・中国人の日本語人材も定時に帰る。定時10分前から着替えや荷物の整理が始まる。日本人としては，如何なものかと思うが，それも1つの仕事文化なので，状況を変えることは難しい（SIE）。
・AEsはHCNsに対して，仕事がまだあるのになぜ帰るのかという不満を抱いている。また，HCNsはAEsから作成を指示された書類を終業時間直前に提出してそのまま退社するので，AEsは当惑する（SIE）。※他4例

☆概念　協調性のなさ（チームワークが苦手）
定義　中国人は日本人に比べると，協調性がなく，チームワークが苦手である。
〈ヴァリエーション〉
・HCNsは自分が指示された仕事以外はしない。隣の席の電話に出ることもないし，他人の仕事を手伝うこともない（AE）。
・中国人の組織は，自分の評価者である直属上司の指示には従うが，他部署からの依頼にはなかなか対応しないなど縦割りが強いように思える（AE）。
・中国の運動会では個人競技が中心であるという。そうした中，会社組織において，従業員の力を結集させることは難しい（AE）。※他1例

☆概念　自分の非を認めない，謝らない
定義　中国人は日本人に比べると，自分の非を認めず，謝らない傾向がある。
〈ヴァリエーション〉
・HCNsは基本的には謝らず，ミスに対して言い訳をする。日本ではトラブルが発生した際，まずは謝るが，中国人にとって自分の非を認めることは重大なことである（SIE）。
・他人の仕事には関与せず，他人を直接批判することもないが，自身が責められると反発する（AE）。※他1例

☆概念　帰属意識が希薄（低い忠誠心・強い転職志向）
定義　中国人は日本人に比べると，勤務先への帰属意識が希薄で，忠誠心が低く，転職志向が強い。
〈ヴァリエーション〉
・現代中国は終身雇用でないので，HCNsの帰属意識は日本人より低い。就社でなく就職意識が強く，特に若手の中にはドライにコロコロと勤務先を変える人も多い（SIE）。
・日本人は会社があってこその自分と考え，勤務先への忠誠心があるが，中国人はスキルが身につけば，さっさと他社へ移ることに抵抗感はない（SIE）。※他1例

カテゴリー：日系顧客への対応の必要性（日系顧客の要求）

サブカテゴリー　日系顧客への対応の必要性（日系顧客の要求）
☆概念　中国人に対する不安感
定義　日系顧客（日系企業・日本人）は中国人社員が自社（自身）の担当となることに不安を感じる。
〈ヴァリエーション〉
・日系の顧客は要求が厳しく，木目細かな対応が求められるが，HCNsはそれに耐えられず，対応できない（AE）。

・当社のお客様の大半は日本人であるゆえ，HCNsの対応や所作に不安を感じられる方もいる。これを教育で変革していくのは限界がある（AE）。
・HCNsは総じて対応がドライで，顧客に対してもあっさり「できない」と言ってしまうので，誠意がないと思われる（SIE）。※他10例

☆概念　日本人に対する安心感
定義　日本人社員を日系顧客の担当者にすることで，顧客側は安心感を覚える。
〈ヴァリエーション〉
・日系の顧客から「担当者は日本人にしてほしい」という要求があり，そのとおりにしないと取引ができない（AE）。
・日系の顧客は日本人による対応を求め，日本人による木目細かな対応に安心感を覚える（AE）。
・トラブルが発生すると，「日本人を出せ」というお客様がいる。その際，中国人の日本語人材と同じことを説明しても，日本人が言うだけで先方は納得する（SIE）。※他15例

カテゴリー：人材オプションとしてのSIEs

サブカテゴリー　日中両国の言語・文化の理解
☆概念　中国の言語・文化への精通
定義　SIEsはAEsに比べると，中国の言語や文化に精通している。
〈ヴァリエーション〉
・当社のSIEは中国の大学を卒業しており，中国での生活が長く，中国語も堪能で，現地の文化・慣習に精通している（AE）。
・当社のSIEは配偶者が中国人で，HSK（中国教育部認定の中国語検定試験）の最上級である6級を取得しており，ネイティブ並みの中国語能力を有している（AE）。※他6例

☆概念　日本語能力と日本的コミュニケーションスキル
定義　（帰化者を除く）SIEsは，ネイティブとしての日本語能力を有し，日本的コミュニケーションスキルを身につけている。
〈ヴァリエーション〉
・SIEsは日本語ネイティブとして，AEsの言うことを100％理解してくれると同時に，日本人同士であるゆえ，口に出さなくても阿吽の呼吸が通じる（AE）。
・SIEsは，対顧客及び対社内のコミュニケーションにおいて，日本的な気配り・空気の読み方ができるという魅力がある（AE）。※他4例

☆概念　日本人性（日本の仕事文化を理解）
定義　SIEsは勤勉・誠実・時間に正確・協調性といった日本人性を有しており，木目細かさ等を重視する日本の仕事文化を理解している。
〈ヴァリエーション〉
・HCNsは定時で帰ることが基本だが，日本人SIEsは仕事が終わるまで働いてくれるという違いがある（AE）。
・HCNsに日本人性を求めても限界があるので，木目細かさが必要な部分はそれが得意なSIEsにやってもらうという役割分担を図っている（AE）。※他6例

サブカテゴリー　AEsより長い時間軸で中国に滞在

☆概念　AEs より長い時間軸で中国に滞在
定義　SIEs は AEs に比べると，長い時間軸で中国に滞在する者が多い。
〈ヴァリエーション〉
・AEs には帰任があるのに対し，好きな仕事を長くやれるという点では SIEs の方がよい（SIE）。
・日本に帰国するよりも，中国で SIE として働く方が自由度が高くてやれることが多く，自身の成長・発展の可能性もあると思うので，暫くは中国に留まるつもりである（SIE）。
・SIEs で管理職に就いている人の中には，配偶者が中国人で，半ば永住的に中国に留まっている人も多い（AE）。※他８例

サブカテゴリー　AEs より安い人件費
☆概念　AEs より安い人件費
定義　SIEs の人件費は AEs よりも安い。
〈ヴァリエーション〉
・SIEs を雇用する理由の１つはコストである。会社としては日本人に仕事をしてもらいたいが，AEs は人件費が高すぎるので，SIEs を活用することになる（SIE）。
・SIEs の魅力は AEs に比べて人件費が安く，コスト効率がよいことである（AE）。※他２例

サブカテゴリー　AEs と HCNs の双方に接点
☆概念　AEs が抱く同胞としての安心感
定義　AEs は SIEs に対し，同胞としての安心感を持っている。
〈ヴァリエーション〉
・AEs にとって，SIEs は日本人同士という点で安心感がある（AE）。
・SIEs は日本的な感覚を分かってくれるという点で AEs から信頼されている（SIE）。※他２例

☆概念　HCNs とはローカル採用として同じ立場
定義　SIEs と HCNs はともにローカル採用という点で同じ立場にある。
〈ヴァリエーション〉
・HCNs は AEs に対して身分的格差や心理的距離を感じ，コミュニケーションが取りづらいようだが，SIEs とは同じ現地採用ということで，仲間意識を持っていると思われる（SIE）。
・SIEs と HCNs は，ともにローカル採用で有期限契約という点で共通点がある（SIE）。※他１例

カテゴリー：バウンダリー・スパナーとしての期待

サブカテゴリー　AEs と HCNs の橋渡し
☆概念　AEs と HCNs の橋渡し
定義　SIEs が AEs と HCNs の橋渡し役となっている。
〈ヴァリエーション〉
・当社の SIEs は中国語が堪能で，中国の事情も理解している。そこで，AEs に代わって中国人からすれば理不尽とも言える日系顧客の要求について説明し，助言もしてくれる（AE）。
・HCNs から「何故 AEs に叱られたのか分からない」といった悩みを打ち明けられることがあり，その原因や対処方法を助言してあげる。一方で，AEs とは日本人同士で本音ベースの相談を受けるので，中国の事情に関する疑問の解消を手助けしている（SIE）。
・SIEs はローカルとの信頼関係があるので，SIEs の人脈を使って情報収集をしたり，HCNs のキーマンと会って根回しやコミュニケーションを行うことがある。SIEs が AEs と HCNs の結節

点となっている（AE)。※他 13 例

サブカテゴリー　中国現地法人と日本本社の橋渡し
☆概念　中国現地法人と日本本社の橋渡し
定義　SIEs が中国現地法人と日本本社の橋渡し役となっている。
〈ヴァリエーション〉
・日本本社から中国現地法人に対して情報等の照会があった場合，HCNs は本社側が何を求めているのか，その意図が分からない時がある。その際には私（SIE）が間に入って本社が欲する数字・資料を取りまとめて日本に伝える（SIE)。
・SIE としての私の存在意義は，日本人の考え方や日本のビジネスのやり方を理解する一方で，中国のビジネスの実情や現場のリアルな声を日本本社に伝えるという日中の調整役であり，全体最適の視点を有していることである（SIE)。
・日本本社が HCNs にダイレクトに指示することもあるが，そのフォローを SIEs が行って，本社との橋渡しをすることがある（AE)。※他 3 例

サブカテゴリー　AEs の異文化適応支援（中国社会との橋渡し）
☆概念　AEs の異文化適応支援（中国社会との橋渡し）
定義　SIEs が AEs の中国での異文化適応を支援している（配偶者や帯同家族の支援も含む)。
〈ヴァリエーション〉
・SIEs は AEs の生活面での支援において有り難い存在である。例えば，不動産会社に対して，日本人が求める生活レベルを上手く伝えたり，食材の購入や帯同家族の生活，ビザのことなどもケアしてくれる（AE)。
・私は SIE として，AEs の入居後の水道や鍵のトラブルの解決支援，ウィーチャットペイやアリペイ利用の手助け，さらには配偶者や帯同家族の生活サポートなども行っている（SIE)。※他 3 例

カテゴリー：グローバル・マインドセットを育む人的資源管理施策

サブカテゴリー　規範的統合・信頼関係に関わる施策
☆概念　経営理念研修
定義　グローバルな経営理念を浸透させるための研修を行っている。
〈ヴァリエーション〉
・創業者の経営理念や社是を学ぶグローバルなプログラムがある（AE)。
・経営理念浸透のためのグローバルな研修に注力している。具体的には，Off-JT と OJT を連動させ，経営理念を理解し，実践し，浸透・伝播させるための取り組みを行っている（AE)。
・SIEs を含むローカル社員を選抜して日本に派遣し，経営理念について学ぶ機会を与えている。本研修は，現場訪問と座学で構成され，本社のキーマンと人脈を築く機会にもなる（AE)。※他 1 例

☆概念　経営理念を象徴するイベント
定義　自社の経営理念を象徴するイベントがある。
〈ヴァリエーション〉
・グループとしての創業記念日に経営理念の実践事例を発表する世界大会を日本で開催している。各リージョンで予選を行った後，世界大会では経営理念を浸透させるためのベストプラクティス

を共有化するとともに，表彰する（AE）。
・経営理念を象徴するイベントを毎年開催し，ローカル社員を実行委員として参画させ，経営理念を体得してもらう（AE）。※他1例

☆概念　日本本社出張や日本本社での会議出席
定義　日本本社への出張や日本本社での会議にSIEsを含むローカル社員を出席させることで，規範的統合を図っている。
〈ヴァリエーション〉
・グローバルな機能別会議を日本で開催し，SIEsも参加させるなどして，組織にグローバルな横串を通し，国境・国籍を越えた信頼関係の構築を企図している（AE）。
・SIEsは中国現地法人の仕事しか知らないので，日本本社の事情も理解してもらうために日本へ出張させている。マネジャーになるには，日本の状況を見せて，知ってもらう必要がある（AE）。
・SIEsを通訳として日本へ派遣したり，日本での会議に出席させ，本社のキーマンと会わせるようにしている。こうした顔合わせをしておくと，互いの信頼関係が構築され，後々のコミュニケーションがしやすくなる（AE）。※他4例

☆概念　本社幹部訪中時の同席
定義　日本本社の経営幹部が訪中した際の会議・会食にSIEsを同席させることで，規範的統合を図っている。
〈ヴァリエーション〉
・本社の役員が中国現法へ来た時に有能なSIEsを引き合わせる。そうすることで，SIEsは経営トップの考えに直接触れることができると同時に，本社とのパイプも構築される（AE）。
・当社では，本社経営幹部の訪中時の対応をSIEsが行うなど，日本本社の経営理念や経営状況を自ずと理解できる機会がある（AE）。※他3例

サブカテゴリー　制度的統合・グローバルなキャリア機会に関わる施策
☆概念　駐在員待遇化や日本本社転籍・勤務
定義　SIEsが駐在員待遇になったり，日本本社転籍・勤務になることがある。
〈ヴァリエーション〉
・中国勤務のまま駐在員待遇になったり，本社採用待遇となって日本本社へ転籍・転勤する制度がある。日本転勤の場合は，まず契約社員として2年間本社で勤務させ，働きぶりを見てから正社員にするようにしている。駐在員待遇・本社採用待遇になるには，毎年の契約更新時の総経理面談で企業側から話を持ちかけるか，SIEs本人が希望を表明し，総経理の了承を経て，本社での試験・面接を受けることになる（AE）。
・私はSIE（マネジャー）で入社し，2年後に駐在員待遇になった。日本本社の社長が現法の総経理に厚い信頼を寄せていることもあり，総経理の強い働きかけで駐在員待遇になることができたが，他社ではまず無理であっただろう（SIE）。
・AEsに劣らない能力を有し，高い業績を上げたSIEを本社へ転籍させた。本人が帰国を望んだ時，他社に渡すよりも自社内で活用すべきと考えたので，日本本社に現法から推薦した（AE）。※他3例

☆概念　逆出向や他の海外子会社への異動
定義　SIEsに逆出向や他の海外子会社（中国内を含む）で働く機会が与えられることがある。

〈ヴァリエーション〉
・数年前からローカル社員の国境を越えた異動をスタートさせており，現在は部長職の SIE が日本に逆出向中である。同氏は中国留学経験があり，能力・責任感・バイタリティに優れ，将来現地法人の経営幹部になれる人材だと判断したので逆出向させた（AE）。
・自ら希望を出して面接を受けた後，アジアのリージョン内へ異動できる制度がある。但し，日本本社への異動はできない（SIE）。
・中国内で人材情報を共有化した上で，SIEs を他の子会社へ異勤させるなど（有能人材はマネジャーや総経理に登用），キャリア機会の拡大とモチベーションの維持に留意している（AE）。※他 2 例

カテゴリー：SIEs の苦悩

サブカテゴリー　AEs 及び HCNs との関係に関わる苦悩
☆概念　HCNs との摩擦の可能性
定義　SIEs と HCNs の関係に摩擦が発生する可能性がある。
〈ヴァリエーション〉
・SIEs と HCNs は同じローカル採用でありながら，SIEs の方が HCNs より処遇が良いため，やっかみを受けやすい。HCNs には「日本人というだけで何故？」という感情があり，足を引っ張られる SIEs もいる（SIE）。
・AEs は日本からの派遣者であるので，取り敢えず入口の段階では受け入れてもらえるが，SIEs は中国人の日本語人材と労働市場で競合関係にあるので，フリクションが起こりかねない（AE）。
・HCNs は，「日本人 SIEs はなぜ我々より給与が高いのか」という不満を持っている。HCNs からすれば，日本人とほぼ同じ仕事をしているのに，給与は低いので，この程度の働きでいいだろうという気持ちになるようだ（SIE）。※他 5 例

☆概念　AEs の傲慢な態度・言動，便利屋使い
定義　SIEs の中には AEs の SIEs に対する傲慢な態度・言動や便利使いに苦悩する者もいる。
〈ヴァリエーション〉
・AEs の中には，HCNs が定時に帰ることは仕方ないが，SIEs に対しては「俺は駐在員だ」という傲慢さが表面に現れ，「SIEs は仕事が終わるまで残業するのが当然」と思っている者もいる。こうした中，SIE としての私の中には便利屋使いされているとのフラストレーションが常にある（SIE）。
・日本に根を下ろしていない日本人（SIEs）を偏見の目で見たり，見下す一方，「日本人なら残業を嫌がるな」といったように，SIEs にリスペクトの気持ちを持って接していない AEs がいる（AE）。
・「駐在員は偉い人で，どうせあなたは現地採用でしょ」といった差別的な風潮が中国の日本人社会では以前から感じられるし，それは今でも変わっていないように思う（SIE）。※他 3 例

☆概念　両グループからの疎外感
定義　SIEs の中には AEs と HCNs の両グループからの疎外感を感じている者もいる。
〈ヴァリエーション〉
・SIEs は，HCNs から日本人と思われ，AEs からはローカルと見られるが，AEs ほどの給与も福利もなく，そうかと言って HCNs のように定時に帰れず，日本人としての働きを求められるので苦しい（SIE）。

・SIEsはAEsでないが，HCNsよりも給与は高い。そのため，AEsとHCNsのいずれのグループにも入れないという状況にある（AE）。※他1例

☆概念　AEsとHCNsとの板挟み
定義　SIEsの中にはAEsとHCNsの板挟みになっている者もいる。
〈ヴァリエーション〉
・SIEsはAEsからは日本人として過度な期待をされる反面，AEs寄りになりすぎるとHCNsから「駐在員でもないのに生意気だ」と思われるので，苦しい立場にある（SIE）。
・責任あるポストはAEsに任せ，SIEsは通訳業務も含めてAEsとHCNsの橋渡し役となるのが当社の方針だが，実際には板挟みとなり，ストレスがたまる局面も多い（SIE）。
・当社に以前勤務していたSIEは，総経理秘書として，HCNsに対して耳の痛いことも言わないといけなかったので，板挟みを感じ，そうした中で退職したように推察する（AE）。※他4例

サブカテゴリー　身分的な人事制度に対する不満
☆概念　AEsとの処遇格差
定義　AEsとSIEsの間の処遇格差は大きい。
〈ヴァリエーション〉
・AEsとSIEsの間の大きな待遇格差がSIEsの個別最適の思考・行動に繋がる危険性がある。中国は家賃等が高いので，SIEsに対してもサポートが必要だろう（AE）。
・SIEsとAEsの処遇格差は大きく，現在の私（SIE）の給与では結婚しても家族を養っていくことができない（SIE）。※他5例

☆概念　限定的なキャリア機会
定義　SIEsのキャリア機会は限定的である。
〈ヴァリエーション〉
・欧米企業は職務やポジションに対して賃金を支払うのに対し，日本企業の人事制度は「AEsか，SIEsか」という身分で給与が決まる。本社から見ればSIEsは子会社の人で，入口でキャリアの幅が決まってしまう（AE）。
・当社ではSIEsの昇進可能性は限定的で，頑張れば報われるという希望，将来に対する明るい展望がほしい。最近はAEsが乗っているレールとSIEsのレールがどんどん分かれていっているような感じがする（SIE）。
・当社では，SIEsが駐在員待遇になった事例はなく，処遇面でも限界がある。そのため，能力のある日本人の中には，日系という枠から飛び出して，欧米系や中国系・アジア系企業等を渡り歩いてステップアップしていったり，起業する人も多い（SIE）。※他12例

サブカテゴリー　将来への不安
☆概念　有期限契約に対する不安
定義　SIEsの中には労働契約が期限付きであることに不安を感じている者がいる。
〈ヴァリエーション〉
・有期限の雇用で，いつ切られるか分からない状況で働くのは不安である。一方で，「帰国＝失業」となるので，ズルズル中国に滞在し，帰国するタイミングをなくしてしまうことも怖い（SIE）。
・労働契約が1年であるのは不安である。毎年契約の更新前はビクビクする（SIE）。
・私（SIE）は当社で10年以上働いているが，未だ1年契約である。会社側の理屈は，入国管理部門が居留許可の審査を年1回行うので，SIEsの労働契約は無期限や複数年ではなく1年契約

にするというものである（SIE）。※他4例

☆概念　社会保障に関する不安

定義　SIEsの中には日本と中国のいずれの社会保障の恩恵も受けられないかもしれないことに不安を感じている者もいる。

〈ヴァリエーション〉

・SIEsは日本の国民年金しか加入できない。一方，中国の年金については，在職15年で加入可能となるが，日本人はパスポートが身分証となり，有効期間が10年間であるという理由で，会社は加入してくれない（会社側の半額負担もあるし）。そして，こうした状況を会社に訴えても関心を示してくれない（SIE）。
・私は元AEだが，SIEになると年金や保険など駐在員の時は意識しなかったことも自分自身での対応が迫られ，わずらわしい（SIE）。※他6例

カテゴリー：SIEs活用を巡る否定的側面

サブカテゴリー　思考・行動の過度の現地化

☆概念　思考・行動の過度の現地化

定義　SIEsの中には思考・行動が過度に現地化している者もいる。

〈ヴァリエーション〉

・中国に長く滞在すると，過度に現地人化するSIEsもいる。そうした人は，中国を知っているがゆえに，困難に直面すると，「ここは中国だ」と言ってすぐに物事を諦めてしまう傾向がある。日本のやり方のごり押しは良くないが，日本人性を失ってもダメで，バランスが難しい（AE）。
・現地人化する方が中国の社会に深く入っていけるが，それは日本人らしさの喪失になるので，バランスが大事である。日本人性を失うと，企業側としては「HCNsよりも高い給与を支払っているのに，SIEsを雇用するメリットがないではないか，中国人の日本語人材でいいではないか」という考えになってしまう（AE）。※他3例

サブカテゴリー　HCNsの成長

定義　最近の日系企業においては，中国人社員が成長してきている。

☆概念　HCNsの成長

〈ヴァリエーション〉

・昔に比べるとローカルの人材が育ってきているので，「SIEとしての自分は役に立っているのか？」と思うことも多くなってきた。HCNsの中には日本人の考え方を理解し，よく気が付く者も増えてきた（SIE）。
・当社も設立から15年が経過し，HCNsの幹部に任せても大丈夫になってきた。中国人も豊かになり，考え方が日本人に近づきつつあるし，海外を知っている中国人は一般の中国人とは違う（AE）。※他6例

サブカテゴリー　就労ビザ取得の困難さ

☆概念　就労ビザ取得の困難さ

定義　外国人が中国で就労ビザを取得（含む更新）することが困難になってきた。

〈ヴァリエーション〉

・最近は就労ビザ取得の要件が厳格化されつつあり，私（SIE）も他社へ移ろうとすると，ビザが下りないだろう。日系のお客様は日本人による対応を求めるし，日本人同士の方がビジネスがス

ムーズに運ぶ部分もあるので，本来はSIEsを減らしたくないが，ビザの新規取得が難しいのが現実である（SIE）。
・役職が高いケースや専門性がある場合，60才前後でも更新は可能だが，新規取得は難しい。そして64才になると，更新も難しくなる（AE）。※他11例

サブカテゴリー　能力不足・目的意識の欠如
☆概念　能力不足・目的意識の欠如
定義　SIEsの中には，能力不足や目的意識が欠如している者もいる。
〈ヴァリエーション〉
・上海には中国語能力不問の仕事もあるし，日本から近くハードルが低いため，SIEsの中には安易な考えで中国に来ている人がいる。日本で就職できなかったから来た人や社会人としての常識を備えていない人もいる。一方で，SIEsの能力は個人差が大きく，レベルの低いSIEsがSIEs全体のイメージを悪くしているという部分もあるかもしれない（SIE）。
・SIEsの中には海外で何をしたいか，という視点が抜けている人もいる。中国での仕事は日本よりもハードゆえ，「日本で上手く行かなかったから中国に来た」というのではダメである（SIE）。※他8例

サブカテゴリー　低い定着率・忠誠心
☆概念　低い定着率・忠誠心
定義　SIEsの中には定着率や勤務先への忠誠心が低い者もいる。
〈ヴァリエーション〉
・SIEsは日本に根っ子がなく，また中国語や英語が堪能な人材は世界のどこでも仕事が見つかるし，生活もできるので流動性が高くなる（AE）。
・SIEsからすれば，中国は契約社会で，労働契約以外に会社から約束されていることは何もなく，退職金もないので，最も給与が良い所，経験が活かせる所へ移ろうとするのは当然である。こうしたSIEsの思考・行動パターンがAEsには忠誠心がないと映るのだと思う（AE）。※他3例

5.　主な発見事実と含意

まず，リサーチクエスチョン①の「SIEsの雇用を促進する要因」については，SIEsを雇用する背景には「AEs（日本人駐在員）を巡る問題」「HCNs（中国人社員）の限界」「日系顧客への対応の必要性（日系顧客の要求）」が存在することが分かった。すなわち，日系進出企業がAEsとHCNsの双方に対する人的資源管理で困難に直面する中，SIEsは従来型の「AEsか，HCNsか」という二分法を超克した人材オプションとなりうることを再確認できたと言える。また，「日系顧客への対応の必要性（日系顧客の要求）」は，SIEsの雇用が本書の第3章でも述べた「顧客適合論」（吉原・星野, 2003）に関係したもの

であることを示唆しているように思われる。

一方，SIEs 活用を巡る否定的側面として，インフォーマントは「思考・行動の過度の現地化」「HCNs の成長」「就労ビザ取得の困難さ」「能力不足・目的意識の欠如」「低い定着率・忠誠心」などを挙げている[6]。このうち，「HCNs の成長」については，アンケートで「SIEs を雇用するつもりのない」企業では「中国人の日本語人材」に「日本人性」を求めている様子が示された点を考え合わせると，SIEs と中国人の日本語人材の労働市場での競合関係は，今後一層強まることが予想される。また，「ビザ取得の困難さ」に関しては，中国経済の減速に伴って，日系企業でも事業再編や人員削減が進む中，SIEs の少数精鋭化を促進する可能性があると考える[7]。別言すると，先の否定的側面の中で述べられた「能力や目的意識」を欠く SIEs は，今後淘汰されていくであろうと推察される。

次に，リサーチクエスチョン② として掲げた「SIEs の人的資源としての魅力とバウンダリー・スパニング機能，及び SIEs が直面している苦悩」についてである。まず SIEs の人的資源としての魅力とバウンダリー・スパニング機能に関しては，SIEs の魅力は「日中両国の言語と文化の理解」「AEs より長い時間軸で滞在」「AEs より安い人件費」「AEs と HCNs の双方に接点」といった点にあると言えよう。そして，SIEs は「AEs と HCNs の橋渡し」「中国現地法人と日本本社の橋渡し」に加えて，「AEs の異文化適応支援」（帯同家族を含めた生活面での支援＝中国社会との橋渡し）の面でも，バウンダリー・スパナーとしての機能を発揮しており，AEs も高く評価していることが分かった。

他方，SIEs の苦悩としては，「AEs 及び HCNs との関係に関わる苦悩」「身分的な人事制度に対する不満」「将来への不安」が示され，AEs と HCNs の両グループからの疎外感や板挟み，AEs との処遇格差・限定的なキャリア機会，有期限契約や社会保障への不安などがその具体例として挙げられた。逆に言えば，第 5 章で論じたように，多様なグループの多彩で時に反駁する要求に架橋することは，チャレンジングでストレスフルなタスクであるゆえ（Kane & Levina, 2017），SIEs のバウンダリー・スパニング機能を促進するには，彼（彼女）らの苦悩や不安を取り除き，全体最適の思考・行動，つまりは「グローバル・マインドセット」の涵養に資する人的資源管理施策を展開することが必要であると考える。

最後に，リサーチクエスチョン③の「SIEsのバウンダリー・スパニング機能を促進するグローバル・マインドセットの涵養に向けた人的資源管理施策」に関して述べる。まず規範的統合・信頼関係の面では，日系進出企業は「経営理念研修」「経営理念を象徴するイベント」のほか，「日本本社出張や日本本社での会議出席」「本社幹部訪中時の同席」といった本社のキーパーソンとのフェイス・トゥー・フェイスの交流などを通して，多様な人々を結び付けるソーシャル・キャピタルの構築を企図している様子が明らかとなった。一方，制度的統合・グローバルなキャリア機会については，「駐在員待遇化や日本本社転籍・勤務」「逆出向や他の海外子会社への異動」などによって，有能なSIEsの採用・定着・活性化に注力する事例が示された。本書第5章の実証分析では，日本企業の制度的統合に関わるスコアは概して低く，SIEsの国境を越えたキャリア機会が限定的である様子が示されたが，本ヒアリング調査を通して，先進的な企業の取り組みや施策を提示できたことは，質的研究ならではの成果であると言えよう。そして，グローバル・マインドセットを育むには，規範的統合と制度的統合の連動が肝要と思われる。すなわち，規範的統合なき制度的統合への取り組みは機会主義の温床となる可能性がある。一方，制度的統合を欠く規範的統合は本社中心主義・AEs中心主義といったイメージをSIEsに植え付けることになろう（古沢，2008·2016；Furusawa, Brewster, & Takashina, 2016）。いずれの場合も，「全体最適の思考・行動」の阻害要因となることは間違いあるまい。

6. おわりに

本章では，先のアンケート調査で得られた知見の背後に存在する諸要因を掘り下げるべく，筆者が日系進出企業の日本人駐在員及び現地採用日本人に対して実施したヒアリング調査の結果を報告した。本ヒアリングでは，現地採用日本人の「雇用」と「バウンダリー・スパニング機能」を巡る現状及び課題に関わるヴィヴィッドな言説を得ることができた（例えば，SIEsが果たしている橋渡し機能について，AEsとSIEsの双方から具体例が示された。また，SIEsが抱える苦悩も率直に語られた）。そして，M-GTAを用いて分析を行った結果，SIEsを雇用する背景やSIEsのバウンダリー・スパニング機能等に関して，本書のこれまでの議論や筆者のアンケート調査の結果を概ね裏付けるカテゴリー・サブカテゴリー・概念の抽出とその関係性を提示できたことから，トライアンギュレーションを通して研究の妥当性・信頼性が高まったものと考える。

注

1　アンケート回答後に帰任・帰国した場合等については，後任者等を紹介してもらうなどして対応した。

2　GTAについては，Glaser & Strauss（1965･1967），Strauss & Corbin（1990），Glaser（1992），木下（2003），戈木クレイグヒル（2008･2016）などを参照されたい。GTA及びM-GTAの“Grounded”とは「データに密着」（grounded on data）した分析を行うという意味である。

3　M-GTAによる分析結果については，多国籍企業学会西部部会（2019年6月1日）にて研究報告し，得られたフィードバックを本書の記述に反映させることで，妥当性・信頼性を高めるよう努めた。

4　ストーリーラインでは，サブカテゴリーと概念に関わる文言が「結果図」（図6-1）及び「概念リスト」（表6-2）のものと若干異なる場合があるが，それは文章表現上の理由によるものである。

5　中国の『労働契約法』（第14条）によると，10年以上勤続している場合や有期限契約を連続して2回締結した後に労働契約を更新する場合は，労働者が有期限契約を希望するケースを除き，無期限契約を締結しなければならない。

6　但し，第3章のアンケート調査で示されたように，日系進出企業全体で見れば，「思考・行動の過度の現地化」や「低い定着率・忠誠心」に関わる不満は必ずしも大きいものではないように思われる。

7　事実，第1章で見たように，中国の在留邦人数は，2012年をピークに5年連続で減少している（外務省，2018）。

第7章
本書の総括と日本企業への提言

1. はじめに

本書では，文献研究と筆者が実施した在中国日系進出企業及びそこに勤務する現地採用日本人社員（日本人SIEs）に対するアンケート調査・ヒアリング調査に基づき，中国事業展開における日本人SIEsの活用について，理論的・実証的に考察してきた。

第7章では，本書の締めくくりとして，これまでの議論を総括するとともに，日本企業に対する提言を行う。また，筆者に残された研究課題等を提示する。

2. 本書の議論の総括

(1) 本書の貢献ポイント

本書では，本国人の海外派遣と現地人の登用（現地化）を巡る問題が顕在化する一方で，人材の国際移動が活発化する中，従来型の「駐在員 vs. 現地人」という二分法を超克した新たな人材オプションとしての「現地採用本国人」に関して，理論と実証の両側面から検討を重ねてきた。我々が議論の対象とした在外日系進出企業に勤務する「現地採用日本人」については，これまでの学術研究は社会学の視点からのアプローチが中心で，本書のような経営学，中でも国際人的資源管理論を理論的な分析の枠組みとする論考は殆ど見られなかった。こうした中，我々は日本企業が世界の中で最も多くの現地法人を有する「中国」をフィールドに定め，文献研究を通してリサーチクエスチョン・仮説を構築し，それを実証研究で検証するという多角的な方法を用いて問題にアプローチした。そして，実証研究においては，日系進出企業（日本人駐在員）とSIEs本人の双方に対するアンケート調査を実施するとともに，両者へのヒアリング調査も行い，研究のトライアンギュレーションを図ることで，日本人SIEsの実相と彼（彼女）らに対する人的資源管理の現状及び課題を明らかにすることができたものと考える。

(2) 各章の議論の整理

第1章では，海外派遣と現地化を巡る諸問題が顕在化する一方で，人材の国境を越えた移動が活発化する中，多国籍企業が旧来型の「本国人の海外派遣か，現地人の登用（現地化）か」という二者択一的発想を超克し，新たな人材オプションを模索するようになってきたことを述べた。そして，本国人と現地人の両者の長所を具備すると同時に，各々の短所を回避しうる人材カテゴリーとして「現地採用本国人」(SIEs）にフォーカスし，SIEs研究の系譜や概念定義，さらには人的資源としての特性等を論じた。

第2章では，本書の研究対象である「中国」における日系進出企業の人的資源管理上の諸課題について考察した。具体的には，日本人駐在員と中国人従業員の間の異文化コミュニケーション摩擦の実態に関して，「言語」と「文化」を巡る問題を中心に取り上げた。そして，筆者が本研究に先立って実施した日本企業の海外赴任経験者に対する調査から，中国駐在員の「異文化適応」や「仕事成果」に関わるスコアが他地域への派遣者と比べて芳しくないことを示すとともに，彼（彼女）らの心身の「健康問題」も看過できない状況にある点を指摘した。そして，これらの議論を踏まえ，バイリンガルでバイカルチュラルな「現地採用日本人」に日中の文化を架橋する「バウンダリー・スパナー」としての役割が期待される旨を述べた。

続く第3章は，筆者が在中国日系進出企業に対して実施したアンケート調査の報告である。ここでは，まず各企業の「言語政策」について考察し，「日本語重視」の様相が見受けられる旨を論じた。また，回答企業における「現地採用日本人の雇用」を巡る状況を明らかにすると同時に，「非製造業」「中国内の主要顧客として日系企業・日本人を抱えること」「日本生まれの日本人総経理」が日本人 SIEs の雇用に対してプラス，「日本人駐在員比率」「日本語能力を重視した中国人経営幹部・管理職の採用・登用」がマイナスの影響力を有することを示した。そして，日系進出企業が「自社の SIEs の働きぶり」に関し，「専門的な知識・スキル・経験」や「日本人性」「信頼関係」といった面を高く評価しており，先行研究で散見された「思考・行動の過度の現地化」「強い転職志向」などを巡る不満は大きくない点にも言及した。

第 4 章では，筆者による現地採用日本人（本人）へのアンケート調査の分析を行った。具体的には，先行研究での議論を踏まえ，日本人 SIEs の「バウンダリー・スパナー」としての可能性や「キャリア」及び「職務満足」に関して考察した。調査の結果，日本人 SIEs は AEs に比して，「中国での長い在住・就労経験」を有するとともに，中国への「留学経験者」が多く，「中国語能力」にも優れることから，バウンダリー・スパナーとしての可能性を秘めた人材集団である様子が示された。また，キャリアの面では，中国への「移動理由」は「積極的動機」が支配的で，3 年後も中国への在住を希望する者については，現勤務先への「定着志向」が強いことが分かった。他方，職務満足に関わる状況を見ると，全体としての回答は肯定的であったが，日本企業には「動機付け要因」への対処において改革の余地があると思われる点を指摘した。そして，統計分析を通して，「キャリアアップの可能性と成果の認知」及び「良好な対人関係」が SIEs の「定着率向上」に資するであろう旨を述べた。

第 5 章は，日本人 SIEs に期待される「バウンダリー・スパナー」としての役割遂行（バウンダリー・スパニング機能）を規定する要因を探った。ここでは，先行研究に基づき，「個人的要因」（中国語能力や中国文化への精通）と「組織的要因」（人的資源管理）の双方を包含する概念モデル（仮説）を構築し，それを日系企業調査のデータセットを用いて検証した。分析の結果，「中国語能力」「中国文化への精通」及び「グローバル・マインドセット」がバウンダリー・スパニング機能に影響することが分かった。また，グローバル・マインドセットの涵養には，国際人的資源管理における「規範的統合」「制度的統合」を通してもたらされる「信頼関係」と「グローバルなキャリア機会」が寄与することを統計的に示した。

そして，第6章では，筆者が日系進出企業（日本人駐在員）と現地採用日本人の双方に対して実施したヒアリング調査を通して，アンケート調査で得られた知見の背後に存在する諸要因に関して検討を加えた。分析方法としては，質的調査のための手法である「修正版グラウンデッド・セオリー・アプローチ」(Modified Grounded Theory Approach：M-GTA）を用いた。その結果，SIEsを雇用する背景には「AEs（日本人駐在員）を巡る問題」「HCNs（中国人社員）の限界」「日系顧客への対応の必要性（日系顧客の要求)」があることを指摘するとともに，SIEsの魅力として，「日中両国の言語・文化の理解」「AEsより長い時間軸で中国に滞在」「AEsより安い人件費」「AEsとHCNsの双方に接点」を提示した。また，SIEsのバウンダリー・スパニング機能については，アンケートで検証した「AEsとHCNsの橋渡し」「中国現地法人と日本本社の橋渡し」に加え，「中国社会との橋渡し」(AEsの異文化適応支援）も抽出された。そして，SIEsのグローバル・マインドセットを育むには，「規範的統合・信頼関係に関わる施策」と「制度的統合・グローバルなキャリア機会に関わる施策」が重要である点を改めて示した。一方，SIEsの苦悩として，「AEs及びHCNsとの関係に関わる苦悩」「身分的な人事制度に対する不満」「将来への不安」を取り上げた。さらに，SIEs活用を巡る否定的側面に関しては，「思考・行動の過度の現地化」「HCNsの成長」「就労ビザ取得の困難さ」「能力不足・目的意識の欠如」「低い定着率・忠誠心」を提示した。

3. 日本企業への提言

では，本書のこれまでの議論や実証分析からの発見事実等を受けて，日本企業に対し，次の3点の提言を行う。

(1)「グローバル・マインドセット」を育む人的資源管理施策の重要性

今回の統計分析では，現地採用日本人の「中国語能力」「中国文化への精通」

は，「日本人駐在員と中国人従業員の橋渡し」には関係性があるものの，「中国現地法人と日本本社の橋渡し」とは有意でないことが判明した。すなわち，日本人SIEsが有する中国の「言語」や「文化」に関わる能力は，「本社との橋渡し」の局面では必ずしも必要とされていないということだろう。そして，それは，在中国日系進出企業では，日本人が総経理を務めるケースが大半で（今回の調査では82.5%），現地法人トップと日本本社が「言語」及び「文化」を共有している場合が多いという点に関係しているように思える。

他方，「グローバル・マインドセット」は上述した2つの橋渡し機能のいずれに対しても有意なプラスの影響力を有していた。第5章で論じたように，多様な国民文化を内包し，「現地適応 vs. グローバル統合」という二元性と常に対峙している多国籍企業において，境界の架橋はチャレンジングでストレスフルなタスクであると考えられる。とりわけ，「トランスナショナル企業」（Bartlett & Ghoshal, 1989･1995）や「メタナショナル企業」（Doz, Santos, & Williamson, 2001）のような「現地適応とグローバル統合の両立」を企図したネットワーク型の組織においては，本社—海外子会社間のコミュニケーション及び調整は，企業の競争優位を左右する重大な組織能力の1つと言えよう（古沢・盛岡・安室, 2018）。

こうした中，日本人SIEsの「バウンダリー・スパニング機能」を促進するには，日本企業はSIEsの「言語的・文化的スキル」に安住するのでなく，彼（彼女）らの「グローバル・マインドセット」を支える組織的コンテクストの醸成（人的資源管理施策の展開）に留意しなければならない。グローバル・マインドセットは，ヒアリング調査で示されたSIEsの苦悩と表裏一体であり，信頼関係なきところ，あるいは自身の成果・業績が報われない状況下においては，SIEsが「全体最適の思考・行動」を取ることはないと思料される。従って，日本企業には，「規範的統合」を通してトランスナショナル企業やメタナショナル企業が求める「国境・国籍を越えた協働」（古沢, 2008）のベースとなる「信頼関係」を育むとともに，「制度的統合」によって「心理的契約」（Schein, 1978）の機能不全（日本人としての働きが求められるが，処遇はローカル社員で，キャリア機会が限定的といった状態）を解消し，日本人SIEsの「全体最適の思考・行動」（グローバル・マインドセット）を喚起することが肝要であると考える。

(2)「第3のグラス・シーリング」の打破を

日本企業の国際人的資源管理に対しては，かねてより「エスノセントリック」（自民族中心主義的）との批判が寄せられてきた（Fernandez & Barr, 1993；Keeley, 2001）。その象徴的事象が国際人的資源管理における「2つのグラス・シーリング」の存在である。第1のグラス・シーリングは海外子会社の幹部人材の「現地化の遅れ」であり，第2のグラス・シーリングとは海外子会社の現地人社員の「国際人事異動が極めて少ないこと」を指す（古沢, 2005ab・2008）。

こうした状況下，今回の調査では，日本人SIEsについても，国境を越えたキャリア機会が限定的である様子が示された。その意味で，日本企業の国際人的資源管理を「エスノセントリック」と描写するのは物事の一面しか見ていないことになり，そこには「第3のグラス・シーリング」とも言うべき「駐在員とSIEsのキャリア機会の身分的格差」（日―日格差）を看取できよう。

日本企業の人的資源管理の強みの1つとして，「平等主義」（石田, 1994）が挙げられる。それは「ホワイトカラー人材―ブルーカラー人材」の差異を問わず，有能人材を幅広く登用し，英知を結集する「衆知を集めた経営」（加護野・関西生産性本部, 1984）として具現化されてきた。しかし，これは日本国内における単体レベルの企業を前提とした議論で，グループ経営には必ずしも妥当しない（古沢, 2008）。つまり，「本社に入社した従業員」は，その生涯におけるキャリア機会が国内外のグループ企業（時には資本関係のない企業）に広がっているのに対し，「子会社プロパー」のそれは自らが入社した当該子会社内にしか存在しないケースが大半である（永野, 1989；稲上, 2003など）。換言すると，本社にとって，人的資源管理の対象は，本社に勤務する社員と子会社に出向している本社籍の人材に限られるということである。それゆえ，本社から見れば，日本人SIEsも「子会社の人たち」にすぎないということになる。

しかし，こうした「入口」で人材を色分けしてしまう人的資源管理を続けることは，「人材活用の全体（グローバル）最適化」という点でも，「有能人材の採用・定着・活性化」という面においても，問題があるのではないか。第1章で述べたように，今日の経済社会では人材の自発的な国際移動が活発化しており，有能人材は世界中に遍在している可能性がある。今こそ日本企業は，「本社に入社した社員」だけが中核人材であるというマインドセットから脱却し，「入口」（本社―子会社）による区別なく，SIEsも含めた世界中の有能人材に広範なキャリア機会が開かれた「グローバル・グループ経営」を実践すべき時期に来ているのではないだろうか（古沢, 2019c）。例えば，日本への帰国や他国への移動を希望する有能なSIEsを日本本社や他の海外子会社など自社グループ内で活用するための仕組みや制度を構築することは，企業とSIEsの関係がwin-winとなるための1つの方途であると思われる。

(3)「中国仕様」の人的資源管理と人材の「最適ミックス」の追求

3点目は本研究のフィールドである「中国事業展開」に関わるものである。本書の第2章で述べたように，在中国日系進出企業においては，日本人駐在員と中国人従業員の間で様々な異文化コミュニケーション摩擦が発生している。そして，中国駐在員は「異文化適応」や「仕事成果」の面で他地域の日本人派遣者に比して劣位で，心身の「健康状態」が優れない者も多い様子が明らかとなった。その原因については，中国の「言語」や「文化」などホスト国側の事情が当然関係しているであろうが，日本企業の「駐在員政策」にも問題がある点を見逃してはならない。すなわち，これまで見てきたように，日本企業においては，駐在員の選抜基準・派遣前施策・赴任中施策のいずれの側面においても，中国の言語や文化を重視した取り組みがなされているようには思われない。中国は日本企業にとって最大の海外進出先であるが，難解な言語と文化，さらには「社会主義市場経済」という独特の政治・経済システムを有する国であり，そこには，同じアジアであっても日本企業がこれまで経営ノウハウを蓄積してきた東南アジア諸国や台湾・香港といった諸地域の延長線上では捉えられない特殊性が存在することを再認識する必要がある。こうした中，今後日本企業には，言語と文化へのフォーカスを強めるなど，「中国仕様」の人的資源管理施策を展開し，赴任者の異文化適応能力の強化，ひいてはそれがもたらす仕事成果の向上に注力することが求められよう。この点については，例えば，サムスン電子の「地域専門家制度」（李, 2014；徐・李, 2015･2016, 崔, 2016）の如き，本国人を1年間海外へ派遣し，ホスト国の「言語」と「文化」をマスターさせ，その国の「プロ」に育て上げる仕組みも参考になると考えられる。

逆に言えば，第6章のヒアリング調査で示されたように，日本人 AEs が必ずしも中国のプロとして派遣されているわけではないという現下の状況こそが，バイリンガルでバイカルチュラルな日本人 SIEs を活用する背景の1つとなっているのである。しかしながら，Okamoto & Teo（2012）が警告しているように，特定のバウンダリー・スパナーへの過度の依存は，他の組織メンバーの異文化に対する学習機会を制限してしまう恐れもある。そこで，今後日本企業には，バウンダリー・スパナーとなりうる人材ストックの拡充を図ることが必要と思われる。具体的には，上述したように，中国仕様の人的資源管理施策を講じて日本人駐在員の中国語能力・異文化適応能力の涵養に取り組むことや，日本の大学・大学院を卒業・修了した中国人（留学生）を採用する途なども考えられよう。そして，規範的統合・制度的統合を通して，グローバル・マインドセットを有した SIEs 及び現地人幹部の育成・確保に注力しなければなるまい。こうした諸施策を通して，日本企業には，国籍や採用地に捕われることなく，SIEs も含め多様化する人材オプションの最適ミックスを見出すことが求められると言えよう。

4. 今後の研究課題など

最後に本書の限界及び今後の研究課題等について述べる。第1はアンケート調査のサンプリング方法において，一般化に向けた限界があると思われる。これには，日系進出企業調査において，現地採用日本人に対する駐在員の評価が自社に勤務する全ての SIEs を捕捉していない点も含まれる（既述のとおり，アンケート回答者の負担を考慮し，4名以上 SIEs を雇用している場合は，職位が高い順に3名を選んで各々を評価いただいた）。

第2は日系進出企業アンケートに示された見解は各社の日本人駐在員（1

名）による回答であるゆえ，コモン・メソッド・バイアス（common method bias）の懸念が存在することである。この点について，我々は，日系進出企業（日本人駐在員）のみならず，現地採用日本人（本人）へもアンケート調査を実施したほか，駐在員とSIEsの双方に対するヒアリング調査を行うなど，研究のトライアンギュレーションに努めた。加えて，アンケート及びヒアリング調査に際しては，企業名・個人名を公表しない旨を確約し，匿名性の担保を図った。さらに，ハーマンの単一因子テスト（Harman's single factor test）を実施し，コモン・メソッド・バイアスの影響が大きくない点を確認するなどしたが，それでも問題が残っているかもしれない。

第3として，本書のアンケート調査はクロスセクションデータに基づくものであり，中国の労働市場の需給関係や中国政府の外国人受け入れ政策（就労ビザに関わる政策）の変化といった環境要因が回答に与える影響を考慮していない点が挙げられる。従って，今後は動態的な視点からの分析が求められることになろう。

第4は現地採用日本人に期待されるバウンダリー・スパニング機能を巡る事柄である。本研究では，SIEsのバウンダリー・スパニング機能を規定する要因を探るべく，「個人的要因」（中国語能力や中国文化への精通）と「組織的要因」（人的資源管理）の2側面から問題にアプローチした。その結果，学術・実務両面に資する知見が得られたものと考えるが，個人的要因と組織的要因の関係性（相互作用）についても検証すべきであったかもしれない。また，日本人SIEsと労働市場で競合すると思われる「中国人の日本語人材」のバウンダリー・スパナーとしての働きに関する掘り下げた議論（中国人の日本語人材への調査も含む）が求められると感じる。

そして，第5は当該テーマに関わる比較研究の必要性である。これには次の2点がある。1つ目は日系企業と欧米系企業の比較である。例えば，在中国欧米系企業のSIEsはどんな能力・スキルを保持し，どのような貢献を果たしているのか，また企業は彼（彼女）らに対して如何なる人的資源管理施策を講じているのかという点である。本書の知見が示唆するように，SIEsのバウンダリー・スパニング機能には「規範的統合・制度的統合」といった人的資源管理施策が影響を及ぼすと考えられる。その意味で，欧米系企業におけるSIEsの働きを人的資源管理と関連付けて考察することは，研究と実務の両面で意義深いものとなろう。2つ目は，筆者の科研費研究における対象国間の比較である。別言すれば，本書で考察した中国を「相対化」するということである。先述のとおり，本研究の対象国は「言語」に着目して選定し，① 公用語・ビジネスの言語ともに英語である「米国」「英国」，② 公用語は英語以外であるが，ビジネスは英語で可能な「タイ」「ドイツ」，③ 公用語・ビジネスの言語ともに英語以外の「中国」の5ヶ国とした。そこには，ホストの国の「言語」に関わる事情や日本との「文化的距離」(Kogut & Singh, 1988) によって，現地採用日本人を巡る状況も違ってくるであろうとの問題意識がある。これまで筆者は，上記の国々においても，中国と同様のアンケート調査・ヒアリング調査を重ねてきた。次なる研究課題として，是非ともこれら5ヶ国の比較分析に取り組み，研究成果の統合を図りたいと考える次第である。

参考文献一覧

[外国語文献]

Adler, N. J., & Ghadar, F. (1990), "International strategy from the perspective of people and culture: The North American context", in A. M. Rugman (ed.), *Research in Global Business Management*, Vol. 1, Greenwich, CT: JAI Press, pp.179-205.

Al Ariss, A. (2010), "Modes of engagement: Migration, self-initiated expatriation, and career development", *Career Development International*, Vol. 15 (4), pp.338-358.

Al Ariss, A. (2012), "Ethnic minority migrants or self-initiated expatriates? Questioning assumptions in international management studies", in M. Andresen, A. Al Ariss, & M. Walther (eds.), *Self-Initiated Expatriation: Individual, Organizational, and National Perspectives*, London: Routledge, pp.235-241.

Al Ariss, A. (ed.) (2014), *Global Talent Management: Challenges, Strategies, and Opportunities*, Berlin: Springer.

Al Ariss, A., & Crowley-Henry, M. (2013), "Self-initiated expatriation and migration in the management literature: Present theorizations and future research directions", *Journal of International Business Studies*, Vol. 18 (1), pp.78-96.

Al Ariss, A., & Özbilgin, M. (2010), "Understanding self-initiated expatriates: Career experiences of Lebanese self-initiated expatriates in France", *Thunderbird International Business Review*, Vol. 52 (4), pp.275-285.

Andresen, M., Al Ariss, A., & Walther, M. (eds.) (2012), *Self-Initiated Expatriation: Individual, Organizational, and National Perspectives*, London: Routledge.

Andresen, M., Bergdolt, F., & Margenfeld, J. (2012), "What distinguishes self-initiated expatriates from assigned expatriates and migrants?: A literature-based definition and differentiation of terms", in M. Andresen, A. Al Ariss, & M. Walther (eds.), *Self-Initiated Expatriation: Individual, Organizational, and National Perspectives*, London: Routledge, pp.11-41.

Andresen, M., Bergdolt, F., Margenfeld, J., & Dickmann, M. (2014), "Addressing international mobility confusion: Developing definitions and differentiations for self-initiated and assigned expatriates as well as migrants", *International Journal of Human Resource Management*, Vol. 25 (16), pp.2295-2318.

Appadurai, A. (1996), *Modernity at Large: Cultural Dimensions of Globalization*, Minneapolis: University of Minnesota Press. 門田健一訳 (2004)『さまよえる近代―グローバル化の文化研究―』平凡社。

Arora, A., Jaju, A., Kefalas, A. G., & Perenich, T. (2004), "An exploratory analysis of global managerial mindsets: A case of U.S. textile and apparel industry", *Journal of*

International Management, Vol. 10 (3), pp, 393–411.

Baker, J. C., & Ivancevich, J. M. (1971), "The assignment of American executive abroad: Systematic, haphazard, or chaotic?", *California Management Review*, Vol. 13 (3), pp.39–44.

Barner–Rasmussen, W., Ehrnrooth, M., Koveshnikov, A., & Mäkelä, K. (2014), "Cultural and language skills as resources for boundary spanning within the MNC", *Journal of International Business Studies,* Vol. 45 (7), pp.886–905.

Bartlett, F. C. (1932), *Remembering: A Study in Experimental and Social Psychology*, New York: Cambridge University Press.

Bartlett, C. A., & Ghoshal, S. (1989), *Managing Across Borders: The Transnational Solution,* Boston: Harvard Business School Press.

Bartlett, C. A., & Ghoshal, S. (1995), *Transnational Management: Text, Cases, and Readings in Cross-border Management,* Chicago: Times Mirror Higher Education Group.

Bartlett, C. A., & Yoshihara, H. (1988), "New challenges for Japanese multinationals: Is organization adaptation their Achilles heel?", *Human Resource Management,* Vol. 27 (1), pp.19–43.

Baruch, Y., Dickmann, M., Altman, Y., & Bournois, F. (2013), "Exploring international work: Types and dimensions of global careers", *International Journal of Human Resource Management,* Vol. 24 (12), pp.2369–2393.

Ben–Ari, E., & Vanessa, Y. Y. F. (2000), "Twice marginalized: Single Japanese female expatriates in Singapore", in E. Ben–Ari, & J. Clammer (eds.), *Japan in Singapore: Cultural Occurrences and Cultural Flows*, London: Routledge, pp.82–111.

Bhaskar–Shrinivas, P., Harrison, D. A., Shaffer, M. A., & Luk, D. M. (2005), "Input–based and time–based models of international adjustment: Meta–analytic evidence and theoretical extensions", *Academy of Management Journal,* Vol. 48 (2), pp.257–281.

Biemann, T., & Andresen, M. (2010), "Self–initiated foreign expatriates versus assigned expatriates", *Journal of Managerial Psychology*, Vol. 25 (4), pp.430–448.

Black, J. S. (1988), "Work role transitions: A study of American expatriate managers in Japan", *Journal of International Business Studies,* Vol. 19 (2), pp.287–294.

Black, J. S., Gregersen, H. B., Mendenhall, M. E., & Stroh, L. K. (1999), *Globalizing People through International Assignments,* Reading, MA: Addison–Wesley Publishing Company.

Black, J. S., & Mendenhall, M. (1990), "Cross–cultural training effectiveness: A review and a theoretical framework for future research", *Academy of Management Review*, Vol. 15 (1), pp.113–136.

Black, J. S., & Mendenhall, M. (1991), "The U–curve adjustment hypothesis revisited: A review and theoretical framework", *Journal of International Business Studies,* Vol. 22 (2), pp.225–247.

Black, J. S., Mendenhall, M., & Oddou, G. (1991), "Toward a comprehensive model of international adjustment: An integration of multiple theoretical perspectives", *Academy of Management Review*, Vol. 16 (2), pp.291–317.

Bonache, J., & Pla-Barber, J. (2005), "When are international managers a cost effective solution? The rationale of transaction cost economics applied to staffing decisions in MNCs", *Journal of Business Research,* Vol. 58 (10), pp.1320-1329.

Bonache, J., & Stirpe, L. (2012), "Compensating global employees", in G. K. Stahl, I. Björkman, & S. Morris (eds.), *Handbook of Research in International Human Resource Management,* second edition, Cheltenham: Edward Elgar, pp.162-182.

Brannen, M. Y. (2004), "When Mickey loses face: Recontextualization, semantic fit, and the semiotics of foreignness", *Academy of Management Review*, Vol. 29 (4), pp.593-616.

Brannen, M. Y., & Thomas, D. C. (2010), "Bicultural individuals in organizations: Implications and opportunity", *International Journal of Cross-Cultural Management*, Vol. 10 (1), pp.5-16.

Brewster, C., Sparrow, P., Vernon, G., & Houldsworth, E. (2011), *International Human Resource Management,* third edition, London: CIPD.

Briscoe, D. R., & Schuler, R. S. (2004), *International Human Resource Management: Policy and Practice for the Global Enterprise,* second edition, London: Routledge.

Brown, R. (1995), *Prejudice: Its Social Psychology,* Malden, MA: Blackwell Publishers. 橋口捷久・黒川正流編訳（1999）『偏見の社会心理学』北大路書房。

Cao, L., Hirschi, A., & Deller, J. (2012), "Self-initiated expatriates and their career success", *Journal of Management Development,* Vol. 31 (2), pp.159-172.

Cao, L., Hirschi, A., & Deller, J. (2014), "Perceived organizational support and intention to stay in host countries among self-initiated expatriates: The role of career satisfaction and networks", *International Journal of Human Resource Management,* Vol. 25 (14), pp.2013-2032.

Carlile, P. R. (2004), "Transferring, translating, and transforming: An integrative framework for managing knowledge across boundaries", *Organization Science,* Vol. 15 (5), pp.555-568.

Cerdin, J.-L. (2012), "Motivation of self-initiated expatriates", in M. Andresen, A. Al Ariss, & M. Walther (eds.), *Self-Initiated Expatriation: Individual, Organizational, and National Perspectives*, London: Routledge, pp.59-74.

Cerdin, J.-L., & Selmer, L. (2014), "Who is a self-initiated expatriate? Towards conceptual clarity of a common notion", *International Journal of Human Resource Management*, Vol. 25 (9), pp.1281-1301.

Coleman, J. S. (1988), "Social capital in the creation of human capital", *The American Journal of Sociology,* Vol. 94, pp.S95-S120.

Collings, D. G., Scullion, H., & Morley, M. (2007), "Changing patterns of global staffing in the multinational enterprise: Challenges to the conventional expatriate assignment and emerging alternatives", *Journal of World Business*, Vol. 42 (2), pp.198-213.

Comfort, J., & Franklin, P. (2011), *The Mindful International Manager: How to Work Effectively Across Cultures,* London: Kogan Page.

Copeland, L., & Griggs, L. (1985), *Going International: How to Make Friends and Deal*

Eeffectively in the Global Marketplace, New York: Random House.

Crowley-Henry, M. (2007), "The protean career: Exemplified by first world foreign residents in Western Europe?", *International Studies of Management and Organization,* Vol. 37 (3), pp.44-64.

Crowley-Henry, M. (2012), "Re-conceptualizing the career development of self-initiated expatriates: Rivers not ladders", *Journal of Management Development,* Vol. 31 (2), pp.130-141.

Deal, T. E., & Kennedy, A. A. (1982), *Corporate Cultures,* New York: Addison-Wesley Longman.

Derr, C. B., & Oddou, G. R. (1991), "Are US multinationals adequately preparing for future American leaders for global competition?", *International Journal of Human Resource Management,* Vol. 2 (2), pp.227-244.

Doherty, N. (2013), "Understanding the self-initiated expatriate: A review and directions for future research", *International Journal of Management Reviews,* Vol. 15 (4), pp.447-469.

Doherty, N., & Dickmann, M. (2012), "Self-initiated expatriation: Drivers, employment experience, and career outcomes", in M. Andresen, A. Al Ariss, & M. Walther (eds.), *Self-Initiated Expatriation: Individual, Organizational, and National Perspectives,* London: Routledge, pp.122-142.

Doherty, N., & Dickmann, M. (2013), "Self-initiated and assigned expatriates: Talent management and career considerations", in V. Vaiman, & A. Haslberger (eds.), *Talent Management of Self-Initiated Expatriates: A Neglected Source of Global Talent,* London: Palgrave Macmillan, pp.234-255.

Doherty, N., Dickmann, M., & Mills, T. (2011), "Exploring the motives of company-backed and self-initiated expatriates", *International Journal of Human Resource Management,* Vol. 22 (3), pp.595-611.

Dorsch, M., Suutari, V., & Brewster, C. (2012), "Research on self-initiated expatriation: History and future directions", in M. Andresen, A. Al Ariss, & M. Walther (eds.), *Self-Initiated Expatriation: Individual, Organizational, and National Perspectives,* London: Routledge, pp.42-56.

Doz, Y. L., Santos, J., & Williamson, P. (2001), *From Global to Metanational: How Companies Win in the Knowledge Economy,* Boston: Harvard Business School Press.

Edström, A., & Galbraith, J. R. (1977), "Transfer of managers as a coordination and control strategy in multinational organizations", *Administrative Science Quarterly,* Vol. 22 (2), pp.248-263.

Ehnert, I., & Brewster, C. (2008), "An integrative framework for expatriate preparation and training", in C. Brewster, P. Sparrow, & M. Dickmann (eds.), *International Human Resource Management: Contemporary Issues in Europe,* second edition, London: Routledge, pp.107-129.

Evans, P. A. L. (1992), "Management development as glue technology", *Human Resource Planning,* Vol. 15 (1), pp.85-106.

Evans, P., Pucik, V., & Barsoux, J.-L. (2002), *The Global Challenge: International Human Resource Management,* New York: McGraw-Hill-Irwin.

Evans, P., Pucik, V., & Björkman, I. (2010), *The Global Challenge: International Human Resource Management,* second edition, New York: McGraw Hill-Irwin.

Fang, Y., Jiang, G.-L. F., Makino, S., & Beamish, P. W. (2010), "Multinational firm knowledge, use of expatriates, and foreign subsidiary performance", *Journal of Management Studies,* Vol. 47 (1), pp.27-54.

Farcas, D., & Gonçalves, M. (2016), "Do three years make a difference? An updated review and analysis of self-initiated expatriation", *SpringerPlus,* 5 (1): 1326, DOI: 10.1186/s40064-016-2991-x.

Farndale, E., Brewster, C., & Poutsma, E. (2008), "Coordinated vs. liberal market HRM: The impact of institutionalization on multinational firms", *International Journal of Human Resource Management,* Vol. 19 (11), pp.2004-2023.

Feely, A. J., & Harzing, A. W. (2003), "Language management in multinational companies", *Cross Cultural Management: An International Journal,* Vol. 10 (2), pp.37-52.

Fernandez, J. P., & Barr, M. (1993), *The Diversity Advantage: How American Business can Out-perform Japanese and European Companies on the Global Marketplace,* New York: Lexington Books.

Ferraro, G. P. (1990), *The Cultural Dimension of International Business,* New York: Prentice Hall.　江夏健一・太田正孝監訳，IBI国際ビジネス研究センター訳（1992）『異文化マネジメント―国際ビジネスと文化人類学―』同文舘出版。

Fitzsimmons, S. R., Miska, C., & Stahl, G. (2011), "Multicultural employees: Global business' untapped resource", *Organizational Dynamics,* Vol. 40 (3), pp.199-206.

Froese, F. J., & Peltokorpi, V. (2013), "Organizational expatriates and self-initiated expatriates: Differences in cross-cultural adjustment and job satisfaction", *International Journal of Human Resource Management,* Vol. 24 (10), pp.1953-1967.

Furusawa, M. (2014), "Global talent management in Japanese multinational companies: The case of Nissan Motor Company", in A. Al Ariss (ed.), *Global Talent Management: Challenges, Strategies, and Opportunities,* Berlin: Springer, pp.159-170.

Furusawa, M., & Brewster, C. (2015), "The bi-cultural option for global talent management: The Japanese/Brazilian *Nikkeijin* example", *Journal of World Business,* Vol. 50 (1), pp.133-143.

Furusawa, M., & Brewster, C. (2016), "IHRM and expatriation in Japanese MNCs: HRM practices and their impact on adjustment and job performance", *Asia Pacific Journal of Human Resources,* Vol. 54 (4), pp.396-420.

Furusawa, M., & Brewster, C. (2018), "Japanese self-initiated expatriates as boundary spanners in Chinese subsidiaries of Japanese MNEs: Antecedents, social capital, and HRM practices", *Thunderbird International Business Review,* Vol. 60 (6), pp.911-919.

Furusawa, M., & Brewster, C. (2019), "The determinants of the boundary-spanning functions of Japanese self-initiated expatriates in Japanese subsidiaries in China: Individual skills and human resource management", *Journal of International Management,* Vol. 25 (4), DOI: 10.1016/j.intman.2019.05.001.

Furusawa, M., Brewster, C., & Takashina, T. (2016), "Normative and systems integration in human resource management in Japanese multinational companies", *Multinational Business Review,* Vol. 24 (2), pp.82–105.

Galbraith, J. R., & Edström, A. (1976), "International transfer of managers: Some important policy considerations", *Columbia Journal of World Business,* Vol. 8 (2), pp.100–112.

Gillespie, N. A., & Mann, L. (2004), "Transformational leadership and shared values: The building blocks of trust", *Journal of Managerial Psychology,* Vol. 19 (6), pp.588–607.

Glaser, B. (1992), *Basics of Grounded Theory Analysis: Emergence vs. Forcing,* Mill Valley, CA: Sociology Press.

Glaser, B., & Strauss, A. (1965), *Awareness of Dying,* New York: Aldine Publishing Company.

Glaser, B., & Strauss, A. (1967), *The Discovery of Grounded Theory: Strategies for Qualitative Research,* New York: Aldine Publishing Company.

Gross, A., & McDonald, T. (1998), "Staffing your Asian operation with Asian returnees: The pros and cons", *International HR Journal,* Vol. 7 (1), pp.3–8.

Gupta, A. K., & Govindarajan, V. (2002), "Cultivating a global mindset", *Academy of Management Executive,* Vol. 16 (1), pp.116–126.

Hall, E. T. (1976), *Beyond Culture,* New York: Anchor Press/Doubleday.

Hamill, J. (1989), "Expatriate policies in British multinationals", *Journal of General Management,* Vol. 14 (4), pp.18–33.

Handy, C. (1992), "Balancing corporate power: A new federalist paper", *Harvard Business Review,* Vol. 70 (6), pp.59–72.

Harvey, M. G. (1985), "The executive family: An overlooked variable in international assignment", *Columbia Journal of World Business,* Vol. 20 (1), pp.84–92.

Harzing, A.-W. (1999), *Managing the Multinationals: An International Study of Control Mechanisms,* Cheltenham: Edward Elgar.

Harzing, A.-W. (2001a), "Of bears, bumble-bees and spiders: The role of expatriates in controlling foreign subsidiaries", *Journal of World Business,* Vol. 36 (4), pp.366–379.

Harzing, A.-W. (2001b), "Who's in charge: An empirical study of executive staffing practices in foreign subsidiaries", *Human Resource Management,* Vol. 40 (2), pp.138–158.

Harzing, A.-W. (2004), "Composing an international staff", in A.-W. Harzing, & J. V. Ruysseveldt (eds.), *International Human Resource Management,* second edition, London: SAGE Publications, pp.251–282.

Harzing, A.-W., Köster, K., & Magner, U. (2011), "Babel in business: The language barrier and its solution in the HQ-subsidiary relationship", *Journal of World Business,* Vol. 46 (3), pp.279–287.

Harzing, A.-W., & Pinnington, A. H. (2014), *International Human Resource Management,* fourth edition, London: SAGE Publications.

Haslberger, A., & Brewster, C. (2008), "The expatriate family: An international perspective",

Journal of Managerial Psychology, Vol. 23 (3), pp.324-346.

Heenan, D. A., & Perlmutter, H. V. (1979), *Multinational Organization Development*, Reading, MA: Addison-Wesley.

Hendry, C. (1994), *Human Resource Strategies for International Growth*, London: Routledge.

Herzberg, F. (1966), *Work and the Nature of Man*, New York: Thomas Y. Crowell Company.

Hippler, T., Brewster, C., & Haslberger, A. (2015), "The elephant in the room: The role of time in expatriate adjustment", *International Journal of Human Resource Management*, Vol. 26 (15), pp.1920-1935.

Hofstede, G. H. (1980), *Culture's Consequences*, London: SAGE Publications.

Hofstede, G. H. (1991), *Cultures and Organizations: Software of the Mind*, London: McGraw-Hill.

Hong, H.-J. (2010), "Bicultural competence and its impact on team effectiveness", *International Journal of Cross Cultural Management*, Vol. 10 (1), pp.93-120.

Hong, J. F. L., Snell, R. S., & Easterby-Smith, M. (2006), "Cross-cultural influences on organizational learning in MNCS: The case of Japanese companies in China", *Journal of International Management*, Vol. 12 (4), pp.408-429.

Howe-Walsh, L., & Schyns, B. (2010), "Self-initiated expatriation: Implications for HRM", *International Journal of Human Resource Management*, Vol. 21 (2), pp.260-273.

Hu, M., & Xia, J. (2010), "A preliminary research on self-initiated expatriation as compared to assigned expatriation", *Canadian Social Science*, Vol. 6 (5), pp.169-177.

ILO (ed.) (2018), *ILO Global Estimates on International Migrant Workers: Results and Methodology*, Geneva: ILO.

Inkson, K., Arthur, M. B., Pringle, J., & Barry, S. (1997), "Expatriate assignment versus overseas experience: Contrasting models of international human resource development", *Journal of World Business*, Vol. 32 (4), pp.351-368.

Inkson, K., & Myers, B. A. (2003), "'The Big OE': Self-directed travel and career development", *Career Development International*, Vol. 8 (4), pp.170-181.

Jackson, S. E., & Schuler, R. S. (1985), "Meta-analysis and conceptual critique of research on role ambiguity and role conflict in work settings", *Organizational Behavior and Human Decision Processes*, Vol. 36 (1), pp.16-78.

Javidan, M., & Teagarden, M. B. (2011), "Conceptualizing and measuring global mindset", in J. S. Osland, M. E. Mendenhall, & M. Li (eds.), *Advances in Global Leadership*, Vol. 10, Bingley, UK: Emerald Group Publishing Limited, pp.13-39.

Johnston, J. (1991), "An empirical study of the repatriation of managers in UK multinationals", *Human Resource Management Journal*, Vol. 1 (4), pp.102-108.

Jokinen, T., Brewster, C., & Suutari, V. (2008), "Career capital during international work experiences: Contrasting self-initiated expatriate experiences and assigned expatriation", *International Journal of Human Resource Management*, Vol. 19 (6), pp.979-998.

Kane, A. A., & Levina, N. (2017), "'Am I still one of them?': Bicultural immigrant managers navigating social identity threats when spanning global boundaries", *Journal of*

Management Studies, Vol. 54 (4), pp.540–577.

Kawai, N., & Strange, R. (2014), "Perceived organizational support and expatriate performance: Understanding a mediated model", *International Journal of Human Resource Management,* Vol. 25 (17), pp.2438–2462.

Kedia, B. L., & Mukherji, A. (1999), "Global managers: Developing a mindset for global competitiveness", *Journal of World Business,* Vol. 34 (3), pp.230–251.

Keeley, T. D. (2001), *International Human Resource Management in Japanese Firms,* New York: Palgrave Macmillan.

Khatri, N., Fern, C. T., & Budhwar, P. (2001), "Explaining employee turnover in an Asian context", *Human Resource Management Journal,* Vol. 11 (1), pp.54–74.

Kobrin, S. J. (1988), "Expatriate reduction and strategic control in American multinational corporations", *Human Resource Management,* Vol. 27 (1), pp.63–75.

Kogut, B. (1990), "International sequential advantages and network flexibility", in C. A. Bartlett, Y. Doz, & C. Hedlund (eds.), *Managing the Global Firm,* London: Routledge, pp.47–68.

Kogut, B., & Singh, H. (1988), "The effect of national culture on the choice of entry mode", *Journal of International Business Studies,* Vol. 19 (3), pp.411–432.

Kopp, R. (1994), "International human resource policies and practices in Japanese, European, and United States multinationals", *Human Resource Management,* Vol. 33 (4), pp.581–599.

Kopp, R. (1999), "The rice-paper ceiling in Japanese companies: Why it exists and persists", in S. L. Beechler, & A. Bird (eds.), *Japanese Multinationals Abroad: Individual and Organizational Learning,* New York/Oxford: Oxford University Press, pp.107–128.

Kraimer, M. L., & Wayne, S. J. (2004), "An examination of perceived organizational support as a multidimensional construct in the context of an expatriate assignment", *Journal of Management,* Vol. 30 (2), pp.209–237.

Kraimer, M. L., Wayne, S. J., & Jaworski, R. A. (2001), "Sources of support and expatriate performance: The mediating role of expatriate adjustment", *Personnel Psychology,* Vol. 54 (1), pp.71–99.

Kroeber, A. L., & Kluckhohn, C. (1952), *Culture: A Critical Review of Concepts and Definitions,* Cambridge, MA: The Museum.

Lauring, J., & Selmer, J. (2014), "Global mobility orientation and the success of self-initiated expatriates in Greater China", *Asia Pacific Business Review,* Vol. 20 (4), pp.523–540.

Lee, C. H. (2005), "A study of underemployment among self-initiated expatriates", *Journal of World Business,* Vol. 40 (2), pp.172–187.

Levy, O., Beechler, S., Taylor, S., & Boyacigiller, N. A. (2007), "What we talk about when we talk about 'global mindset': Managerial cognition in multinational corporations", *Journal of International Business Studies,* Vol. 38 (2), pp.231–258.

Mäkelä, K., & Brewster, C. (2009), "Interunit interaction contexts, interpersonal social capital, and differing levels of knowledge sharing", *Human Resource Management,* Vol.

48 (4), pp.591–614.

Mäkelä, K., & Suutari, V. (2013), "The social capital of traditional and self-initiated expatriates", in V. Vaiman, & A. Haslberger (eds.), *Talent Management of Self-Initiated Expatriates: A Neglected Source of Global Talent,* London: Palgrave Macmillan, pp.256–277.

Mayrhofer, W., & Brewster, C. (1996), "In praise of ethnocentricity: Expatriate policies in European multinationals", *The International Executive,* Vol. 38 (6), pp.749–778.

McDonnell, A., & Collings, D. G. (2011), "The identification and evaluation of talent in MNEs", in H. Scullion, & D. G. Collings (eds.), *Global Talent Management,* London: Routledge, pp.56–73.

McEvily, B., & Zaheer, A. (1999), "Bridging ties: A source of firm heterogeneity in competitive capabilities", *Strategic Management Journal,* Vol. 20 (12), pp.1133–1156.

Mendenhall, M. E., Dunbar, E., & Oddou, G. R. (1987), "Expatriate selection, training and career-pathing: A review and critique", *Human Resource Management,* Vol. 26 (3), pp.331–345.

Mendenhall, M. E., & Oddou, G. R. (1985), "The dimensions of expatriate acculturation: A review", *Academy of Management Review,* Vol. 10 (1), pp.39–47.

Morgan, P. V. (1986), "International HRM: Fact or fiction?", *Personnel Administrator,* Vol. 31 (9), pp.43–47.

Murray, J. Y., & Fu, F. Q. (2016), "Strategic guanxi orientation: How to manage distribution channels in China?", *Journal of International Management,* Vol. 22 (1), pp.1–16.

Myers, B., & Pringle, J. D. (2005), "Self-initiated foreign experience as accelerated development: Influences of gender", *Journal of World Business,* Vol. 40 (4), pp.421–431.

Nowak, C., & Linder, C. (2016), "Do you know how much your expatriate costs? An activity-based cost analysis of expatriation", *Journal of Global Mobility,* Vol. 4 (1), pp.88–107.

Oberg, C. (1960), "Culture shock: Adjustment to new cultural environments", *Practical Anthropology,* 7, pp.177–182.

Okamoto, K., & Teo, S. T. T. (2012), "Role stress reduction and cultural mediators in overseas Japanese companies", *International Journal of Human Resource Management,* Vol. 23 (17), pp.3522–3535.

Peiperl, M., Levy, O., & Sorell, M. (2014), "Cross-border mobility of self-initiated and organizational expatriates: Evidence from large-scale data on work histories", *International Studies of Management and Organization,* Vol. 44 (3), pp.44–65.

Peltokorpi, V., & Froese, F. J. (2012), "Differences in self-initiated and organizational expatriates' cross-cultural adjustment", in M. Andresen, A. Al Ariss, & M. Walther (eds.), *Self-Initiated Expatriation: Individual, Organizational, and National Perspectives,* London: Routledge, pp.90–104.

Perlmutter, H. V. (1969), "The tortuous evolution of the multinational corporation", *Columbia Journal of World Business,* Vol. 4 (1), pp.9–18.

Pucik, V. (1997), "Human resources in the future: An obstacle or a champion of globalization",

Human Resource Management, Vol. 36 (1), pp.163-167.

Richardson, J., & Mallon, M. (2005), "Career interrupted? The case of the self-directed expatriate", *Journal of World Business*, Vol. 40 (4), pp.409-420.

Richardson, J., & McKenna, M. (2006), "Exploring relationships with home and host countries", *Cross Cultural Management: An International Journal*, Vol. 13 (1), pp.6-22.

Sakai, J. (2004), *The Clash of Economic Cultures: Japanese Bankers in the City of London*, New Brunswick, NJ: Transaction Publishers.

Samovar, L. A., Porter, R. E., & Jain, N. C. (1981), *Understanding Intercultural Communication*, Belmont, CA: Wadsworth Publishing Company. 西田司・西田ひろ子・真保睦子・津田幸男訳(1983)『異文化間コミュニケーション入門』聖文社。

Schein, E. H. (1978), *Career Dynamics: Matching Individual and Organizational Needs*, Reading, MA: Addison-Wesley.

Schein, E. H. (1985), *Organizational Culture and Leadership*, San Francisco: Jossey-Bass. 清水紀彦・浜田幸雄訳 (1989)『組織文化とリーダーシップ』ダイヤモンド社。

Schotter, A., & Beamish, P. W. (2011), "Performance effect of MNC headquarters-subsidiary conflict and the role of boundary spanners: The case of headquarter initiative rejection", *Journal of International Management*, Vol. 17 (3), pp.243-259.

Schotter, A. P. J., Mudambi, R., Doz, Y. L., & Gaur, A. (2017), "Boundary spanning in global organizations", *Journal of Management Studies*, Vol. 54 (4), pp.403-412.

Schuler, R. S., Jackson, S. E., & Tarique, I. R. (2011), "Framework for global talent management: HR actions for dealing with global talent challenges", in H. Scullion, & D. G. Collings (eds.), *Global Talent Management*, London: Routledge, pp.17-36.

Scullion, H., & Collings, D. G. (2006), *Global Staffing*, London: Routledge.

Sekiguchi, T. (2016), "Bridge individuals in multinational organizations", *Australasian Journal of Organisational Psychology*, Vol. 9, DOI: 10.1017/orp.2016.2.

Selmer, J. (2004), "Expatriates' hesitation and the localization of western business operations in China", *International Journal of Human Resource Management*, Vol. 15 (6), pp.1094-1107.

Selmer, J. (2006), "Language and adjustment: Western expatriates in China", *Thunderbird International Business Review*, Vol. 48 (3), pp.347-368.

Selmer, J., & Lauring, J. (2010), "Self-initiated academic expatriates: Inherent demographics and reasons to expatriate", *European Management Review*, Vol. 7 (3), pp.169-179.

Selmer, J., & Lauring, J. (2011a), "Acquired demographics and reasons to relocate among self-initiated expatriates", *International Journal of Human Resource Management*, Vol. 22 (10), pp.2055-2070.

Selmer, J., & Lauring, J. (2011b), "Marital status and work outcomes of self-initiated expatriates: Is there a moderating effect of a gender?", *Cross Cultural Management: An International Journal*, Vol. 18 (2), pp.198-213.

Shaffer, M. A., & Harrison, D. A. (1998), "Expatriates' psychological withdrawal from international assignments: Work, nonwork, and family influences", *Personnel Psychology*,

Vol. 51 (1), pp.87-118.

Shay, J. P., & Baack, B. (2004), "Expatriate assignment, adjustment and effectiveness: An empirical investigation of the big picture", *Journal of International Business Studies,* Vol. 35 (3), pp.216-232.

Sitaram, K. S. (1976), *Foundations of Intercultural Communication,* Columbus: Charles E. Merrill Publishing Company. 御堂岡潔訳 (1985)『異文化間コミュニケーション―欧米中心主義からの脱却―』東京創元社。

Snell, R. S., & Tseng, C. (2001), "Ethical dilemmas of relationship building in China", *Thunderbird International Business Review,* Vol. 43 (2), pp.171-200.

Solomon, C. M. (1994), "Success abroad depends on more than job skills", *Personnel Journal,* Vol. 73 (4), pp.51-60.

Strauss, A., & Corbin, J. (1990), *Basic of Qualitative Research: Grounded Theory Procedures and Technique,* New York: SAGE Publications.

Stroh, L. K., & Caligiuri, P. M. (1998), "Increasing global competitiveness through effective people management", *Journal of World Business,* Vol. 33 (1), pp.1-16.

Suutari, V., & Brewster, C. (2000), "Making their own way: International experience through self-initiated foreign assignments", *Journal of World Business,* Vol. 35 (4), pp.417-436.

Tams, S., & Arthur, M. B. (2007), "Studying careers across cultures: Distinguishing international, cross-cultural, and globalization perspectives", *Career Development International,* Vol. 12 (1), pp.86-98.

Teng, L., Huang, D., & Pan, Y. (2017), "The performance of MNE subsidiaries in China: Does it matter to be close to the political or business hub?", *Journal of International Management,* Vol. 23 (3), pp, 292-305.

Thang, L. L., Goda, M., & MacLachlan, E. (2006), "Negotiating work and self: Experiences of Japanese working women in Singapore", N. Adachi (ed.), *Japanese Diaspora: Unsung Pasts, Conflicting Presents, and Uncertain Futures,* London: Routledge, pp.236-253.

Thang, L. L., MacLachlan, E., & Goda, M. (2002), "Expatriates on the margins: A study of Japanese women working in Singapore", *Geoforum,* Vol. 33 (4), pp.539-551.

Thang, L. L., MacLachlan, E., & Goda, M. (2006), "Living in 'My Space': Japanese working women in Singapore", *Geographical Sciences (Chiri-Kagaku),* Vol. 61 (3), pp.156-171.

Tharenou, P. (2010), "Women's self-initiated expatriation as a career option and its ethical issues", *Journal of Business Ethics,* Vol. 95 (1), pp.73-88.

Thorn, K., & Inkson, K. (2012), "Self-initiated expatriation and talent flow", in M. Andresen, A. Al Ariss, & M. Walther (eds.), *Self-Initiated Expatriation: Individual, Organizational, and National Perspectives,* London: Routledge, pp.75-89.

Tian, X., Harvey, M., & Slocum, J. W. (2014), "The retention of Chinese managers: The Chinese puzzle box", *Organizational Dynamics,* Vol. 43 (1), pp.44-52.

Tung, R. L. (1981), "Selection and training of personnel for overseas assignments", *Columbia Journal of World Business,* Vol. 16 (1), pp.68-78.

Tung, R. L. (1982), "Selection and training procedures of US, European and Japanese multinationals", *California Management Review*, Vol. 25 (1), pp.57–71.

Tung, R. L. (1984), "Strategic management of human resources in the multinational enterprise", *Human Resource Management*, Vol. 23 (2), pp.129–143.

Tung, R. L. (1988), "Career issues in international assignments", *Academy of Management Executives*, Vol. 2 (3), pp.241–244.

Tung, R. L., & Lazarova, M. (2006), "Brain drain versus brain gain: An exploratory study of ex-host country nationals in Central and East Europe", *International Journal of Human Resource Management*, Vol. 17 (11), pp.1853–1872.

Tungli, Z., & Peiperl, M. (2009), "Expatriate practices in German, Japanese, U.K., and U.S. multinational companies: A comparative survey of changes", *Human Resource Management*, Vol. 48 (1), pp.153–171.

Tylor, E. B. (1873), *Primitive Culture*, second edition, London: John Murray. 比根屋安定訳（1962）『原始文化』誠信書房。

Tymon, W. G., Stumpf, S. A., & Doh, J. P. (2010), "Exploring talent management in India: The neglected role of intrinsic rewards", *Journal of World Business*, Vol. 45 (2), pp.109–121.

United Nations (ed.) (2017), *International Migrant Stock: The 2017 Revision*, New York: United Nations.

Vaiman, V., & Haslberger, A. (eds.) (2013), *Talent Management of Self-Initiated Expatriates: A Neglected Source of Global Talent*, London: Palgrave Macmillan.

Vance, C. M., & McNulty, Y. (2014), "Why and how women and men acquire global career experience: A study of American expatriates in Europe", *International Studies of Management and Organization*, Vol. 44 (2), pp.34–54.

Varma, A., Budhwar, P., & Pichler, S. (2011), "Chinese host country nationals' willingness to help expatriates: The role of social categorization", *Thunderbird International Business Review*, Vol. 53 (3), pp.353–364.

Vernon, R. (1971), *Sovereignty at Bay: The Multinational Spread of U.S. Enterprises*, New York: Basic Books.

Vora, D., Kostova, T., & Roth, K. (2007), "Roles of subsidiary managers in multinational corporations: The effect of dual organizational identification", *Management International Review*, Vol. 47 (4), pp.595–620.

White, M., & Trevor, M. (1985), *Under Japanese Management*, London: Heinemann Educational Books.

Wilson, W. (2013), "Coaching with a global mindset", *International Journal of Evidence Based Coaching and Mentoring*, Vol. 11 (2), pp.33–52.

Yagi, N., & Kleinberg, J. (2011), "Boundary work: An interpretive ethnographic perspective on negotiating and leveraging cross-cultural identity", *Journal of International Business Studies*, Vol. 42 (5), pp.629–653.

Yoshino, M. Y. (1976), *Japan's Multinational Enterprises*, Cambridge, MA: Harvard University Press.

Yui, Y. (2009), "Japanese women's work overseas and the activities of recruitment agencies in Singapore", *Journal of Geographical Science,* 57, pp.55–70.

[日本語文献]

浅川和宏（2002）「グローバル R&D 戦略とナレッジ・マネジメント」『組織科学』（第 36 巻第 1 号），51-67 頁。
石井敏・久米昭元・遠山淳・平井一弘・松本茂・御堂岡潔編（1997）『異文化コミュニケーション・ハンドブック』有斐閣。
石田英夫（1985）『日本企業の国際人事管理』日本労働研究機構。
石田英夫（1989）「マネジメントの現地化問題」『日本労働協会雑誌』（No. 357），28-35 頁。
石田英夫編著（1994）『国際人事』中央経済社。
石田英夫（1999）『国際経営とホワイトカラー』中央経済社。
井戸宏樹（2006）「タイに越境する日本人―日本人現地採用者からみた若者の滞在意識―」『コミュニティ政策研究』（第 8 号），85-93 頁。
稲上毅（2003）『企業グループ経営と出向転籍慣行』東京大学出版会。
今田高俊・園田茂人編（1995）『アジアからの視線―日系企業で働く 1 万人からみた「日本」―』東京大学出版会。
内田賢（1994）「アジアにおける異文化経営」石田英夫編著『国際人事』中央経済社，175-189 頁。
海野素央（2005）「中国進出日本企業における中国人従業員のモチベーションの向上と維持」『政經論叢』（第 73 巻第 3-4 号），191-233 頁。
閻秀・王秋華（2007）「中日合弁企業のカルチャー・ショック―東風・日産を例として―」比嘉佑典・王秋華主編『日中合弁企業文化意識についての調査研究』華中科技大学出版社，120-132 頁。
閻立（1996）「日中異文化コミュニケーション摩擦の実証的研究―中国における日系企業を中心として―」『異文化コミュニケーション研究』（第 9 号），91-110 頁。
王秋華（2007）「中日合弁企業における若者の人材流出・流動の現状に関する調査と分析」比嘉佑典・王秋華主編『日中合弁企業文化意識についての調査研究』華中科技大学出版社，30-42 頁。
王浄華（2007）「中日商談摩擦における文化的背景について」比嘉佑典・王秋華主編『日中合弁企業文化意識についての調査研究』華中科技大学出版社，53-62 頁。
太田正孝（2008）『多国籍企業と異文化マネジメント』同文舘出版。
外務省編（2018）『海外在留邦人数調査統計（平成 30 年版）』。
加護野忠男・関西生産性本部編（1984）『ミドルが書いた日本の経営』日本経済新聞社。
片岡信之・三島倫八編著（1997）『アジア日系企業における異文化コミュニケーション』文眞堂。
亀田尚己（2000）「国際経営における誤解の構造―言語とコミュニケーションの危険管理について―」『同志社商学』（第 51 巻第 5-6 号），185-212 頁。
木下康仁（2003）『グラウンデッド・セオリー・アプローチの実践―質的研究への誘い―』弘文堂。
木下康仁（2007）『ライブ講義 M-GTA 実践的質的研究法―修正版グラウンデッド・セオ

リー・アプローチのすべて―』弘文堂。
木下康仁（2009）『質的研究と記述の厚み―M-GTA・事例・エスノグラフィー―』弘文堂。
木下康仁（2016）「M-GTA の基本特性と分析手法―質的研究の可能性を確認する―」『順天堂大学医療看護学部医療看護研究』（第 13 巻第 1 号），1-11 頁。
経済産業省編（2019）『第 48 回海外事業活動基本調査概要（2017 年度実績 /2018 年 7 月 1 日調査）』。
厚生労働省編（2018）『平成 29 年国民健康・栄養調査報告』。
国際協力銀行編（2018）『わが国製造企業の海外事業展開に関する調査報告―2018 年度海外直接投資アンケート調査結果（第 30 回）―』。
国際交流基金編（2017）『海外の日本語教育の現状―2015 年度日本語教育機関調査より―』。
沙連香・川久保美智子（1997）「日中の集団主義および伝統社会構造の比較」『関西学院大学社会学部紀要』（第 76 号），57-68 頁。
崔勝淏（2016）「サムスンの人材マネジメント戦略―地域専門家制度を中心に―」『跡見学園女子大学マネジメント学部紀要』（第 21 号），25-42 頁。
戈木クレイグヒル滋子（2008）『実践グラウンデッド・セオリー・アプローチ―現象をとらえる―』新曜社。
戈木クレイグヒル滋子（2016）『グラウンデッド・セオリー・アプローチ改訂版―理論を生みだすまで―』新曜社。
斉藤秀樹（2005）「日本人社員の現地採用現況」『盤谷日本人商工会議所所報』（2005 年 12 月号），1-5 頁。
齋藤悠子（2011）「タイにおける日本人現地採用の実態について」『盤谷日本人商工会議所所報』（2011 年 4 月号），37-44 頁。
酒井千絵（1998）「ジェンダー規定からの解放―香港における日本人女性の現地採用就労―」『ソシオロゴス』（第 22 号），1-16 頁。
酒井千絵（1999）「境界からのネイション―香港で働く日本人による境界性の意味付けとナショナリズムの多元性―」『Sociology Today』（第 9 号），137-152 頁。
酒井千絵（2006）「香港・中国在住日本人の国境を越える戦略―『日本人性』と『多文化性』をめぐる語りから―」『Asia Culture Forum 2006』論文，1-11 頁。（http://cct.pa.go.kr/data/acf2006/aycc/aycc_1502_Chie%20Sakai.pdf#search='Asian+Culture+Forum+2006%2C+Chie+Sakai: 2019 年 8 月 21 日最終アクセス）。
佐々木由美（2016）「中国進出日系企業で働く日本人が感じていた情動摩擦」西田ひろ子編著『中国，ベトナム進出日系企業における異文化間コミュニケーション考察』風間書房，303-324 頁。
佐藤真知子（1993）『新・海外定住時代―オーストラリアの日本人―』新潮社。
柴田弘捷（2011）「在中国日系企業の人事管理（1）―中国人の就業意識・行動と『現地化』の問題―」『専修人間科学論集』（第 1 巻第 2 号），81-92 頁。
周宝玲（2007）『日系企業が中国で成功する為に―異文化経営が直面する課題―』晃洋書房。
徐實妹・片岡信之（1997）「中国日系企業における異文化コミュニケーション」片岡信之・三島倫八編著『アジア日系企業における異文化コミュニケーション』文眞堂，60-86 頁。
徐誠敏・李美善（2015）「地域専門家制度から見たサムスン電子のグローバル・マインド

セットの構築戦略―複眼的・多角的な視点による考察を中心に―」『経済経営論集』（第23巻第1号），11-26頁。

徐誠敏・李美善（2016）「サムスン電子の地域専門家制度の普遍的適用可能性に関する研究―韓国企業の先進的取組事例を中心に―」『経済経営論集』（第23巻第2号），69-81頁。

白木三秀（1995）『日本企業の国際人的資源管理』日本労働研究機構。

白木三秀編著（2005）『チャイナ・シフトの人的資源管理』白桃書房。

白木三秀（2006）『国際人的資源管理の比較分析―「多国籍内部労働市場」の視点から―』有斐閣。

白木三秀（2009）「日本企業に必要とされるグローバル・マネジメント人材とは―現下の中国調査から考える―」『世界経済評論』（第53巻第5号），17-23頁。

晨光（1995）「『報』と『誠』のコミュニケーション―中国と日本の間における不信感の分析―」『異文化コミュニケーション研究』（第8号），169-184頁。

鈴木滋（2000）『アジアにおける日系企業の経営―アンケート・現地調査にもとづいて―』税務経理協会。

高橋優子（2012）「これまでの日中の『謝罪』表現研究の問題点と今後の課題」『文化外国語専門学校紀要』（第25号），1-8頁。

田中利佳（2005）『日系多国籍企業における企業内教育訓練―海外派遣者事前研修の研究―』創成社。

趙暁霞（2002）『中国における日系企業の人的資源管理についての分析』白桃書房。

陳塵（2015）「中国における日系企業の異文化経営に関する一考察―異文化コミュニケーションを中心として―」『東洋大学大学院紀要』（第52号），35-52頁。

陳俊森・陳朝陽（2007）「中国の日系企業における日本人の異文化適応に関する一考察」比嘉佑典・王秋華主編『日中合弁企業文化意識についての調査研究』華中科技大学出版社，43-52頁。

ツェ，デイヴィッド・古田茂美（2012）『中国人との「関係」のつくりかた』ディスカヴァー・トゥエンティワン。

辻周吾（2007）「中国日系企業に従事する日本人と中国人とのコミュニケーションに関する調査研究―注意喚起表現，依頼懇願指示表現，賞賛表現，断り表現の特徴及び誤解や摩擦の解明をめぐって―」彭飛編『日中対照言語学研究論文集―中国語からみた日本語の特徴，日本語からみた中国語の特徴―』和泉書院，453-482頁。

辻周吾（2011）「中国進出日系企業における日本語コミュニケーション教育―日本人駐在員の使用する『注意表現』，『指示表現』，『断り表現』，『称賛表現』の在り方―」『スピーチ・コミュニケーション教育』（第24号），61-82頁。

辻周吾（2016）「日本語学習者の補助動詞『～ておく』の習得について―中国人日本語学習者に対する指導方法をめぐって―」『京都外国語大学日本学研究』（創刊号），13-28頁。

辻隆久（2010）「中国進出日系企業の日本人駐在員に対するコミュニケーション教育」『NEAR conference proceedings working papers』（NEAR-2010-09），1-14頁。

土居繭子（2016）「中国進出日系企業における言語について（日本語を中心に）」西田ひろ子編著『中国，ベトナム進出日系企業における異文化間コミュニケーション考察』風間書房，463-478頁。
堂園徹（2007）「現地採用に見る日本企業のお粗末さ」『VERDAD』（2007年11月号），42-43頁。
東洋経済新報社編（2019）『海外進出企業総覧（国別編）2019年版』。
永井裕久（1994）「異文化間コミュニケーション」石田英夫編著『国際人事』中央経済社，21-39頁。
中澤高志（2015）「若者の海外就職・起業と日本のビジネス・エコシステムの生成」『地理科学』（第70巻第3号），122-141頁。
中澤高志・由井義通・神谷浩夫（2012）「日本人女性の現地採用労働市場の拡大とその背景―2000年代半ばのシンガポールの事例―」『地理科学』（第67巻第4号），153-172頁。
中澤高志・由井義通・神谷浩夫・木下礼子・武田祐子（2008）「海外就職の経験と日本人としてのアイデンティティ―シンガポールで働く現地採用日本人女性を対象に―」『地理学評論』（第81巻第3号），95-120頁。
中根千枝（1967）『タテ社会の人間関係』講談社。
永野仁（1989）『企業グループ内人材移動の研究』多賀出版。
西田ひろ子（1992）『在米ニッポン企業にみる誤解の構造―アメリカ人と働くときの知識と技術のレポート―』ダイヤモンド社。
西田ひろ子編著（2007）『米国，中国進出日系企業における異文化間コミュニケーション摩擦』風間書房。
西田ひろ子編著（2008a）『グローバル社会における異文化間コミュニケーション』風間書房。
西田ひろ子（2008b）「海外日系進出企業は何を注意すべきか―調査から見えてきたこと―」西田ひろ子編著『グローバル社会における異文化間コミュニケーション』風間書房，306-310頁。
西田ひろ子編著（2016a）『中国，ベトナム進出日系企業における異文化間コミュニケーション考察』風間書房。
西田ひろ子（2016b）「中国進出日系企業で働く中国人と日本人の間の認知摩擦」西田ひろ子編著『中国，ベトナム進出日系企業における異文化間コミュニケーション考察』風間書房，213-228頁。
日本学生支援機構編（2019）『平成29年度協定等に基づく日本人学生留学状況調査結果』。
日本在外企業協会編（2000）『ASEANにおける日系現地法人の経営と人材管理―日本本社との関係も含めて―』。
根橋（中原）玲子（2008）「日本人が困難に感じていた中国人の行動/中国人が困難に感じていた日本人の行動」西田ひろ子編著『グローバル社会における異文化間コミュニケーション』風間書房，223-239頁。
ハウエル，ウィリアムS.・久米昭元（1992）『感性のコミュニケーション―対人融和のダイナミズムを探る―』大修館書店。
間宏（1975）『日本的経営』日本経済新聞社。
花田光世（1988）「グローバル戦略を支える人事システムの展開法（上）」『ダイヤモンド・

ハーバード・ビジネス』(第13巻第4号)，55-64頁。
濱口恵俊・公文俊平 (1982)『日本的集団主義』有斐閣。
林吉郎 (1985)『異文化インターフェイス管理』有斐閣。
林吉郎 (1994)『異文化インターフェイス経営』日本経済新聞社。
比嘉佑典 (2007)「中国における人材開発と教育」比嘉佑典・王秋華主編『日中合弁企業文化意識についての調査研究』華中科技大学出版社，94-106頁。
藤田結子 (2008)『文化移民—越境する日本の若者とメディア—』新曜社。
古沢昌之 (2003)「中国の人材をいかに活用するか」日中経済協会編『対中ビジネスの経営戦略—中堅・中小企業への提言—』蒼蒼社，309-336頁。
古沢昌之 (2005a)「日本企業における国際人的資源管理の変革—『統合－現地適応』の両立に向けて—」『国際ビジネス研究学会年報』(第11号)，13-27頁。
古沢昌之 (2005b)「日本企業の国際人的資源管理における『第二のグラス・シーリング』—『世界的学習能力』構築に向けての課題—」『大阪商業大学論集』(第137号)，75-90頁。
古沢昌之 (2006)「在中国日系企業の集団的労使関係に関する研究—『工会』を巡る状況を中心に—」『国際ビジネス研究学会年報』(第12号)，35-52頁。
古沢昌之 (2008)『グローバル人的資源管理論—「規範的統合」と「制度的統合」による人材マネジメント—』白桃書房。
古沢昌之 (2011)「中国における『労使間の摩擦』に関する一考察—『農民工』と『工会』を巡る状況を踏まえて—」『Int'lecowk (国際経済労働研究)』(第66巻第2号)，22-30頁。
古沢昌之 (2013)『「日系人」活用戦略論—ブラジル事業展開における「バウンダリー・スパナー」としての可能性—』白桃書房。
古沢昌之 (2015)「多国籍企業の新たな人材オプションとしての“Self-initiated expatriates”に関する一考察—その特性・実相と求められる研究の視座—」『大阪商業大学論集』(第175号)，15-30頁。
古沢昌之 (2016)「日本企業の国際人的資源管理における『現地化問題』を再検討する—変化の兆候とその背景—」『地域と社会』(第19号)，57-71頁。
古沢昌之 (2017)「在中国日系進出企業における『現地採用日本人』の活用に関する研究—日系企業及び現地採用者本人に対する調査を踏まえて—」『国際ビジネス研究』(第9巻第1-2号)，19-34頁。
古沢昌之 (2018a)「多国籍企業における新たな人材オプションとしての『現地採用本国人』の雇用に関する研究—英国の日系進出企業及び現地採用日本人社員に対するアンケート調査を踏まえて—」『異文化経営研究』(第15号)，1-36頁。
古沢昌之 (2018b)「在中国日系進出企業における『現地採用日本人』の実相—バウンダリー・スパナーとしての可能性と移動理由・キャリア・職務満足—」『商経学叢』(第64巻第3号)，177-205頁。
古沢昌之 (2019a)「国際人的資源管理」安室憲一監修，古沢昌之・山口隆英編著『安室憲一の国際ビジネス入門』白桃書房，76-90頁。
古沢昌之 (2019b)「在外日系進出企業に勤務する現地採用日本人の『バウンダリー・スパニング機能』の規定要因に関する研究—在中国日系進出企業に対するアンケート調査に

基づいて―」『商経学叢』(第65巻第5号), 103-128頁。
古沢昌之 (2019c)「グローバル経営の淵源は国内グループ経営にあり」『月刊グローバル経営』(2019年3月号), 14-15頁。
古沢昌之・盛岡貴昭・安室憲一 (2018)「日本企業における『内なる国際化』の進展に関する一考察―『言語投資』の視点を中心として―」『地域と社会』(第21号), 153-183頁。
古田秋太郎 (2004)『中国における日系企業の経営現地化』税務経理協会。
方懋・高鵬飛 (2004)「中国人と日本人における言語表現の違い」『新潟産業大学人文学部紀要』(第16号), 151-161頁。
馬成三 (2000)『中国進出企業の労働問題―日米欧企業の比較による検証―』日本貿易振興会。
馬越恵美子 (2011)『ダイバーシティ・マネジメントと異文化経営―グローバル人材を育てるマインドウェアの世紀―』新評論。
茂垣広志 (1994)「国際人的資源管理の基本的視座と本社志向的エクスパトリエイト」『横浜経営研究』(第15巻第2号), 140-152頁。
安室憲一 (1982)『国際経営行動論』森山書店。
安室憲一 (1992)『グローバル経営論』千倉書房。
安室憲一 (2012)『多国籍企業と地域経済―「埋め込み」の力―』御茶の水書房。
横田みのり (2010a)「タイの現地採用日本人―第1回―」『タイ国情報』(第44巻第3号), 102-114頁。
横田みのり (2010b)「タイの現地採用日本人―第2回―」『タイ国情報』(第44巻第4号), 127-140頁。
吉原英樹 (1989)『現地人社長と内なる国際化』東洋経済新報社。
吉原英樹 (1996)『未熟な国際経営』白桃書房。
吉原英樹・岡部曜子・澤木聖子 (2000)「言語コストと言語投資の経営資源モデル」『神戸大学経済経営研究所 Discussion Paper Series』(J30), 1-26頁。
吉原英樹・岡部曜子・澤木聖子 (2001a)『英語で経営する時代―日本企業の挑戦―』有斐閣。
吉原英樹・岡部曜子・澤木聖子 (2001b)「バイリンガル経営のための言語戦略」『神戸大学経済経営研究所 Discussion Paper Series』(J36), 1-17頁。
吉原英樹・星野裕志 (2003)「総合商社―日本人が日本語で経営―」『国民経済雑誌』(第187巻第3号), 19-34頁。
吉村栄祐 (2006)「大連で日本人の現地採用が増加」『中国経済』(2006年10月号), 10-16頁。
李捷生・郝燕書・多田稔・藤井正男 (2015)『中国の現場からみる日系企業の人事労務管理―人材マネジメントの事例を中心に―』白桃書房。
李兌賢 (2014)「サムスン電子のグローバル人材戦略」『商経学叢』(第60巻第2-3号), 289-310頁。
凌文輇 (1995)「日中合弁企業の経営と中国の国情・文化」『慶應経営論集』(第13巻第1号), 75-88頁。
盧真 (2006)「華南地域での日本語人材活用の動向―日本人の現地採用と日本に留学経験の

ある中国人の採用—」『中国経済』(2006年6月号), 8-16頁。

盧濤 (2008)「日中ビジネスコミュニケーション研究の動向と課題」『広島大学マネジメント研究』(第8号), 43-56頁。

盧濤 (2012)「在中国日系企業の言語戦略—現状と対策—」村松潤一編著『中国における日系企業の経営』白桃書房, 121-142頁。

労働政策研究・研修機構編 (2008)『第7回海外派遣勤務者の職業と生活に関する調査結果』。

ロンドン・ウィメンズ・ネットワーク編 (1999)『イギリスで働く私たち—現地採用の日本人女性たちの声—』。

渡辺ユキノ (2013a)「中国赴任者の健康から見えてくる中国事業の行方（第1回）—中国赴任者のココロとカラダの健康状態—」『東海日中貿易センター会報誌』(Vol. 336), 10-13頁。

渡辺ユキノ (2013b)「中国赴任者の健康から見えてくる中国事業の行方（第2回）—中国赴任者に多いメンタルヘルス不調の特徴—」『東海日中貿易センター会報誌』(Vol. 337), 8-12頁。

渡辺ユキノ (2013c)「中国赴任者の健康から見えてくる中国事業の行方（第3回）—中国赴任者のココロとカラダの健康管理対策—」『東海日中貿易センター会報誌』(Vol. 338), 8-12頁。

索　引

【数字・アルファベット】

2つのグラス・シーリング　170
5S　43
bears　8
bumble-bees　8
cultural mediators　22, 107
domestic internationalists　17
dual allegiance（二重の忠誠心）　126
dual career couples　17
ex-host country nationals（EHCNs）　103
frequent flyers　17, 29
Grounded Theory Approach（GTA）　128, 163
HSK（中国教育部認定の中国語検定試験）　138, 153
international commuters　17, 29
international migrants　1, 13
international professionals　17
inter-SIEs　18
intra-SIEs　18, 91, 103
job seekers　17
localized professionals　17, 92, 101
migrants（移民・移住者）　18-19, 30
migrant workers　13
my space　26
M型組織　40
M時間（monochronic time）　42-43
officials　17
"Out of sight, out of mind（去る者は日々に疎し）"症候群　10
O（有機的）型 vs. M（機械論的）型の組織化原理　39-42
PM2.5　58, 92-93
P時間（polychronic time）　42-43
returnees　103
rubber band model　21
self-initiated foreign work experiences（SFEs）　29
short-term assignments　17, 29
SIEsの「雇用」　131-132
SIEsの「働きぶり」　6, 167
spiders　8
The Big OE（overseas experience）　17
underemployment　2, 20, 26, 94, 109
"'us and them'mentality"（「我々とあの人たち」というメンタリティ）　21, 106
U-カーブ適応理論　48, 57, 62
virtual international employees　17, 29
young opportunists　17

【ア行】

アイデンティティ　3, 24, 27
曖昧表現　37-38
阿吽の呼吸　130, 132, 134-135, 139, 151, 153
アナログ知覚・アナログ文化　39
新たな人材オプション　1-2, 5, 7, 16, 28, 123, 138, 165-166
以心伝心　34, 38
板挟み　144, 146, 158, 161
一国二制度　3
一般適応　50-52, 54, 56
移動理由　2, 20, 23, 78, 82, 88, 101-102, 167
異文化インターフェイス　21, 106, 114
異文化コミュニケーション　31-33, 38, 61
——摩擦　5, 31, 33-35, 39, 44, 61, 166,

171
——問題　31
異文化適応　3-5, 18, 22, 45, 47, 49-57, 61, 101, 114, 131-132, 134, 150, 166, 171
——研修　9, 29, 47
——支援　140-141, 155, 161, 168
——能力　171-172
——問題　1, 9, 31, 45
移民研究　19
飲酒　59
浦島太郎現象　10
英国　24-27
英語圏　24
永住権　13, 30, 84
永住者　13-15, 84
衛生要因　82, 94-96, 101
エスノセントリック（自民族中心主義的） 11, 35, 61, 170
欧米企業　146, 158
欧米系企業　25, 30, 173

【カ行】

海外在留邦人　13, 15, 20
——数　1, 13-14, 28
海外派遣　2, 5, 8-9, 16, 45, 166
海外留学経験　16
外人　43
過活動　60
家族主義　42
カルチャーショック　49
——期　48, 57
過労　60
記憶の神経回路網　34
帰化　84
——者　65, 84, 86, 153
機会主義　162
帰属意識　1, 12, 25, 71, 132, 135, 137, 152
帰任　3, 9, 20, 22, 24, 44, 50, 53, 62, 139, 163
——後の憂鬱（repatriation blues）　10
——問題　1
規範的統合　12, 102, 110-112, 115-116, 118-124, 126, 128, 132, 141, 155-156, 162, 167-169, 172-173
逆カルチャーショック　10
逆出向　124, 142-143, 156-157, 162
——や他の海外子会社への異動　132
キャリア　4, 6, 18, 21, 23-25, 28, 82, 87, 92, 101-102, 146, 158, 167
——アップ　23, 87, 94, 96, 98, 100-103, 167
——アップアプローチ　119, 121-122, 125
——アップ・自己実現志向型　24
——機会　132
——タイプ　2, 20, 24, 78, 101-102
規律　43, 132, 151
グアンシ（guanxi：関係）　43
グラス・シーリング（glass ceiling）　11, 29, 170
グレーゾーン　58
グローバル・グループ経営　171
グローバル統合　107-108
グローバルなキャリア機会　109-112, 114-115, 118-119, 121-124, 132, 142, 156, 162, 167-168
グローバルな社内労働市場　111
グローバルに統合された人事制度　102, 111-112
グローバル・マインドセット（global mindset）　107-110, 112-114, 117-120, 123-125, 128, 132, 141, 155, 161-162, 167-169, 172
経営理念　8, 47, 48, 53, 102, 110, 112, 115-116, 118-119, 123, 126, 132, 141-143, 155-156, 162
経済移民　23
継続的比較分析　129
血圧の上昇　59
結果図　131-132

結婚や出産に対する圧力　23, 88-90, 101
言語コスト　34
言語政策　4, 6, 63-65, 76, 78, 166
言語的・文化的スキル　22, 106, 169
言語メッセージ　32-33
現地化　1, 2, 5, 7, 11, 12, 16, 28, 165-166
——の遅れ　3, 8, 44, 170
「現地採用日本人」の雇用　4-6, 63-64, 68, 76-78, 127, 162, 166
現地採用日本人の「働きぶり」　64, 74-77
現地採用日本人を「雇用しない理由」　70-71
現地採用日本人を「雇用する理由」　69-70, 73
現地志向（polycentric）　12
現地人（host country nationals：HCNs）　7, 16, 28
——化　147-148, 159
——の登用　1, 5, 7, 19, 28, 165-166
現地適応　11, 108
——とグローバル統合　107, 126, 169
——とグローバル統合の両立　107, 169
権力格差（power distance）　40, 61
高血圧　59
高コンテクスト文化　39
江蘇省　63, 78, 81, 127
公的規則　44
子会社プロパー　170
顧客適合論　77, 160
国際移動　3, 17-18, 165, 171
国際人事異動　8, 123, 170
国際人的資源管理　12, 16, 28, 57, 62, 102, 123, 167, 170
——論　1, 4, 7, 17-19, 28, 30, 165
国際労働市場における「隠れた側面」　28
国民文化　40, 61, 126, 169
心の中のマトリックス（matrix in mind）　107
個人的な信頼関係　43
コストアップ要因　1, 11
国境・国籍を越えた協働　169
国境を越えた社会化　8, 53, 79, 110
断り表現　37
コミュニケーション・ギャップ　33, 130
コミュニケーション・ルール　34-35, 61
コモン・メソッド・バイアス　173

【サ行】

在留届　29
在留邦人　14-15, 78, 84
——数　163
察し　34, 38
様々な境界の束（bundles of different types of boundaries）　21
サムスン電子　172
ジェンダー規範　23, 26
ジェンダー分業　26
ジェンダー問題　4, 18
ジオセントリック（geocentric）　111
——・スタッフィング　121-123, 125
思考・行動が過度に現地化　71, 75
思考・行動の過度の現地化　2, 20, 74, 77, 147, 159, 161, 167-168
自己人　43
仕事成果　3, 5, 45, 50-57, 166, 171-172
仕事適応　50-52, 54, 56
仕事における自主性　39-40
自己本位的　38
自己抑制　38
指示表現　37
指示待ち　41
子女教育　10, 45
シティ　24
自発的な海外移住・海外就労　1, 13, 16, 28
事務管理・品質管理　43
社会主義市場経済　3, 171
社会保障　132, 144, 147, 159, 161
ジャパンストレス　60
上海市　15, 63, 78, 81, 127

就職氷河期　30
修正版グラウンデッド・セオリー・アプローチ（Modified Grounded Theory Approach：M-GTA）　5-6, 127-131, 163, 168
集団連帯責任制　42
衆知を集めた経営　170
就労ビザ　173
——取得　71, 132, 147-148, 159, 161, 168
賞賛表現　38
情動摩擦　38-42, 44, 135
職務記述書　39
職務でなく職場中心の組織運営　40
職務不満足　2, 20, 94
職務満足　4, 6, 21, 25-26, 28, 78, 82, 94, 96, 98-99, 101-102, 105, 144, 167
ジョブホッピング　12
シンガポール　23-26
人材紹介会社　16
人材のグローバルな移動　2, 16
人材の「最適ミックス」　171
人事サイクルアプローチ　118, 121, 125
人治主義　44
心身の「健康状態」　171
心身の「健康問題」　5, 45, 57, 61, 166
心身の不調　57-58
身体症状　58
人的資源管理施策　4, 45, 53, 55-56, 105, 109-111, 114, 124, 128-129, 132, 141, 155, 162, 168-169, 173
信頼関係　64, 74-75, 102, 109-112, 114, 118-122, 126, 132, 141, 143, 154-156, 162, 167-169
心理的契約の機能不全　169
心理的接着剤　110
水平的調整メカニズム　109
進んだ西洋 vs. 耐えられない日本　24
ステレオタイプや偏見　35
ストーリーライン　131
ストライキ　71, 79
ストレスチェック　57
成果主義　24
精神症状　58
精神（スピリチュアル）移民　23
正当性（legitimacy）　109
制度共通化アプローチ　119, 121-122, 125
制度的統合　12, 102, 110-112, 115, 117-118, 120-122, 124, 128, 132, 142, 156, 162, 167-169, 172-173
世界中の有能人材の利用可能性　111
積極的動機　101-102, 167
先行適応（anticipatory adjustment）　47
全人格的参加　62
選抜基準　9, 45, 47, 53, 55-56, 171
総経理　64-65, 72-73, 77-78, 83, 143, 146, 156, 158, 169
想像力の作動（work of imagination　16
ソーシャル・キャピタル（social capital）　109, 121, 123, 125
組織横断的キャリア（boundaryless career）　24, 101-102
組織内キャリア（organizational career）　24
組織への二重の一体感（dual organization identification）　108

【タ行】

タイ　24-25, 27
第３のグラス・シーリング　170
第三国籍人（third country nationals：TCNs）　7, 16, 19, 28, 65
第三文化体　109
対人適応　22, 50, 52, 54, 56
帯同家族への配慮不足　10
帯同家族問題　1
高い転職率　3
高い離職率　12
多国籍企業　1, 17-24, 28, 34, 64, 78, 91, 105-107, 110-111, 126, 166, 169

多国籍性（multinationality）　21, 106
短期就労意識　25
男女差別　88-90
男女の暗黙の役割分担　88-90
男女の役割分担・男女差別　101
単身赴任　46, 82
地域専門家制度　172
注意表現　36, 38
中国語能力　6, 36, 67, 70, 72-73, 77, 82, 85-90, 95-96, 98-102, 105, 107, 112-113, 117-118, 122-126, 138, 148, 153, 160, 167-168, 172-173
中国事業展開　165, 171
中国人社員との信頼関係　74-75, 114, 121
「中国仕様」の人的資源管理　171
——施策　171
中国人の日本語人材　36, 70-71, 74, 76-77, 130, 135, 138, 145, 148, 151-153, 157, 159, 161, 173
中国駐在員　3, 57, 59, 61-62
中国駐在固有の問題　57
中国内の主要顧客　65, 69, 72-73, 76, 78, 166
中国赴任者　45, 47, 49, 51, 57-60
中国文化への精通　6, 105, 107, 112-113, 117-118, 123-126, 167-168, 173
——度　72, 77
中国への留学経験　82, 86, 143, 157
中国への留学経験者　36, 100, 102, 105, 167
駐在員 vs. 現地人　123, 165
駐在員政策　56, 171
駐在員待遇　85, 96, 98-99, 102-103, 132, 143, 146, 156, 158
——化　142-143, 156, 162
——への転換　114-115, 124
駐在員との信頼関係　114-115
忠誠心　3, 25, 43, 71, 109, 132, 137, 147, 149, 152, 160-161, 168
忠に基づく集団主義 vs. 孝に基づく集団主義　42
長期滞在者　13-15, 20, 30, 84
超第三文化体　126
直接的コントロール　8
強い転職志向　2, 12, 20, 74, 77, 98, 132, 135, 137, 152, 167
低コンテクスト文化　39
定着志向　6, 82, 98, 100-103, 167
定着率　105
——向上　102-103, 167
低賃金　25
デジタル知覚・デジタル文化　39
デュアル・キャリア　45
——問題　10
転職志向　71
等価性　33
「動機付け―衛生」理論　94
動機付け要因　82, 94-96, 101-102, 167
同時多発テロ　10, 23
トップダウン　40-41
トライアンギュレーション（triangulation）　5, 127, 163, 166, 173
トランスナショナル（transnational）　111
——企業　169

【ナ行】

二元的圧力　107
二重の埋め込み（dual embeddedness）　21, 106-107
日―日格差　170
日系顧客　77, 131, 137-138, 140, 152-154, 160, 168
日系人　30
日本生まれの日本人総経理　72-73, 76-77, 167
「日本型」（J 型）及び「外国型」（F 型）の組織編成モデル　61
日本語学習者数　36
日本語能力　22-23, 67-70, 72-74, 76-78, 85, 132, 138-139, 153, 167

日本人 SIEs の雇用　72-73, 76, 167
日本人 SIEs の働きぶり　4, 63, 78, 126
日本人性（Japaneseness）　64, 69-70, 73-77, 132, 138-139, 148, 153, 159, 161, 167
日本人駐在員及び中国人社員との信頼関係　123
日本人駐在員・中国人社員・日本本社との信頼関係　77, 124
日本人駐在員との信頼関係　74-75, 114, 121
日本人駐在員比率　65, 69, 72-73, 76-78, 167
日本人留学生　16
日本での正社員歴　87
日本逃避型　24
「日本の職場」に対する失望　27
日本本社への転籍　98, 102, 114-115
日本本社転籍・勤務　132, 142-143, 156, 162
日本本社との信頼関係　74-75, 114-115, 121, 123-124
日本本社への逆出向　114-116, 121-122
——・転籍　96, 98-99, 102
——・駐在員待遇への転換　121-122
根回し　34
年功序列　88-90, 101
ノイズ（noise）　33-34
能力不足　1, 12, 132, 148, 160-161, 168

【ハ行】

ハーマンの単一因子テスト（Harman's single factor test）　173
バイカルチュラル　3, 6, 22, 27, 61, 107, 166, 172
ハイポテンシャル人材　111
バイリンガル　3, 6, 22, 27, 61, 107, 166, 172
バウンダリー・スパナー（boundary spanner）　2-6, 20-22, 26, 28, 61, 72, 82, 85, 100-102, 105-109, 114, 123-124, 132, 140, 154, 161, 166-167, 172-173
バウンダリー・スパニング機能（boundary-spanning functions）　5-6, 105, 107-108, 112-114, 117-118, 123-124, 127-129, 132, 140-141, 161-163, 167-169, 173
派遣の失敗　9, 45
派遣前研修　9, 29
派遣前の施策　45, 47-49, 53-57, 171
低い忠誠心　1, 2, 12, 20, 132, 135, 137, 152
低い定着率　132, 147, 149, 160-161, 168
非言語コミュニケーション　33
ビザ更新　93
ビザ取得　23
平等主義　170
フォローアップ研修　10
プッシュ要因　23
赴任中の施策　45, 48-50, 53-57, 171
不満足要因　101
不満点　74-75
不眠　58-59
ブラックゾーン　58
プル要因　24
文化スキーマ（cultural schema）　3, 34-35, 40, 61, 107
文化的期待　34-35, 61
文化的距離　174
文化的多様性　107, 126
文化的翻訳　109
文化変容のカーブ　49
分裂と一体感　21, 106
ヘッドハンティング　12
ベトナム　27
変幻自在のキャリア（protean career）　24
便利屋　95-96, 98-99, 101, 132, 144-145, 157
報告・連絡・相談（ほう・れん・そう）　37, 41-42
法秩序　43

報と誠のコミュニケーション論　43
他の海外子会社（中国内を含む）への異動　114-115, 121-122, 124, 142-143, 156, 162
ボトムアップ　34, 41
本国志向（ethnocentric）　29
本国人（parent country nationals：PCNs）　7, 16, 28
——駐在員か，現地人か　2, 16, 28
——の海外派遣　1, 7-9, 19, 28, 165-166
——の現地採用（現地採用本国人）　7
香港　26
——就職ブーム　23
本社幹部との交流アプローチ　118, 121, 125
本社転籍　124
本社との関係性　12
本社とのコミュニケーションの困難さ　1

【マ行】

マッチング機能　16
マトリックス組織　107
マトリックス・マインドセット（matrix mindset）　126
満足要因　101
見過ごされてきたグローバルタレントの源泉　28
ミスマッチ　25
無期限契約　85
メタナショナル企業　169
メンタルヘルス　62
——不調　59
面子　36, 38, 40
モチベーション　4, 11, 18, 22, 38, 71, 144, 157
元駐在員のＵターン組　24
問題発生時の対応　39

【ヤ行】

役割葛藤（role conflict）　47, 107
有期限契約　85, 132, 140, 144, 147, 154, 158, 161
弱いアイデンティティ　44

【ラ行】

理論的飽和化　129
稟議　34
連結の経済性　21
連邦市民意識（federal citizenship）　108
連邦主義（federalism）　108
労働契約　19, 64, 85, 147, 158, 160
労働市場　1, 13, 76, 144-145, 157, 161, 173
労働争議　71, 79
ローカル vs. グローバル　108

【ワ行】

忘れ去られる２年間　29

著者略歴

古沢　昌之（ふるさわ　まさゆき）

1964年　大阪府生まれ
1986年　関西学院大学経済学部卒業。財団法人関西生産性本部入局。主として国際経営，人事・雇用関連事業を担当
1998年　財団法人関西生産性本部業務部課長・財団法人社会経済生産性本部（現日本生産性本部）認定経営コンサルタント
2002年　関西学院大学大学院商学研究科博士課程後期課程単位取得満期退学
大阪商業大学総合経営学部専任講師
2004年　大阪商業大学総合経営学部助教授（准教授）
2008年　大阪商業大学総合経営学部教授
2009年　博士（経営学：兵庫県立大学）
2012年　英国レディング大学ヘンリービジネススクール客員研究員
2014年　英国レディング大学ヘンリービジネススクールジョン・H・ダニング国際経営研究所 associate member（現職）。
2015年　株式会社ダイヘン社外監査役（現職）
2017年　近畿大学経営学部教授（現職）
2018年　近畿大学大学院商学研究科教授（博士前期課程・博士後期課程担当）（現職）。
2018年　近畿大学経営イノベーション研究所研究員（現職）。
2019年　一般財団法人アジア太平洋研究所上席研究員（現職）。

専攻　国際人的資源管理論，国際経営論

主要著書『グローバル人的資源管理論』（単著）白桃書房，2008年
『「日系人」活用戦略論』（単著）白桃書房，2013年
『新興国における人事労務管理と現地経営』（共編著）白桃書房，2015年
『安室憲一の国際ビジネス入門』（共編著）白桃書房，2019年
『現場イズムの海外経営』（共著）白桃書房，1997年
『中国の労使関係と現地経営』（共著）白桃書房，1999年
『対中ビジネスの経営戦略』（共著）蒼蒼社，2003年
『多様化する中小企業ネットワーク』（共著）ナカニシヤ出版，2005年
『新グローバル経営論』（共著）白桃書房，2007年
『ケースブックビジネスモデル・シンキング』（共著）文眞堂，2007年
『転換期を迎える東アジアの企業経営』（共著）御茶の水書房，2011年
『多国籍企業と新興国市場』（共著）文眞堂，2012年
Global Talent Management（共著）Springer，2014年
『国際ビジネスの新機軸』（共著）同文舘，2015年
International Human Resource Management（共著）Routledge，2016年
『関西復権の道』（共著）中央経済社，2020年
『未来の多国籍企業』（共著）文眞堂，2020年など

受賞　日本公認会計士協会「第 37 回学術賞—MCS 賞」(2009 年)
多国籍企業学会「第 1 回学会賞」(2010 年)
ABSRC Venice 2013 “Best Paper Award” (2013 年)
異文化経営学会「2014 年度学会賞（著書の部）」(2014 年)
多国籍企業学会「第 6 回学会賞（入江猪太郎賞）」(2015 年)
異文化経営学会「2017 年度学会賞（論文の部）」(2017 年)

所属学会　多国籍企業学会（代表理事・副会長・西部部会長）
国際ビジネス研究学会（理事）
異文化経営学会（理事・関西部会長）
Academy of International Business　など

「現地採用日本人」の研究
—在中国日系進出企業における SIEs (self-initiated expatriates) の実相と人的資源管理—

2020 年 3 月 31 日　第 1 版第 1 刷発行　検印省略

著　者　古　沢　昌　之
発行者　前　野　　隆
東京都新宿区早稲田鶴巻町 533
発行所　株式会社 文　眞　堂
電　話 03 (3202) 8480
FAX 03 (3203) 2638
http://www.bunshin-do.co.jp
郵便番号(162-0041) 振替00120-2-96437

印刷・モリモト印刷／製本・高地製本所

定価はカバー裏に表示してあります
ISBN978-4-8309-5064-3 C3034